KB274377

경찰공무원
채용시험
면접 대비 교재

경찰공무원
채용시험
면접 대비 교재

초판 1쇄 발행 2025년 4월 30일

지은이   홍성삼
펴낸이   이기봉
편집   좋은땅 편집팀
펴낸곳   도서출판 좋은땅
주소   서울특별시 마포구 양화로12길 26 지월드빌딩 (서교동 395-7)
전화   02)374-8616~7
팩스   02)374-8614
이메일   gworldbook@naver.com
홈페이지   www.g-world.co.kr

ISBN   979-11-388-4255-6 (13350)

경찰공무원 채용시험 면접 대비 교재

홍성삼 지음

좋은땅

머리말

　이 책은 경찰공무원 채용 면접시험 제도 해설, 면접 시험을 위한 가이드, 특히 발표 면접학습을 위한 사례들로 구성되어 있습니다. 경찰 채용시험에서 면접의 중요성과 평가 요소, 발표 면접과 경험·인성 면접의 준비 방법을 설명하며, 실제 발표 면접을 위한 사례를 개발하였습니다. 우선 목적은 우리대학의 경찰행정학과 학생들에게 경찰채용시험을 위한 준비를 하는 데 도움을 주고자 합니다.

　가천대학교 경찰행정학과 교수로 재직하면서, 학부와 대학원에서 전공과목인 경찰생활안전론, 행정학, 범죄수사, 범죄예방론, 산업보안 관계법 세미나, 사이버안보와 공개정보 활용 등을 강의하면서 사례발표 및 질의응답 방식의 수업을 진행해 왔습니다. 이 책은 다년간 사례발표 및 질의응답 수업을 진행하면서 경험한 내용과 수업 중에 코멘트 했던 내용들을 집약한 것들입니다. 지금도 학생들과 사례발표 및 질의응답 방식의 수업을 진행하고 있으며, 계속해서 개선해 나갈 생각입니다.

　주어진 상황 자료를 기초로 상황 파악을 신속하고 정확하게 하기 위한 메모, 그리고 문제해결을 제안하는 데 필요한 문장 작성을 보면서 학습하도록 하여 수험생들이 발표 면접에 효율적으로 대비할 수 있도록 하였습니다. 가천대학교 경찰행정학과 대학생들과 발표수업을 진행하면서 얻은 자료와 경험을 통하여 발표 면접에 적합한 중요한 사례들을 분야별로 정리하고, AI의 도움을 받아 형식과 내용을 다듬어 학생들이 효과적으로 학습하도록 구성하였습니다.

　이 책의 저술을 위해 생성형 인공지능을 활용하여 자료를 수집하고 분석하고, 사례를 개발하는데 도움을 많이 받았습니다. 많은 자료를 분석하고, 상황판단과 문제해결능력을 측정할 수 있는 사례자료를 구성하는 것은 쉬운 작업이 아닙니다. 있었던 과거의 사건에 대한 기술만으로는 발표면접에서 상황판단과 문제해결능력을 측정하기에 적합하지 않습니다. 기존의 사건은 이미 공개되고, 해결된 부분들이 많이 있어서 모두 유사한 상황판단과 해결 방안을 제시할 확률이 높기 때문입니다. 또한, 과거의 사건들에 대한 정책과 법규들이 변화하여 현재의 법제도와 다른 부분들이 많이 등장하기도 합니다. 따라서 발표면접에서 상황판단과 문제해결능력을 측정하기 위해서는 따로 사건상황을 재구성할 필요가 있습니다. 이러한 이유로 이 교재에서는 생성형 인공지능의 도움을 받아 과거의 사건상황을 바탕으로 발표면접에 적합하도록 사례를 생성하였습니다. 상황 자료가 사실은 아니지만, 면접 연습을 위해 사실로 가정하고 학습하기 바랍니다.

　그리고 새로 생성된 사례의 상황 파악, 문제점 분석 및 해결 방안 도출을 하고, 메모를 하면서 발표 준비를 하고, 3분발표에 필요한 발표문을 작성해 발표를 연습해 보도록 교재로 만들었습니다. 사례의 마지막 부분은 추가로 있을 면접관과의 질의응답을 예상해 7분간의 질의응답에서 답변할 수 있는 내용으로 서술하였습니다. 질의응답에 있는 내용과 문제점 분석 및 해결 방안에 있는 내용들은 서로 연관되어 있는 것들이 많고 함께 읽고 연습을 한다면 다양한 분야의 돌발적 질문이나 압박형 질문에도 당황하지 않고 차분하게 응할 수 있을 것으로 생각합니다.

아무쪼록 이 발표면접 사례 교재를 통해 경찰채용시험에 도움이 되고, 경찰관이 되어서는 복잡한 경찰 실무 및 사건현장에서 신속하고 정확한 상황 파악과 판단, 문제점 분석 및 해결 방안을 찾아가는 데 크게 도움이 되기를 기대합니다.

저술방법 일러두기

이 책의 저술을 위해 가천대학교 경찰행정학과 학생들의 발표수업 자료에서 기본적인 사례수집의 방향을 찾았으며, 생성형 인공지능을 활용하여 자료를 수집하고 분석하고, 사례를 개발하는 데 도움을 많이 받았다. 특히, ChatGPT Pro, Gemini advanced pro, Copilot 등의 생성형 인공지능을 활용하여 사례조사, 상황 자료 구성, 문제점 분석, 메모, 발표문 작성, 해결 방안 도출, 질의응답 구성 등에 많은 도움이 되었다.

저자: 홍성삼

목차

🔍 제1편 경찰 면접 시험 제도 해설 ▾

🔍 제2편 경찰 발표 면접 학습 교재 ▾

경찰 면접 시험 제도 해설

경찰 면접은 경찰관으로서의 자질과 능력을 평가하는 중요한 단계입니다. 경찰관은 다양한 상황에서 신속하고 정확한 판단을 내려야 하며, 시민들과 소통하며 문제를 해결하는 능력이 필수적입니다. 면접을 통해 이러한 능력을 평가함으로써, 실제 현장에서의 대응 능력을 확인할 수 있습니다.

경찰공무원 채용 면접시험은 크게 발표면접과 경험인성면접 두 가지로 나뉩니다.

1. 발표 면접

발표 면접은 응시자가 경찰청 배포 자료와 과제에 대해 발표를 준비하고, 발표 후 질의응답을 통해 평가받는 과정입니다. 발표 준비시간은 20분이며, 발표 3분, 질의응답 7분 동안 진행됩니다. 발표 면접에서는 상황 판단, 문제 해결 능력, 의사소통 능력, 경찰 윤리 의식(공정, 사명감, 청렴성) 등이 주된 평가 요소로 포함됩니다.

2. 경험·인성 면접

경험·인성 면접은 응시자의 성실성, 책임감, 협업 역량 등을 중점적으로 평가할 것으로 예측되는 과정입니다. 이 면접은 15분 동안 질의응답 형식으로 진행됩니다. 경험·인성 면접에서는 성실성·책임감, 협업 역량 등이 주요 평가 요소로 포함됩니다. 다른 경찰윤리 의식도 함께 평가될 수 있습니다.

3. 선배들이 보는 면접시험의 중요성

경찰 선배들은 면접시험을 경찰공무원 채용 과정에서 가장 중요한 단계 중 하나로 여깁니다. 그들은 면접시험이 단순히 지식이나 기술을 평가하는 것이 아니라, 경찰관으로서의 자질과 인성을 종합적으로 평가하는 과정이라고 강조합니다.

한 선배는 이렇게 말합니다. "면접시험은 경찰관으로서의 첫 인상을 결정짓는 자리입니다. 여기서 보여주는 태도와 말투, 그리고 문제 해결 능력은 앞으로의 경찰 생활을 예측할 수 있는 중요한 지표가 됩니다." 그는 면접시험에서의 첫 인상이 경찰관으로서의 신뢰와 존경을 얻는 데 큰 영향을 미친다고 강조합니다.

4. 법적 근거

경찰공무원 임용령 시행규칙 제36조(면접시험의 평가요소와 합격자 결정)에 의거하여 면접시험을 다음과 같이 평가한다. [행정안전부령 제352호, 2022. 9. 20, 일부개정]

① 면접시험은 50점 만점으로 하되, 제1호의 평가요소는 제2호부터 제6호까지의 평가요소에 대한 판단자료로 활용하고, 제2호부터 제6호까지의 평가요소는 1점부터 10점까지 정수로 평가한다. 〈개정 2011. 2. 11, 2022. 9. 20〉

  1호. 경찰공무원으로서의 적성

  2호. 상황판단·문제해결 능력

  3호. 의사소통 능력

  4호. 경찰윤리의식(공정, 사명감, 청렴성)

  5호. 성실성·책임감

  6호. 협업 역량

② 면접시험의 합격자는 각 면접위원이 제1항제2호부터 제6호까지의 평가요소에 대하여 평가한 점수를 합산한 총점의 40퍼센트 이상을 득점한 사람으로 한다. 다만, 면접위원의 과반수가 같은 항 제2호부터 제6호까지의 평가요소 중 어느 하나를 2점 이하로 평가한 경우에는 불합격으로 한다. 〈개정 2022. 9. 20〉

③ 시험실시권자는 제1항의 평점을 위하여 필요한 참고자료를 수집하여 시험위원에게 제공하여야 한다.

5. 면접 시험 방법 및 절차

경찰공무원 채용 면접시험은 집단면접이 폐지되고 2025년부터 개별 면접으로 통합되어 진행된다. 면접시험은 크게 발표면접, 경험인성면접으로 구분하여 진행한다.

【 면접시험 진행 절차 흐름도 】

면접 준비		면접 실시		
응시자 교육	① 발표준비	② 발표면접		③ 경험·인성면접
		발표	질의·응답	질의·응답
20분		3분	7분	15분

- **합격자 결정:** 면접위원이 각 평가요소에 대하여 평가한 점수를 합산한 총점이 40퍼센트 이상일 경우 합격

※ 단, 면접위원의 과반수가 평가요소 중 어느 하나를 2점 이하로 평가한 경우에는 불합격

구 분	평 가 요 소	배 점
발표면접	① 상황판단·문제해결 능력 ② 의사소통 능력 ③ 경찰윤리의식(공정, 사명감, 청렴성)	각 항목당 10점 (50점 만점)
경험·인성면접	④ 성실성 · 책임감 ⑤ 협업 역량	

최종 합격자는 필기시험 50%, 체력검사 25%, 면접시험 25%의 비율로 합산하여 고득점자 순으로 결정한다.

발표 면접 사례는 경찰공무원 공개채용 시험의 발표면접을 효과적으로 대비하기 위해 제작되었습니다. 다양한 유형의 면접 사례를 제시하고, 각 사례별 분석과 모범 답변, 예상 질문 및 답변을 제공하여 수험생 여러분의 면접 역량 강화에 도움을 드리고자 합니다.

본 교재의 각 사례는 다음과 같이 구성되어 있으며, 각 부분을 어떻게 활용해야 하는지 해당 사항의 팁을 만들어서 안내해 드리니 참고하기 바랍니다.

1. 상황 자료: 신속 파악 팁

- 경찰 실무 현장에서 발생할 수 있는 구체적인 상황을 제시합니다. 경찰청(면접관)이 제시하는 상황이라고 가정하고, 주어진 시간(보통 20분) 내에 상황을 정확하게 파악하는 것이 중요합니다.
- **상황 자료 신속 파악 팁:**
- **키워드 중심 파악:** 핵심 단어(키워드)를 중심으로 빠르게 읽으면서 사건의 유형(강력, 교통, 가정폭력 등), 발생 장소, 시간, 관련 인물, 피해 정도 등을 파악합니다. 가해자, 피해자, 범죄유형, 수법, 목격자, 경찰개입 내용, 비판, 불만 사항, 경찰대응이 미흡한 점 등
- **육하원칙(5W1H) 적용:** 누가(Who), 언제(When), 어디서(Where), 무엇을(What), 어떻게(How), 왜 (Why) 발생했는지 질문을 던지면서 읽으면 상황을 체계적으로 파악하는 데 도움이 됩니다.
- **문제 상황 대응 우선순위:** 제시된 상황에서 가장 중요하고 시급하게 해결해야 할 문제가 무엇인지 파악합니다.
- **자신의 역할 설정:** 제시된 상황에서 자신이 어떤 역할을 해야 하는 경찰관인지(현장 출동 경찰관, 수사관, 팀장 등) 명확히 설정합니다.
- **메모 활용:** 핵심 내용을 간략하게 메모하면서 읽으면 시간을 절약하고, 발표 내용을 구성하는 데 도움이 됩니다.

2. 상황 파악, 문제점 분석 및 해결 방안 발표 메모: 효율적 메모 팁

- 수험생이 발표를 준비하기 위해 작성하는 메모 형식의 자료입니다. 상황 파악, 문제점 분석, 해결 방안을 간략하게 정리하여 발표의 뼈대를 구성하는 연습을 합니다. 이 교재의 메모는 모델로 생각하고 자신만의 신속한 메모를 꼭 연습해보는 것이 좋을 것입니다.
- **효율적 메모 팁:**
- **키워드/핵심 문구 위주:** 완전한 문장보다는 핵심 키워드나 짧은 문구 위주로 간결하게 작성합니다. 개

조식으로 작성하여 발표 대비합니다.

- **약어/기호 활용:** 자신만의 약어나 기호를 사용하여 메모 시간을 단축합니다. (예: ↑(증가), ↓(감소), →(결과), ∴(그러므로))
- **구조화된 메모:** 상황 파악, 문제점, 해결 방안을 각각 구분하여 작성하고, 번호나 기호를 사용하여 순서를 명확하게 표시합니다.
- **연결 관계 표시:** 화살표, 선 등을 이용하여 내용 간의 인과 관계, 중요도 등을 표시합니다.
- **색깔 활용(선택):** 필기도구 색이 복수인 경우, 중요한 내용이나 강조할 부분에 다른 색깔 펜을 사용하여 시각적으로 구분합니다. (단, 너무 많은 색 사용은 지양)
- **자신만의 언어:** 자신만이 알아볼 수 있는 빠르고 간결한 메모가 중요.

3. 발표문: 발표문 효율적 작성 팁

- 면접관 앞에서 실제로 발표할 내용입니다. '상황 파악', '문제점 분석 및 해결 방안'의 두 가지 항목으로 구성되며, 각 항목은 다시 세부 항목으로 나눌 수 있습니다. 발표 시간(3분)에 맞춰 내용을 조절하고, 명확하고 논리적으로 발표하는 연습을 합니다. 이 교재에 제시된 발표문은 메모를 발표문으로 연결하여 작성한 것이며, 실제 발표 3분 연습을 해보고, 시간을 측정하여 발표문, 발표시간을 단축하거나 늘려서 3분 이내에 끝내도록 준비하는 것이 바람직합니다.

- **발표문 작성 팁:**
- **두괄식 구성:** 각 항목의 핵심 내용을 먼저 제시하고, 구체적인 설명을 덧붙이는 방식으로 구성합니다.
- **간결하고 명확한 문장:** 복잡하고 긴 문장보다는 간결하고 명확한 문장을 사용하여 내용을 효과적으로 전달합니다.
- **논리적인 흐름:** 각 항목 및 세부 항목 간의 연결 관계가 자연스럽고 논리적으로 이어지도록 구성합니다.
- **시간 안배:** '상황 파악' 부분은 간략하게, '문제점 분석 및 해결 방안' 부분에 더 많은 시간을 할애하여 구체적으로 설명합니다.
- **반복 연습:** 작성한 발표문을 소리 내어 읽으면서, 자연스럽고 명확하게 전달될 수 있도록 반복 연습합니다.
- **자신감 있는 어조:** 발표 내용에 대한 확신을 가지고 자신감 있는 어조로 발표합니다.

4. 발표 호소력: 3분간 호소력 제고 방안 팁

- **목소리 및 어조:**
- 크고 또렷한 목소리로 말하여 자신감을 표현하고, 면접관에게 내용을 명확하게 전달.
- 단조로운 어조보다는 적절한 억양과 강조를 사용하여 내용의 중요도를 부각.

- 말의 속도를 적절하게 조절하여 너무 빠르거나 느리지 않게 전달.

- **자세 및 시선:**

- 바른 자세를 유지하고, 면접관과 적절한 시선 맞춤(eye contact)을 통해 소통하려는 노력을 보임.

- 자연스러운 제스처를 활용하여 발표 내용을 강조하고, 면접관의 주의를 집중. (과도한 제스처는 지양)

- **표현:**

- 전문 용어를 적절히 사용하면서도, 면접관이 이해하기 쉬운 표현을 사용.

- 추상적인 표현보다는 구체적인 사례나 근거를 들어 설명하여 설득력을 높임.

- 긍정적이고 적극적인 표현을 사용하여 경찰관으로서의 열정과 의지를 전달.

- **내용 구성:**

- 단순히 해결 방안을 나열하는 것보다, 각 해결 방안의 장단점이나 예상되는 어려움, 그리고 이를 극복하기 위한 방안까지 제시하면 더 설득력 있음.

- 자신의 경험(아르바이트, 봉사활동, 체험 활동 등)을 발표 내용과 연결하여 진솔함과 설득력을 높임.

- **스토리텔링:**

- 딱딱한 발표보다는, 간결하고 임팩트 있는 스토리텔링 기법을 활용하여 면접관의 공감과 흥미를 유발.

5. 질의응답: 7분간 원활한 진행 팁

- 예상되는 질문과 답변을 제시하여 실전 면접에 대비할 수 있도록 합니다. 질문은 상황 파악, 문제점 분석, 해결 방안 등 발표 내용 전반에 걸쳐 출제될 수 있으며, 응시자의 답변 태도, 표현력, 순발력 등을 종합적으로 평가합니다. 이 교재의 질의응답은 면접관의 비판이나 압박을 고려해보도록 작성한 것이며, 다양한 돌발질문도 나올 수 있으니, 자기가 아는 지식과 여기 내용을 토대로 임기응변하여 답변하는 연습도 가능하면 해보기 바랍니다.

- 질의응답 7분간 원활한 진행 팁:

- **경청:** 면접관의 질문을 주의 깊게 듣고, 질문의 요지를 정확하게 파악합니다. 질문의 핵심을 놓치지 않도록 집중합니다.

- **간결하고 명확한 답변:** 질문에 대해 간결하고 명확하게 답변합니다. 두괄식으로 핵심 내용을 먼저 말하고, 부연 설명을 덧붙이는 것이 좋습니다.

- **논리적인 답변:** 답변 내용에 일관성이 있고, 논리적으로 뒷받침될 수 있도록 구성합니다.

- **자신감 있는 태도:** 면접관과 눈을 맞추고, 밝은 표정과 또렷한 목소리로 자신감 있게 답변합니다.

- **솔직함과 정중함:** 모르는 질문에는 솔직하게 인정하고, 추가 질문을 통해 배우려는 자세를 보입니다.

- **추가 질문 대비:** 답변에 대한 추가 질문이나 반박 질문이 나올 수 있다는 점을 염두에 두고, 답변의 근거와 논리를 탄탄하게 준비합니다.

- **시간 관리**: 답변 시간을 적절하게 조절하여 제한 시간(7분) 내에 모든 질문에 답변할 수 있도록 합니다.
- **경찰 관련 지식 활용**: 질문에 답변할 때, 경찰 관련 법규, 수사 지식, 현장 경험(있는 경우) 등을 적절히 활용하여 전문성을 보여줍니다.
- **창의적 답변(필요시)**: 틀에 박힌 답변보다는, 창의적이고 참신한 답변을 통해 면접관에게 좋은 인상을 남길 수 있습니다.
- **마무리 발언**: 마지막 질문에 답변한 후, 간략하게 마무리 발언을 통해 경찰관이 되고자 하는 의지와 포부를 밝힐 수 있습니다.

6. 단계별 학습 방법

- 사례 상황 및 문제점 분석 단계:
- **상황 자료 정독**: 제시된 상황 자료를 꼼꼼하게 읽고, 사건의 개요, 등장인물, 갈등 상황, 문제점 등을 파악합니다.
- **핵심 내용 파악**: 상황 자료에서 가장 중요하다고 생각되는 핵심 내용을 상황 파악, 문제점 분석, 해결 방안 부분별로 3~4가지로 요약합니다.
- **해결 방안 입장 정립**: 자신이 경찰관이라면 이 상황에 어떻게 대처할 것인지, 어떤 점을 중요하게 고려해야 하는지 생각합니다.
- 발표 준비 단계:
- **메모 작성**: '상황 파악, 문제점 분석 및 해결 방안 발표 메모'를 참고하여 자신의 생각을 추가하고, 발표 내용을 구체화합니다.
- **발표문 구성**: '상황 파악', '문제점 분석 및 해결 방안'의 두 가지 항목으로 발표문을 구성합니다. 각 항목은 다시 세부 항목으로 나누어 논리적으로 구성합니다. 발표문 작성 시간이 부족하면 메모 상태로 발표 연습을 하는 것이 나을 수 있습니다.
- **발표 시간 안배**: 각 항목별 발표 시간을 배분하고, 3분 이내에 발표를 마칠 수 있도록 연습합니다.
- 실전 연습 단계:
- **발표 연습**: 실제 면접 상황이라고 가정하고, 메모를 보지 않고 발표문을 발표하는 연습을 합니다. 거울을 보거나, 가족, 친구들 앞에서 연습하면 도움이 됩니다.
- **질의응답 연습**: '질의응답' 부분을 참고하여 예상 질문에 대한 답변을 준비하고, 실제 면접처럼 질의응답을 연습합니다.
- **피드백**: 자신의 발표 모습과 질의응답 내용을 녹화하거나 녹음하여 객관적으로 평가하고, 부족한 부분을 보완합니다.
- 반복 학습 단계:

- **다양한 사례 학습:** 본 교재에 수록된 다양한 사례를 반복 학습하여 실전 감각을 익힙니다.

- **실전 모의면접:** 실제 면접과 유사한 환경에서 모의면접을 실시하여 실전 경험을 쌓습니다.

- **최신 시사/이슈 학습:** 경찰 관련 최신 시사 및 이슈를 학습하고, 면접에 활용할 수 있도록 준비합니다.

추가 학습 팁

경찰 관련 법규 숙지: 경찰관 직무집행법, 형법, 형사소송법, 도로교통법, 가정폭력처벌법, 아동학대처벌법, 성폭력처벌법 등 경찰 업무와 관련된 법규를 숙지합니다.

경찰 관련 용어 정리: 수사, 체포, 구속, 압수수색, 증거, 진술 등 경찰 관련 용어를 정리하고, 정확하게 사용할 수 있도록 연습합니다.

자신감 있는 태도: 면접관에게 자신감 있고 당당한 태도를 보여주는 것이 중요합니다.

명확하고 논리적인 답변: 질문의 요지를 정확하게 파악하고, 명확하고 논리적으로 답변하는 연습을 합니다.

경청하는 자세: 면접관의 질문을 주의 깊게 듣고, 질문의 의도를 파악하여 답변합니다.

본 학습교재를 통해 꾸준히 연습하고, 자신만의 강점을 살려 면접에 임한다면, 경찰공무원 공개채용 시험 발표면접에서 좋은 결과를 얻을 수 있을 것입니다. 수험생 여러분의 합격을 진심으로 기원합니다!

경찰 공무원 채용 과정에서 '사전조사서'는 면접관에게 지원자에 대한 첫인상을 심어 주고, 경험 인성 면접 질문의 기초 자료로 활용되는 매우 중요한 문서입니다. 단순히 질문에 답하는 것을 넘어, 자신이 경찰관으로서 갖춰야 할 역량과 가치관을 얼마나 잘 갖추고 있는지를 효과적으로 보여 주는 기회입니다. 성공적인 사전조사서 작성을 위한 가이드를 제안하니 참고하기 바랍니다.

1. 사전조사서의 목적과 중요성 이해

- **면접관의 사전 정보:** 면접관은 사전조사서를 통해 지원자의 경험, 생각, 가치관 등을 미리 파악하고 면접 질문의 방향을 잡습니다.
- **첫인상 형성:** 잘 작성된 사전조사서는 지원자에 대한 긍정적인 첫인상을 형성하고, 면접에 대한 기대를 높입니다.
- **면접 질문의 기초:** 사전조사서 내용은 면접에서 구체적인 질문으로 이어질 가능성이 매우 높습니다. 따라서 작성 내용에 대해 깊이 생각하고 답변을 준비해야 합니다.
- **자기 성찰의 기회:** 작성 과정 자체가 자신의 경험과 생각을 정리하고 경찰관으로서의 자질을 되돌아보는 좋은 기회가 됩니다.

2. 사전조사서 작성 핵심 원칙

- **진솔성(Honesty):** 절대 거짓이나 과장된 내용을 작성해서는 안 됩니다. 면접 과정에서 진위 여부가 드러날 수 있으며, 이는 치명적인 감점 요인이 됩니다. 자신의 경험과 생각을 솔직하게 작성하세요.
- **일관성(Consistency):** 자기소개서, 면접 답변 등 다른 제출 서류 및 발언 내용과 일관성을 유지해야 합니다. 내용이 상충되면 신뢰도를 잃게 됩니다.
- **직무 연관성(Relevance):** 모든 답변은 가능한 한 경찰 직무 및 경찰관에게 요구되는 역량(봉사 정신, 책임감, 정의감, 소통 능력, 문제 해결 능력, 윤리 의식 등)과 연결하여 작성하는 것이 좋습니다.
- **구체성(Specificity):** 추상적인 이야기보다는 실제 경험을 바탕으로 구체적인 상황, 자신의 행동, 결과, 느낀 점 등을 명확하게 작성해야 설득력이 높아집니다.
- **긍정성(Positivity):** 어려운 경험이나 실패 사례를 작성할 때도 좌절보다는 이를 통해 배우고 성장한 점, 극복 노력 등을 중심으로 긍정적인 관점에서 서술하는 것이 좋습니다.
- **간결성 및 명료성(Conciseness & Clarity):** 주어진 양식과 분량 안에서 핵심 내용을 명확하고 간결하게 전달해야 합니다. 장황하거나 모호한 표현은 지양합니다.

3. 작성 전략 및 세부 팁

- **질문 의도 정확히 파악하기**: 각 문항이 무엇을 묻고 있는지, 어떤 역량이나 가치관을 평가하려는 것인지 그 의도를 먼저 파악해야 합니다.
- **핵심 경험 선정하기**: 질문 의도에 가장 부합하는 자신의 경험을 신중하게 선택합니다. 여러 경험 중 가장 임팩트 있고, 자신의 강점이나 가치관을 잘 보여 줄 수 있는 사례를 고릅니다.
- **STAR 기법 적극 활용**: 경험 기반 질문에 답변할 때는 STAR 기법을 활용하여 논리적이고 체계적으로 작성합니다.
- S(Situation): 경험 당시의 구체적인 상황 설명
- T(Task): 당시 자신에게 주어진 과제나 목표
- A(Action): 목표 달성 또는 문제 해결을 위해 **자신이 실제로 취한 구체적인 행동**(가장 중요!)
- R(Result): 행동의 결과 및 이를 통해 배우거나 느낀 점, 성장한 부분(경찰 직무와 연결하면 더욱 좋음)
- **'나'의 생각과 행동 강조하기**: 경험을 서술할 때 단순히 사실 나열에 그치지 말고, 그 상황에서 '내가' 어떤 생각을 했고, 왜 '그렇게' 행동했으며, 그 결과 어떤 교훈을 얻었는지 등 '자신의 주관적인 측면'을 명확히 드러내야 합니다.
- **경찰 핵심 가치 녹여내기**: 답변 내용 속에 자연스럽게 봉사, 정의, 책임감, 청렴, 소통, 협력 등 경찰의 핵심 가치가 드러나도록 작성합니다. (예: 갈등 해결 경험 → 소통과 경청 능력 어필)
- **초안 작성 후 퇴고 필수**: 처음부터 완벽하게 쓰려고 하기보다 초안을 작성한 후, 여러 번 읽어 보며 내용을 다듬는 것이 좋습니다. 어색한 문장, 오탈자, 논리적 비약 등을 점검하고 수정합니다.
- **예상 질문 및 답변 준비**: 사전조사서에 작성한 내용을 바탕으로 면접에서 어떤 후속 질문이 나올지 예상해 보고, 그에 대한 답변을 미리 준비합니다.

4. 주의사항

- **분량 제한 준수**: 제시된 작성 분량(글자 수 또는 칸)을 반드시 지켜야 합니다. 너무 짧거나 길지 않게 핵심 내용을 담아냅니다.
- **가독성**: 정해진 양식에 맞춰 깔끔하고 읽기 쉽게 작성합니다. 손으로 작성해야 할 경우 최대한 정성껏 또박또박 씁니다.
- **표현**: 비속어, 은어, 줄임말 등은 사용하지 않고, 정중하고 표준적인 어법을 사용합니다.
- **제출 기한 엄수**: 마감 시간을 반드시 확인하고 여유 있게 제출합니다.

경찰 공무원 채용 과정에서 면접, 특히 경험 인성 면접은 지원자의 잠재력, 가치관, 그리고 경찰관으로서의 적합성을 심층적으로 평가하는 중요한 단계입니다. 단순히 과거 경험을 나열하는 것이 아니라, 그 경험을 통해 지원자가 무엇을 배우고 느꼈으며, 그것이 경찰관이라는 직무와 어떻게 연결되는지를 보여 주는 것이 핵심입니다.

다음은 경험 인성 면접을 성공적으로 준비하기 위한 가이드입니다.

1. 면접의 목표 이해하기

- **평가 요소:** 면접관은 지원자의 정직성, 성실성, 책임감, 봉사 정신, 공정성, 동료애, 스트레스 관리 능력, 문제 해결 능력, 의사소통 능력 등을 종합적으로 평가합니다.
- **경험의 의미:** 과거 경험 자체가 중요한 것이 아니라, 그 경험 속에서 지원자가 어떤 **생각(Thought)**을 하고, 어떤 **행동(Action)**을 했으며, 그 결과 무엇을 **배우고 성장(Learning/Growth)**했는지를 중요하게 봅니다.
- **경찰관 적합성:** 지원자의 가치관과 경험이 경찰 조직의 핵심 가치(국민에 대한 봉사, 정의, 청렴 등)와 얼마나 부합하는지, 어려운 상황에서도 올바른 판단을 내릴 수 있는지를 확인하고자 합니다.

2. 면접 준비 핵심 전략

- 자기 분석(Self-Analysis):
- **지원서류 재검토:** 본인이 제출한 자기소개서, 사전조사서 등을 다시 읽으며 예상 질문을 뽑아보고 답변 방향을 설정합니다. 답변의 일관성이 중요합니다.
- **경험 정리(STAR 기법 활용):** 자신의 주요 경험(성공, 실패, 갈등 해결, 팀워크, 봉사, 리더십 발휘 등)을 **STAR 기법**에 따라 구체적으로 정리합니다.

  S(Situation): 어떤 상황이었는가?

  T(Task): 주어진 과제나 목표는 무엇이었는가?

  A(Action): 그래서 나는 어떤 행동을 했는가?(가장 중요!)

  R(Result): 그 행동의 결과는 어떠했고, 무엇을 배우거나 느꼈는가?
- **강점 및 약점 파악:** 자신의 강점을 경찰 직무와 연결하여 어필하고, 약점은 솔직하게 인정하되 개선 노력을 함께 제시합니다. (예: "꼼꼼함이 부족했지만, 체크리스트를 활용하여 업무 실수를 줄이고 있습니다.")
- **가치관 정립:** 본인이 중요하게 생각하는 가치(정의, 봉사, 책임감 등)를 명확히 하고, 이를 뒷받침할 경

험을 연결합니다.

- **경찰 직무 및 조직 이해:**

- **경찰의 역할과 임무:** 경찰이 하는 일, 중요성, 어려움 등을 충분히 이해합니다.

- **경찰 핵심 가치:** 경찰 조직이 추구하는 가치(국민 중심, 정의, 공정, 청렴, 전문성 등)를 숙지하고 자신의 생각과 연결합니다.

- **최근 경찰 관련 이슈:** 사회적으로 이슈가 되는 경찰 관련 사안에 대해 자신의 건전하고 균형 잡힌 시각을 정리해 둡니다.

- **예상 질문 준비 및 답변 연습:**

- **공통 질문:** 지원 동기, 성격의 장단점, 스트레스 해소법, 본인이 경찰에 적합한 이유, 힘들었던 경험 극복 사례, 갈등 해결 경험, 봉사 경험, 좌우명 등

- **경험 기반 질문:** 사전조사서나 자기소개서 내용을 바탕으로 구체적인 질문이 나올 수 있습니다. (예: "○○ 활동에서 팀원과 갈등이 있었다고 했는데, 구체적으로 어떤 상황이었고 어떻게 해결했나요?")

- **가치관/인성 질문:** 공정성이란 무엇이라 생각하는지, 부당한 지시를 받는다면 어떻게 할 것인지, 동료의 비위를 목격한다면 등

- **상황 제시형 질문:** 특정 상황(민원인 응대, 범죄 현장 등)을 제시하고 어떻게 대처할 것인지 묻는 질문

- **답변 연습:**

  두괄식으로 핵심부터 명확하게 답변하는 연습을 합니다.

  자신의 경험을 진솔하고 구체적으로 이야기합니다. (과장하거나 거짓말 X)

  답변 시 자신의 생각과 느낀 점, 배운 점을 명확히 포함합니다.

  자신감 있고 긍정적인 태도를 유지합니다.

  너무 길거나 짧지 않게, 논리적으로 답변하는 연습을 합니다.

  스터디 그룹이나 모의 면접을 통해 실전처럼 연습하고 피드백을 받습니다.

3. 면접 당일 유의사항

- **복장 및 태도:** 단정하고 깔끔한 복장을 착용하고, 밝고 자신감 있는 표정과 바른 자세를 유지합니다. (지나치게 경직되거나 불안한 모습 X)

- **경청:** 면접관의 질문을 주의 깊게 듣고 질문의 요지를 정확히 파악합니다.

- **시선 처리:** 면접관과 자연스럽게 눈을 맞추며 답변합니다.

- **명확하고 진솔한 답변:** 모르는 질문에는 솔직하게 모른다고 답변하거나, 아는 범위 내에서 최선을 다해 답변하는 것이 좋습니다. (억지로 꾸며내거나 거짓 답변은 금물)

- **긍정적이고 적극적인 자세:** 경찰관이 되고자 하는 열정과 봉사 정신을 보여 줍니다.

- **마무리**: 마지막으로 하고 싶은 말이 있는지 질문받으면, 준비한 포부나 감사 인사를 간결하게 전달합니다.

4. 핵심 성공 포인트

- **진솔함과 일관성**: 꾸며낸 모습보다는 진솔한 자신의 경험과 생각을 일관성 있게 보여 주는 것이 중요합니다.
- **경찰 직무와의 연결**: 자신의 경험과 강점, 가치관이 경찰관으로서 직무 수행에 어떻게 긍정적으로 기여할 수 있는지를 명확하게 연결하여 어필해야 합니다.
- **성장 가능성**: 완벽한 사람을 뽑는 것이 아니라, 부족한 점이 있더라도 배우고 성장하려는 의지와 잠재력을 보여 주는 것이 중요합니다. 실패 경험을 통해 무엇을 배웠는지 구체적으로 설명하는 것이 좋은 예입니다.
- **균형 잡힌 시각**: 특정 사안에 대해 너무 편향되거나 극단적인 시각보다는, 다양한 측면을 고려하는 균형 잡힌 생각을 보여 주는 것이 좋습니다.

경험 인성 면접은 정답이 정해져 있지 않습니다. 충분한 자기 분석과 직무 이해를 바탕으로 자신의 경험과 생각을 진술하고 논리적으로 전달하는 것이 중요합니다. 철저히 준비하셔서 좋은 결과 있으시기를 바랍니다!

경찰 발표 면접 학습 교재

발표면접 사례를 효과적으로 학습하기 위해서는 단계별 접근이 필요합니다.

[사례 상황 및 문제점 분석 단계]

제시된 상황 자료를 꼼꼼하게 읽고, 사건의 개요, 등장인물, 갈등 상황, 문제점 등을 파악합니다. 핵심 내용을 상황 파악, 문제점 분석, 해결 방안 부분별로 3~4가지로 요약하는 것이 중요합니다.

[발표 준비 단계]

'상황 파악, 문제점 분석 및 해결 방안 발표 메모'를 하면서, 자신의 생각을 추가하고, 발표 내용을 구체화합니다. 메모 연습을 해 보는 것이 신속한 발표준비를 위해 필요합니다.

발표문을 구성할 때는 '상황 파악', '문제점 분석 및 해결 방안'의 두 가지 항목으로 나누어 논리적으로 구성합니다. 발표문 시간 3분 이내로 조절하여 연습하는 것이 좋습니다. 발표문을 작성해 보는 것은 실제 면접장에서 발표를 하듯이 연습해 보기 위한 것입니다. 발표문을 작성할 시간 여유가 없으면, 메모만을 작성하고 발표준비를 하면 됩니다.

[실전 연습 단계]

실제 면접 상황을 가정하고, 메모를 참조하면서 발표하는 연습을 합니다. 발표문은 있더라도 가능한 보지 않고 발표하도록 합니다. 거울을 보거나, 가족, 친구들 앞에서 연습하면 도움이 됩니다. 또한, 예상 질문에 대한 답변을 준비하고, 실제 면접처럼 질의응답을 연습합니다. 자신의 발표 모습과 질의응답 내용을 녹화하거나 녹음하여 객관적으로 평가하고, 부족한 부분을 보완합니다.

[반복 학습 단계]

다양한 사례를 반복 학습하여 실전 감각을 익히고, 실제 면접과 유사한 환경에서 모의면접을 실시하여 실전 경험을 쌓습니다. 경찰 관련 최신 시사 및 이슈를 학습하고, 면접에 활용할 수 있도록 준비합니다. 꾸준한 연습과 준비를 통해 면접에서 좋은 결과를 얻으시길 바랍니다!

상황 자료: "격렬한 부부 싸움, 깨진 유리창… 위험한 밤!"

새벽 2시경, 한 아파트 주민으로부터 "옆집에서 부부 싸움하는 소리가 너무 크게 들린다. 물건 던지는 소리, 비명 소리도 들린다"는 112 신고가 접수되었다. 신고자는 "몇 번이나 이런 일이 반복되었다. 오늘은 특히 더 심각한 것 같다"며 불안감을 호소했다. 신고를 접수한 즉시 관할 지구대 순찰차 2대가 현장으로 출동했다.

현장에 도착한 경찰관들은 신고자가 지목한 아파트 현관문 앞에서 격렬한 싸움 소리를 들을 수 있었다. 남녀의 고성과 욕설, 물건이 깨지는 소리, 여자의 비명 소리 등이 섞여 들렸다. 경찰관들은 즉시 현관문을 두드리며 "경찰입니다! 문 여세요!"라고 외쳤지만, 안에서는 아무런 반응이 없었다.

경찰관들은 문을 강제로 개방하고 진입해야 할 상황이라고 판단하고, 문틈으로 내부 상황을 살피려던 중, 깨진 유리창 조각들이 현관문 밖으로 튕겨져 나왔다. 경찰관들은 즉시 119에 신고하여 구급차를 요청하고, 상황이 더욱 위험하다고 판단, 무전으로 지원을 요청했다.

잠시 후, 집 안에서 "사람 살려!"라는 여성의 절규가 들려왔다. 경찰관들은 더 이상 지체할 수 없다고 판단하고, 강제로 현관문을 개방하고 집 안으로 진입했다. 집 안은 깨진 유리 조각, 엎어진 가구, 찢어진 옷가지 등으로 난장판이었고, 거실 바닥에는 술에 취한 남편 A가 피를 흘리며 쓰러져 있었고, 아내 B는 울면서 A의 상태를 살피고 있었다.

경찰관들은 즉시 A와 B를 분리하고, A의 상태를 확인했다. A는 팔에 깊은 상처를 입고 있었고, 출혈이 심한 상태였다. 경찰관들은 지혈 등 응급조치를 실시하는 한편, B에게 사건 경위를 물었다. B는 "남편이 술에 취해 들어와 갑자기 폭력을 행사했다. 너무 무서워서 저항하다가 유리컵을 던졌는데, 그게 깨지면서 남편이 다쳤다"고 진술했다.

상황 파악, 문제점 분석 및 해결 방안 발표 메모

상황 파악

- 새벽 2시, 아파트 주민 112 신고(옆집 부부 싸움)
- 신고자, 격렬한 싸움 소리, 물건 던지는 소리, 비명, 불안감 호소, 반복 신고
- 경찰 출동(순찰차 2대)
- 현장: 격렬한 싸움 소리(고성, 욕설, 물건 깨지는 소리, 비명)
- 경찰, 문 두드림, 반응 없음, 강제 개방/진입 판단
- 깨진 유리창 조각, 현관문 밖으로 튕겨 나옴, 119 신고, 지원 요청
- "사람 살려!" 여성 절규, 경찰 강제 진입
- 집 안: 난장판(깨진 유리, 엎어진 가구, 찢어진 옷), A(남편) 술 취해, 피 흘리며 쓰러짐, B(아내) 울면서
  A 상태 확인
- 경찰, A/B 분리, A 상태 확인(팔 깊은 상처, 출혈 심함), 응급조치
  B 진술: A 술 취해 폭력, 저항 중 유리컵 던짐, A 부상

문제점 분석

- **가정폭력:** A의 B에 대한 폭력, 심각한 신체적/정신적 피해
- **심야 소란:** 이웃 불안, 수면 방해, 삶의 질 저하
- **A 부상:** 출혈 심각, 생명 위협, 긴급 의료 조치 필요
- **B의 정당방위 여부:** B의 유리컵 투척, 정당방위/과잉방위 판단 필요
- **재발 위험:** A의 상습적 폭력 가능성, B의 안전 위협

해결 방안

- **A, B 분리:** 추가 폭력 방지, 안전 확보(최우선)
- **A 응급조치 및 병원 후송:** 지혈, 119 도착 전까지 응급 처치 지속
- **B 안정:** 흥분/불안 상태 진정, 피해 사실 확인
- **현장 보존:** 증거 확보(사진, 깨진 유리 조각, 혈흔 등)
- **A, B 조사:** 사건 경위, 폭력 발생 원인, 상습성 등 조사
- **B의 정당방위 여부 판단:** 법률 검토, 판례 참고
- **가정폭력 재발 방지:** A 처벌, B 보호 조치(상담, 쉼터 연계 등)

발표문

상황 파악

본 상황은 심야 시간 아파트에서 발생한 부부 싸움 신고로, 경찰이 현장에 출동하여 부상을 입은 남편을 응급조치하고 병원으로 후송하는 한편, 아내를 상대로 사건 경위를 조사하는 상황입니다. 신고자는 격렬한 싸움 소리, 물건 던지는 소리, 비명 소리 등을 듣고 불안감을 느껴 112에 신고했으며, 현장에 도착한 경찰관들은 깨진 유리창, 여성의 절규 등 심각한 상황을 인지하고 강제로 문을 개방하여 진입했습니다. 집 안은 난장판이었고, 남편은 술에 취해 피를 흘리며 쓰러져 있었으며, 아내는 울면서 남편의 상태를 살피고 있었습니다.

문제점 분석 및 해결 방안

첫째, 남편 A의 아내 B에 대한 폭력은 심각한 가정폭력에 해당하며, B는 신체적, 정신적 피해를 입었을 가능성이 높습니다.

해결 방안: A와 B를 즉시 분리하여 추가적인 폭력을 방지하고 안전을 확보하는 것이 최우선입니다.

둘째, 남편 A는 팔에 깊은 상처를 입고 출혈이 심한 상태로, 생명이 위협받을 수 있는 상황입니다.

해결 방안: 지혈 등 응급조치를 실시하고, 119 구급대가 도착할 때까지 지속적으로 A의 상태를 확인하며 응급 처치를 해야 합니다.

셋째, 아내 B는 흥분하고 불안한 상태이며, 남편의 폭력으로 인한 피해 사실을 확인해야 합니다.

해결 방안: B를 안정시키고, 흥분과 불안 상태를 진정시킨 후 피해 사실을 정확하게 확인해야 합니다.

넷째, 현장이 훼손되지 않도록 보존하고 증거를 확보해야 합니다.

해결 방안: 사진 촬영, 깨진 유리 조각, 혈흔 등 증거를 확보하여 추후 A와 B의 진술이 엇갈릴 경우를 대비해야 합니다.

다섯째, A와 B 각각에 대한 조사가 필요합니다.

해결 방안: A와 B를 상대로 사건 경위, 폭력 발생 원인, 상습성 등을 조사해야 합니다. B의 유리컵 투척이 정당방위에 해당하는지, 아니면 과잉방위에 해당하는지 법률 검토와 판례를 참고하여 신중하게 판단해야 합니다.

여섯째, 이러한 가정폭력이 다시는 재발되지 않도록 해야 합니다.

해결 방안: 가해자 A에 대해서는 법적 처벌을, 피해자 B에 대해서는 상담, 쉼터 연계 등 적절한 보호 조치를 취하여 가정폭력 재발을 방지해야 합니다.

질의응답

1. 가정폭력의 정의와 유형에는 어떤 것들이 있습니까?

답변: 가정폭력이란 가정 구성원 사이의 신체적, 정신적 또는 재산상 피해를 수반하는 행위를 말합니다. 신체적 폭력, 정서적 폭력, 성적 폭력, 경제적 폭력, 방임 등 다양한 유형이 있습니다.

2. 가정폭력 사건 처리 절차는 어떻게 됩니까?

답변: 신고 접수, 현장 출동, 피해자 보호 및 지원, 가해자 조사, 임시 조치, 사건 송치, 사후 모니터링 등의 절차로 진행됩니다.

3. 가정폭력 사건에서 임시 조치란 무엇입니까?

답변: 가정폭력 재발 우려가 있고 긴급을 요하는 경우, 법원이 판결 전까지 가해자에게 퇴거, 접근 금지, 친권 제한 등의 조치를 취하는 것을 말합니다.

4. 가정폭력 피해자에게 제공되는 지원에는 어떤 것들이 있습니까?

답변: 상담 지원, 의료 지원, 법률 지원, 쉼터 제공, 경제적 지원, 자녀 지원 등 다양한 지원이 제공됩니다.

5. 가정폭력 가해자에 대한 처벌은 어떻게 이루어집니까?

답변: 가정폭력 범죄의 처벌 등에 관한 특례법에 따라 처벌되며, 폭행, 상해, 협박, 명예훼손 등 형법상 범죄에도 해당될 수 있습니다.

6. B의 유리컵 투척이 정당방위에 해당될 수 있습니까?

답변: B가 A의 폭력으로부터 자신을 보호하기 위한 최소한의 행위였다면 정당방위에 해당될 수 있습니다. 하지만 A의 부상 정도, B의 투척 방법, 당시 상황 등을 종합적으로 고려하여 판단해야 합니다.

7. 정당방위와 과잉방위의 차이점은 무엇입니까?

답변: 정당방위는 자신 또는 타인의 법익을 방위하기 위한 상당한 이유가 있는 행위로, 위법성이 조각되어 처벌받지 않습니다. 반면, 과잉방위는 방위 행위가 그 정도를 초과한 경우로, 정황에 따라 형을 감경 또는 면제할 수 있습니다.

8. A가 술에 취해 기억이 나지 않는다고 주장하면 어떻게 해야 합니까?

답변: A의 주장에 상관없이 B의 진술, 현장 증거, 목격자 진술 등 객관적인 증거를 토대로 사건을 조사해야 합니다.

9. B가 A의 처벌을 원하지 않으면 어떻게 해야 합니까?

답변: 가정폭력은 피해자의 의사와 관계없이 수사하고 처벌할 수 있습니다. B에게 가정폭력의 심각성을 설명하고, A의 처벌 필요성을 설득해야 합니다.

10. 가정폭력 재발 방지를 위해 경찰이 할 수 있는 일은 무엇입니까?

답변: 가정폭력 예방 교육 및 홍보, 가해자 교정 프로그램 운영, 피해자 지원 강화, 관련 기관과의 협력 강

화 등을 통해 가정폭력 재발 방지를 위해 노력해야 합니다.

11. 가정폭력 신고 시 경찰관이 가장 중요하게 생각해야 할 가치는 무엇입니까?

답변: 피해자의 안전과 인권 보호가 최우선 가치입니다. 또한, 신속하고 공정한 사건 처리, 가정폭력 근절을 위한 노력이 중요합니다.

12. B에게 추가적으로 제공할 수 있는 지원은 무엇이 있습니까?

답변: 심리 상담, 의료 지원, 법률 지원, 경제적 지원, 자녀 지원, 가정폭력 관련 정보 제공 등을 추가적으로 제공할 수 있습니다.

13. A가 B에게 보복할 가능성이 있다면 어떻게 해야 합니까?

답변: B를 112 긴급신변보호 대상자로 등록하고, 스마트워치를 지급하며, A에게 접근 금지 명령을 신청하는 등 B의 안전을 확보하기 위한 조치를 취해야 합니다.

14. 이웃 주민들이 부부 싸움 소리를 자주 들었다고 진술하면 어떻게 해야 합니까?

답변: A의 상습적인 폭력 여부를 확인하기 위한 중요한 단서가 될 수 있으므로, 이웃 주민들의 진술을 상세하게 기록하고, 추가적인 증거를 확보해야 합니다.

상황 자료: "만취한 고성방가, 공원의 평화를 되찾아라!"

저녁 8시경, 관할 지구대에 "공원에서 술에 취한 사람들이 싸우고 있다"는 신고가 접수되었다. 신고를 접수한 즉시 순찰차 2대가 현장으로 신속하게 출동했다.

현장에 도착한 경찰관들은 공원 중앙 광장 부근에서 술에 만취한 남성 2명(A, B)이 서로 멱살을 잡고 고성을 지르며 격렬하게 다투고 있는 것을 목격했다. 주변에는 10여 명의 시민들이 불안한 표정으로 이 상황을 지켜보고 있었고, 일부 시민들은 스마트폰으로 현장을 촬영하고 있었다.

A는 "내가 먼저 이 자리에 앉았는데 네가 왜 참견이냐!"라며 B에게 시비를 걸었고, B는 "술 취했으면 곱게 집에나 갈 것이지, 왜 여기서 행패냐!"라며 맞받아치면서 싸움이 시작된 것으로 보였다. A와 B는 서로 주먹을 휘두르거나 발로 차는 등의 직접적인 폭행은 없었지만, 심한 욕설과 고성이 오가며 일촉즉발의 긴장된 상황이 계속되었다.

경찰관들은 즉시 A와 B를 분리하고 진정시키려 했으나, 이들은 경찰관에게도 욕설을 하며 거칠게 항의했다. A는 "경찰이 무슨 상관이냐! 내 일에 참견하지 마라!"라며 소리를 질렀고, B는 "나는 아무 잘못도 없다! 저 사람이 먼저 시비를 걸었다!"라며 억울함을 호소했다.

이 과정에서 A는 몸을 제대로 가누지 못하고 비틀거리다가 뒤로 넘어져 머리를 땅에 부딪히는 사고가 발생했다. 경찰관들은 즉시 A를 일으켜 세우고 상태를 확인한 결과, 다행히 외상은 없었으나, A는 계속해서 어지러움을 호소했다. 경찰관들은 B에게 상황 설명을 요구하는 한편, 119에 신고하여 A를 병원으로 후송 조치했다.

현장에 있던 시민들은 경찰의 대응을 지켜보며 "술 취한 사람들 때문에 공원에 나오기가 무섭다", "경찰이 빨리 와서 큰 싸움으로 번지지 않아 다행이다", "공원에서 술 마시는 것을 금지해야 한다" 등의 다양한 반응을 보였다.

상황 파악, 문제점 분석 및 해결 방안 발표 메모

상황 파악

- 저녁 8시, 공원 주취자 시비 신고 접수(112 신고)
- 경찰 즉시 출동(순찰차 2대)
- 현장: 주취자 A, B 멱살잡이, 고성, 욕설(폭행 X)
- 시민 10여 명 목격, 불안, 일부 촬영
- 경찰, A/B 분리 시도, 제지
- A, B 경찰에게 항의(욕설, 참견 말라, 억울함 호소)
- A, 몸 가누지 못하고 넘어져 머리 부딪힘(외상 X, 어지럼증)
- 경찰, 119 신고, A 병원 후송
- 시민 반응: 불안, 경찰 대응 긍정적 평가, 공원 음주 금지 의견

문제점 분석

- **공공장소 주취 소란:** 시민 안전 위협, 불안감 조성, 공원 질서 문란
- **경찰관 통제 불응:** 주취자 비협조, 폭력 위험성 상존, 공무집행 방해 가능성
- **추가 사고 위험:** 주취자 부상(A), 시민 안전 위협(폭행으로 이어질 가능성)
- **시민 불안 및 불만 가중:** 공원 이용 기피, 경찰 불신 초래 가능성

해결 방안

- **신속 출동, 주취자 분리:** 상황 악화 방지, 물리적 충돌 예방(최우선 조치)
- **강력 제지:** 경고, 불응 시 물리력(테이저건 등) 사용 고려, 현행범 체포 검토
- **A 응급조치 및 병원 후송:** 119 신고, 건강 상태 확인, 추가 피해 방지
- **B 및 목격자 진술 확보:** 상황 파악, 증거 확보, 법적 조치 근거 마련
- **법적 조치:** 경범죄처벌법(음주소란 등), 공무집행방해, 모욕죄 등 검토
- **재발 방지 대책:** 공원 순찰 강화, CCTV 확충, 음주 금지구역 지정, 홍보

발표문

상황 파악

본 상황은 저녁 시간 공원에서 술에 취한 남성 두 명이 시비가 붙어 다툼을 벌이고, 이에 경찰이 출동하여 이들을 제지하는 과정에서 발생한 일련의 사건입니다. 주취자들은 경찰관에게도 욕설을 하며 항의하는 등 비협조적인 태도를 보였으며, 그중 한 명은 몸을 가누지 못하고 넘어져 머리를 부딪히는 부상을 입었습니다. 시민들은 이러한 상황에 불안감을 느끼며 경찰의 대응을 주시하고 있습니다.

문제점 분석 및 해결 방안

첫째, 공공장소에서의 주취 소란은 시민들의 안전을 위협하고 불안감을 조성하며, 공원의 질서를 문란하게 하는 심각한 문제입니다.

해결 방안: 무엇보다 신속한 현장 출동과 주취자 분리를 통해 상황이 더 악화되는 것을 막고, 물리적 충돌로 이어지는 것을 예방하는 것이 중요합니다.

둘째, 주취자들은 경찰관의 통제에 불응하고 욕설을 하는 등 비협조적인 태도를 보이며, 이는 폭력 행사 또는 공무집행방해로 이어질 위험성이 있습니다.

해결 방안: 우선 경고를 하고, 불응 시에는 물리력(테이저건 등) 사용을 고려하며, 필요하다면 현행범으로 체포하는 등 강력하게 제지해야 합니다.

셋째, 주취자는 몸을 제대로 가누지 못해 넘어지는 등 추가적인 사고 위험에 노출되어 있으며, 이는 시민들에게도 위협이 될 수 있습니다.

해결 방안: 넘어져 머리를 부딪힌 A에 대해서는 즉시 119에 신고하여 병원으로 후송하고, 건강 상태를 확인하여 추가적인 피해를 방지해야 합니다.

넷째, 시민들은 공원에서의 주취 소란으로 인해 불안감을 느끼고 공원 이용을 기피하게 될 수 있으며, 이는 경찰에 대한 불신으로 이어질 수 있습니다.

해결 방안: B와 목격자들의 진술을 확보하여 상황을 정확하게 파악하고 증거를 확보하여 법적 조치의 근거를 마련해야 합니다. 경범죄 처벌법상 음주소란, 불안감 조성, 더 나아가 공무집행 방해, 모욕죄 등에 대한 법적 조치를 검토해야 합니다.

다섯째, 장기적인 관점에서 이러한 사건을 예방하기 위한 노력이 필요합니다.

해결 방안: 공원 순찰을 강화하고 CCTV를 확충하며, 필요하다면 음주 금지구역 지정을 검토하고, 음주 폐해에 대한 홍보를 강화하는 등 재발 방지 대책을 마련해야 합니다.

질의응답

1. 주취자 분리 과정에서 물리력을 사용해야 하는 상황과 그 기준은 무엇이라고 생각하십니까?

답변: 주취자가 자신이나 타인의 생명, 신체에 위해를 가할 우려가 있는 경우, 또는 공무집행을 방해하는 경우 등에는 경찰관 직무집행법에 따라 필요 최소한의 범위 내에서 물리력을 사용할 수 있습니다. 단, 14세 미만이나 임산부에게는 사용을 자제해야 합니다.

2. 테이저건을 사용할 수 있는 구체적인 요건은 무엇이며, 사용 시 주의사항은 무엇입니까?

답변: 현행범 체포, 구속 대상자 체포, 자신 또는 타인의 생명·신체 방어, 공무집행 방해 행위 제지 등의 상황에서 사용할 수 있습니다. 사용 전 경고를 해야 하며, 얼굴을 향해 발사하거나 근접 거리에서 사용하는 것을 피해야 합니다.

3. 주취자가 경찰관에게 욕설을 하는 경우, 어떤 법적 조치가 가능하며, 그 판단 기준은 무엇입니까?

답변: 경범죄처벌법상 음주소란, 불안감 조성 등으로 처벌할 수 있습니다. 욕설의 내용, 정도, 횟수, 주변 상황 등을 종합적으로 고려하여 모욕죄 또는 공무집행방해죄 성립 여부를 판단할 수 있습니다.

4. 넘어져 머리를 부딪힌 A가 병원 치료를 거부하면 어떻게 대처해야 합니까?

답변: 우선 A에게 치료의 필요성을 충분히 설명하고 설득해야 합니다. 하지만 강제로 치료할 수는 없습니다. 다만, A의 상태가 심각하여 생명에 위협이 된다고 판단되면, 긴급 구조를 위해 119에 신고하여 의료진의 도움을 받아야 합니다.

5. B가 자신은 아무 잘못이 없다고 계속 주장하면 어떻게 해야 합니까?

답변: B의 주장을 경청하되, 목격자 진술, CCTV 영상 등 객관적인 증거를 토대로 상황을 판단해야 합니다. B의 주장이 사실과 다르다고 판단되면, 관련 법률에 따라 적절한 조치를 취해야 합니다.

6. 경범죄처벌법 외에 이 상황에 적용할 수 있는 다른 법률 조항은 무엇이 있습니까?

답변: 폭행 또는 상해가 발생한 경우 형법상 폭행죄 또는 상해죄, 재물을 손괴한 경우 재물손괴죄, 공무를 방해한 경우 공무집행방해죄 등이 적용될 수 있습니다.

7. 현행범 체포의 요건과 절차는 어떻게 됩니까?

답변: 범죄 실행 중이거나 실행 직후인 자, 범인으로 불리며 추적되고 있는 자, 범죄에 사용된 흉기 등을 소지하고 있는 자, 신체 또는 의복에 현저한 증거가 있는 자 등이 현행범에 해당합니다. 체포 시에는 반드시 체포 이유와 변호인 선임권 등을 고지해야 합니다.

8. 목격자 진술 확보 시 유의해야 할 점은 무엇이며, 어떻게 진술의 신빙성을 판단할 수 있습니까?

답변: 목격자의 진술을 강요하거나 유도해서는 안 되며, 객관적인 사실만을 기록해야 합니다. 목격자의 개인정보 보호에도 유의해야 합니다. 진술의 일관성, 구체성, 다른 증거와의 부합 여부 등을 종합적으로 고려하여 신빙성을 판단합니다.

9. 공원 내 CCTV 설치 확대에 대한 반대 여론이 있다면 어떻게 설득하고 대응해야 합니까?

답변: CCTV 설치는 범죄 예방과 시민 안전 확보를 위한 불가피한 조치임을 강조하고, 사생활 침해 우려를 최소화하기 위해 설치 목적, 운영 방침 등을 투명하게 공개하고, 영상 정보 관리 및 감독을 강화할 것임을 약속해야 합니다. 주민 설명회 등을 통해 적극적으로 소통하고 의견을 수렴하는 노력이 필요합니다.

10. 음주 폐해 예방을 위한 홍보 활동에는 어떤 것들이 있으며, 효과적인 홍보 방법은 무엇이라고 생각하십니까?

답변: 공원 내 홍보물 게시, 음주 폐해 예방 캠페인 전개, 지역 사회와 연계한 교육 프로그램 운영, 온라인 홍보 등이 있습니다. 대상별 맞춤형 홍보, 참여형 프로그램 운영, 유명 인사를 활용한 홍보 등이 효과적일 수 있습니다.

11. A가 찰과상 치료 후에도 계속해서 어지럼증을 호소하면 어떻게 해야 합니까?

답변: 119에 다시 신고하여 정밀 검사를 받도록 조치해야 합니다. 뇌진탕 등 추가적인 부상 가능성을 염두에 두고, A의 상태를 지속적으로 관찰해야 합니다.

12. B가 경찰 조사에 불응하고 귀가하려 하면 어떻게 해야 합니까?

답변: B에게 임의동행을 요구하고, 불응 시에는 현행범 체포 요건에 해당하는지 검토해야 합니다. 현행범 체포 요건에 해당하지 않더라도, B의 행위가 공무집행방해에 해당하는 경우 강제력을 행사할 수 있습니다.

13. 이 상황에서 경찰관으로서 가장 중요하게 지켜야 할 원칙은 무엇이라고 생각하십니까?

답변: 시민의 안전과 생명 보호를 최우선으로 하고, 법과 원칙에 따라 공정하고 객관적으로 상황을 처리해야 합니다. 또한, 시민의 입장에서 생각하고, 시민의 목소리에 귀 기울이며, 시민의 신뢰를 얻기 위해 노력해야 합니다.

14. 이러한 상황이 재발하지 않도록 하기 위해 경찰로서 어떤 노력을 할 수 있습니까?

답변: 공원 순찰 강화, 취약 시간대 집중 순찰, CCTV 설치 확대, 음주 금지구역 지정, 음주 폐해 예방 교육 및 홍보 강화, 지역 사회와의 협력 강화 등 다각적인 노력을 통해 공공장소에서의 주취 소란을 예방하고, 시민들이 안전하게 공원을 이용할 수 있도록 최선을 다해야 합니다.

상황 자료: "학교 폭력, 멍든 아이의 눈물을 닦아 주세요!"

오후 2시 10분, 학교 수업 시간 중, 한 고등학교 담임교사로부터 112 신고가 접수되었다. 신고 내용은 "학교 내에서 학생 간 폭행 사건이 발생하여 학생 한 명이 크게 다쳤다"는 것이었다. 신고를 접수한 즉시 관할 지구대 순찰차 2대가 학교로 긴급 출동했다.

현장에 도착한 경찰관들은 교무실에서 피해 학생 A, 가해 학생 B, 그리고 담임교사와 교감을 만났다. 피해 학생 A는 얼굴과 팔, 다리 등에 심한 멍과 찰과상을 입고 있었고, 고통스러운 표정으로 울먹이며 몸을 떨고 있었다. 가해 학생 B는 얼굴에 긁힌 자국이 있었지만 비교적 차분한 표정으로 의자에 앉아 있었고, 질문에 단답형으로만 대답했다.

담임교사의 설명에 따르면, A와 B는 같은 반 학생으로, 평소에도 사소한 일로 자주 다투었다고 한다. 사건 당일 점심시간 이후, B가 A의 책상에 있는 학용품을 허락 없이 가져가 사용하면서 시비가 붙었고, 말다툼 끝에 B가 A를 일방적으로 폭행했다고 한다. 주변에 있던 다른 학생들이 B를 말렸지만, B는 폭행을 멈추지 않고 A를 계속해서 때렸다고 한다.

경찰관들은 우선 A를 안정시키고, 119에 신고하여 구급차를 요청했다. 그리고 B에게 폭행 사실을 추궁하자, B는 처음에는 "A가 먼저 시비를 걸었다"며 폭행 사실을 부인했지만, 경찰관이 주변 학생들의 증언과 복도 CCTV 영상을 확보했다고 말하자, 결국 자신의 폭행 사실을 시인했다.

경찰관들은 A의 부모에게 연락하여 학교로 오도록 하고, A를 구급차에 태워 인근 병원으로 긴급 후송했다. 또한, B의 부모에게도 연락하여 학교로 오도록 조치하고, B를 임의동행하여 지구대로 연행했다.

학교 측은 이번 사건을 매우 심각하게 받아들이고 있으며, 즉시 학교폭력대책심의위원회(학폭위)를 개최하여 B에 대한 징계 절차를 진행하고, A에 대한 보호 조치를 취할 예정이라고 밝혔다.

상황 파악, 문제점 분석 및 해결 방안 발표 메모

상황 파악

- 오후 2시 10분, 고등학교 교사 112 신고(학생 간 폭행)
- 경찰 긴급 출동(순찰차 2대)
- 현장: 피해 학생 A(심한 멍, 찰과상, 울먹임), 가해 학생 B(긁힌 자국, 폭행 시인), 교사
- A, B 같은 반, 평소 잦은 다툼, B가 A 학용품 사용하며 시비, B가 A 일방적 폭행
- 학생들 B 제지, B 폭행 지속
- 경찰, A 안정, 119 신고, 구급차 요청, 병원 후송
- B, 처음 폭행 부인, 증거 제시 후 시인
- 경찰, A/B 부모 연락, B 임의동행
- 학교, 학폭위 개최, B 징계, A 보호 예정

문제점 분석

- **심각한 학교폭력 발생:** 학생 안전 위협, 학교폭력예방법 위반, 생명 존중 의식 부족
- **A의 심각한 신체적, 정신적 피해:** 멍, 찰과상, 고통, 두려움, 트라우마
- **B의 폭력성 및 죄의식 부재:** 재범 위험, 학교폭력 가해 학생 특별 교육 필요
- **학교의 학생 간 갈등 관리 미흡:** 사전 예방, 초기 대응 부족, 학교폭력 예방 시스템 점검 필요
- **부모의 자녀 지도 및 학교 협력 부족:** 가정 내 교육, 학교와의 소통 강화 필요

해결 방안

- **A 긴급 보호 및 지원:** 병원 치료, 심리 상담, 안정, 2차 피해 방지(최우선 조치)
- **B 엄정 조사 및 조치:** 폭행 경위, 동기, 상습성 등 조사, 소년법/학교폭력예방법 적용, 형사 입건 또는 선도 조건부 훈방 검토
- **학교와 협력:** 학폭위 개최 지원, 재발 방지 대책 공동 수립, 학교폭력 예방 교육 강화
- **A, B 부모 상담:** 자녀 지도, 학교 협력, 피해 학생 측에 사과 및 합의 유도(A 부모에게는 지원 방안 안내, B 부모에게는 교육 및 상담 권유)
- **학교폭력 예방 강화:** 또래 상담, 학생 자치 활동 활성화, 학교전담경찰관(SPO) 역할 강화

발표문

상황 파악

본 상황은 학교 내에서 발생한 심각한 학교폭력 사건으로, 경찰이 현장에 출동하여 피해 학생을 병원으로 후송하고 가해 학생을 임의동행한 상황입니다. 피해 학생은 심한 멍과 찰과상을 입고 고통스러워하고 있으며, 가해 학생은 처음에는 범행을 부인하다가 증거 제시 후 시인했습니다. 학교 측은 학폭위를 개최하여 가해 학생 징계 및 피해 학생 보호 조치를 취할 예정입니다.

문제점 분석 및 해결 방안

첫째, 학교폭력은 학생의 안전을 심각하게 위협하고 학교폭력예방법을 위반하는 중대한 범죄행위이며, 학생들의 생명 존중 의식 부족을 보여 주는 심각한 문제입니다.

해결 방안: 무엇보다 피해 학생 A를 긴급 보호하고 지원하는 것이 최우선입니다. 병원 치료와 심리 상담을 제공하고, A가 안정을 찾을 수 있도록 지원하며, 2차 피해를 방지해야 합니다.

둘째, 가해 학생 B는 폭력성이 심각하고 죄의식이 부족하여 재범의 위험성이 높습니다.

해결 방안: B에 대한 엄정한 조사와 조치가 필요합니다. 폭행 경위, 동기, 상습성 등을 철저히 조사하고, 소년법 및 학교폭력예방법을 적용하여 형사 입건 또는 선도 조건부 훈방 등을 검토해야 합니다.

셋째, 학교의 학생 간 갈등 관리 시스템이 미흡하여 학교폭력을 사전에 예방하고 초기 대응하는 데 실패했을 가능성이 있습니다.

해결 방안: 학교와 긴밀하게 협력하여 학폭위 개최를 지원하고, 재발 방지 대책을 공동으로 수립하며, 학교폭력 예방 교육을 강화해야 합니다.

넷째, 가해 학생과 피해 학생 부모의 자녀 지도 및 학교와의 협력이 부족했을 수 있습니다.

해결 방안: A, B 부모 상담을 통해 자녀 지도와 학교 협력의 중요성을 강조해야 합니다. A 부모에게는 지원 방안을 안내하고, B 부모에게는 피해 학생 측에 사과와 합의를 유도하고, 교육 및 상담을 권유해야 합니다.

다섯째, 학교폭력은 예방이 최선입니다.

해결 방안: 장기적으로 학교폭력 예방을 강화하기 위해 또래 상담, 학생 자치 활동 활성화, 학교전담경찰관(SPO)의 역할을 강화하는 등 다각적인 노력이 필요합니다.

질의응답

1. 학교폭력 사건 처리 절차를 간략하게 설명해 주십시오.

답변: 신고 접수, 현장 출동, 피해 학생 보호 및 지원, 가해 학생 조사, 학교 통보, 학폭위 개최, 피해 학생 심리 상담 및 치료 지원, 가해 학생 선도 및 징계 등의 절차로 진행됩니다.

2. 학교폭력예방법상 학교폭력의 정의와 유형에는 어떤 것들이 있습니까?

답변: 학교폭력이란 학교 내외에서 학생을 대상으로 발생한 상해, 폭행, 감금, 협박, 약취·유인, 명예훼손·모욕, 공갈, 강요·강제적인 심부름 및 성폭력, 따돌림, 사이버 따돌림, 정보통신망을 이용한 음란·폭력 정보 등에 의하여 신체·정신 또는 재산상의 피해를 수반하는 행위를 말합니다.

3. 선도 조건부 훈방의 요건과 절차는 어떻게 됩니까?

답변: 경미한 학교폭력 사건의 경우, 가해 학생의 진지한 반성, 피해 학생과의 합의, 재발 방지 노력 등을 조건으로 형사 입건 대신 선도 프로그램 이수를 조건으로 훈방하는 제도입니다. 검사의 판단에 따라 결정되며, 가해 학생은 일정 기간 동안 보호관찰관의 지도를 받게 됩니다.

4. 학교폭력대책심의위원회(학폭위)의 구성과 역할은 무엇입니까?

답변: 학폭위는 교감, 교사, 학부모, 변호사, 경찰관 등으로 구성되며, 학교폭력 예방 및 대책 수립, 피해 학생 보호, 가해 학생 징계 및 선도 등의 조치를 심의·의결하는 기구입니다.

5. 학교폭력 피해 학생에게 제공되는 지원에는 어떤 것들이 있습니까?

답변: 심리 상담 및 치료 지원, 법률 지원, 긴급 보호, 학업 지원, 의료 지원, 보호 시설 연계 등 다양한 지원이 제공됩니다.

6. 학교폭력 가해 학생에게 내려지는 징계의 종류에는 어떤 것들이 있습니까?

답변: 학교 내 봉사, 사회봉사, 특별 교육 이수, 출석 정지, 퇴학 처분 등 다양한 징계가 있습니다. 징계 수위는 가해 행위의 심각성, 지속성, 고의성, 반성 정도, 피해 학생과의 관계 등을 고려하여 결정됩니다.

7. 학교폭력 재발 방지를 위한 경찰의 역할은 무엇이라고 생각하십니까?

답변: 학교폭력 예방 교육, 학교 주변 순찰 강화, 학교와의 협력 체계 구축, 학교폭력 신고 활성화, 가해 학생 선도 프로그램 운영, 피해 학생 보호 및 지원 등 다각적인 노력을 통해 학교폭력 근절에 기여해야 합니다.

8. 학교폭력 사건 처리 시 경찰관으로서 가장 중요하게 고려해야 할 점은 무엇입니까?

답변: 피해 학생의 안전과 보호를 최우선으로 하고, 객관적이고 공정한 수사를 통해 정의를 실현해야 합니다. 또한, 학교, 부모, 관련 기관과의 긴밀한 협력을 통해 학교폭력 문제의 근본적인 해결을 위해 노력해야 합니다.

9. 피해 학생 부모가 가해 학생의 엄벌을 강력하게 요구하고 합의를 거부하면 어떻게 대처해야 합니까?

답변: 피해 학생 부모의 심정을 충분히 공감하고 이해하지만, 법과 원칙에 따라 공정하게 사건을 처리해야 함을 설명해야 합니다. 가해 학생의 연령, 범행 동기, 반성 정도, 전과 유무 등을 종합적으로 고려하여 형사처벌 여부를 결정하고, 학교폭력대책심의위원회의 징계 절차와는 별개로 진행됨을 안내해야 합니다.

10. 가해 학생 부모가 학교폭력 사실을 완강히 부인하고 비협조적인 태도를 보이면 어떻게 해야 합니까?

답변: 목격자 진술, CCTV 영상, 피해 학생 진술 등 객관적인 증거를 제시하고, 학교폭력의 심각성과 가해 학생의 미래에 미칠 수 있는 부정적인 영향에 대해 설명해야 합니다. 그럼에도 불구하고 계속해서 비협조적인 태도를 보일 경우, 증거를 토대로 법적 절차에 따라 엄정하게 처리할 수밖에 없음을 경고해야 합니다.

11. 학교폭력 사건 처리 과정에서 비밀 유지가 중요한 이유는 무엇입니까?

답변: 피해 학생과 가해 학생의 2차 피해를 방지하고, 원활한 학교생활 복귀를 돕기 위해 비밀 유지가 매우 중요합니다. 특히, 피해 학생의 개인정보와 피해 사실이 외부에 공개될 경우, 심각한 심리적 고통을 겪을 수 있으므로 각별히 유의해야 합니다.

12. 학교폭력 예방을 위한 또래 상담, 학생 자치 활동 활성화는 구체적으로 어떤 방식으로 이루어질 수 있습니까?

답변: 또래 상담은 학생들이 상담 교육을 받고 친구들의 고민을 들어주고 도와주는 활동이며, 학생 자치 활동은 학생들이 스스로 학교폭력 예방 캠페인, 규칙 제정 등에 참여하는 활동입니다. 학교는 이러한 활동을 적극적으로 지원하고, 학생들의 참여를 독려해야 합니다.

13. 학교전담경찰관(SPO)의 역할은 무엇이며, 학교폭력 예방을 위해 어떤 활동을 합니까?

답변: 학교전담경찰관(SPO)은 학교폭력 예방 및 대응, 학교폭력 가해 학생 선도, 피해 학생 보호, 학교와의 협력 체계 구축 등 학교폭력 관련 업무를 전담하는 경찰관입니다. 학교폭력 예방 교육, 상담, 캠페인, 순찰 활동 등을 통해 학교폭력 예방에 기여합니다.

14. 이 상황에서 경찰관으로서 어떤 점을 가장 중요하게 생각하고 사건을 처리해야 합니까?

답변: 학생들의 안전과 건강한 성장을 최우선 가치로 두고, 공정하고 정의로운 법 집행을 통해 학교폭력 없는 안전하고 행복한 학교를 만드는 데 기여해야 합니다. 또한, 피해 학생의 상처를 치유하고, 가해 학생이 자신의 잘못을 뉘우치고 올바른 길로 나아갈 수 있도록 돕는 데 최선을 다해야 합니다.

상황 자료: "만취한 난동, 상가의 밤을 깨다!"

밤 11시 30분경, 한 상가 건물 관리인으로부터 112 신고가 접수되었다. 신고 내용은 "상가 건물 내에서 술에 취한 사람이 난동을 부리고 기물을 파손하고 있다"는 것이었다. 신고를 접수한 즉시 관할 지구대 순찰차 2대가 현장으로 출동했다.

현장에 도착한 경찰관들은 상가 1층 복도에서 술에 만취한 남성 A가 고성을 지르며 발로 차고, 손으로 밀치는 등 복도에 있는 화분 여러 개를 깨뜨리고, 벽에 설치된 소화기를 집어 던져 파손시킨 것을 발견했다. A는 비틀거리며 횡설수설하고 있었고, 주변에는 깨진 화분 조각과 흙, 파손된 소화기 잔해 등이 흩어져 있었다.

상가 내 일부 점포는 영업 중이었고, 손님들과 직원들은 불안한 표정으로 A의 행동을 지켜보고 있었다. 상가 관리인은 A를 제지하려 했지만, A가 완강하게 저항하여 접근하지 못하고 있었다.

경찰관들은 즉시 A에게 다가가 제지하려 했으나, A는 경찰관에게도 욕설을 퍼붓고 주먹을 휘두르며 격렬하게 저항했다. 경찰관들은 A를 진정시키기 위해 경고하고 설득했지만, A는 막무가내로 난동을 계속 부렸다.

결국 경찰관들은 A를 제압하기 위해 테이저건을 사용하겠다고 경고한 후, A의 허벅지에 테이저건을 발사하여 제압했다. A는 테이저건에 맞고 쓰러졌고, 경찰관들은 A에게 수갑을 채워 현행범으로 체포했다.

A는 체포 과정에서 약간의 찰과상을 입었으며, 경찰관들은 A를 순찰차에 태워 인근 병원으로 후송하여 치료를 받게 했다. 이후 A를 지구대로 연행하여 자세한 사건 경위를 조사할 예정이다.

상가 관리인은 경찰관들에게 피해 상황을 설명하고, A에 대한 강력한 처벌을 요구했다.

상황 파악, 문제점 분석 및 해결 방안 발표 메모

상황 파악

- 밤 11시 30분, 상가 관리인 112 신고(주취자 난동, 기물 파손)
- 경찰 즉시 출동(순찰차 2대)
- 현장: 주취자 A, 고성, 발길질, 화분/소화기 파손, 횡설수설
- 상가 영업 중, 손님/직원/관리인 불안
- 경찰, A 제지 시도, A 욕설, 폭력 저항
- 경찰, A 진정 시도(경고, 설득), A 난동 지속
- 경찰, 테이저건 경고 후 발사, A 제압, 수갑, 현행범 체포
- A 찰과상, 병원 후송 후 지구대 연행 예정
- 관리인, 피해 설명, A 강력 처벌 요구

문제점 분석

- **공공장소 주취 난동:** 시민 안전 위협, 불안감 조성, 재물 손괴
- **경찰관 통제 불응:** 폭력 저항, 공무집행 방해
- **재물 손괴:** 상가 기물 파손, 재산 피해 발생
- **추가 피해 위험:** A 자해, 타인 상해 가능성
- **상가 영업 방해:** 손님 불안, 영업 손실 발생

해결 방안

- **A 신속 제압:** 테이저건 사용, 현행범 체포(정당한 공무집행)
- **A 응급조치:** 병원 후송, 찰과상 치료
- **현장 보존:** 사진 촬영, 목격자 진술 확보, CCTV 영상 확보
- **피해 조사:** 관리인/목격자 진술, 피해 규모 확인
- **A 조사:** 범행 동기, 경위, 여죄 등 조사(음주 측정, 마약 간이 검사)
- **법적 조치:** 재물손괴, 공무집행방해, 경범죄처벌법(음주소란 등) 적용
- **재발 방지:** 상가 주변 순찰 강화, CCTV 추가 설치, 주취 소란 예방 홍보

발표문

상황 파악

본 상황은 심야 시간 상가 건물 내에서 술에 취한 남성이 난동을 부리고 기물을 파손하여 경찰이 출동, 테이저건을 사용하여 제압하고 현행범으로 체포한 사건입니다. 체포 과정에서 피의자는 찰과상을 입어 병원 치료를 받았으며, 경찰은 현장 보존과 증거 확보, 피해 조사를 진행하고 있습니다.

문제점 분석 및 해결 방안

첫째, 공공장소에서의 주취 난동은 시민의 안전을 위협하고 불안감을 조성하며, 재물 손괴를 야기하는 심각한 문제입니다.

해결 방안: A를 신속하게 제압하기 위해 테이저건을 사용하고 현행범으로 체포한 것은 정당한 공무집행입니다.

둘째, A는 경찰관의 제지에 불응하고 폭력적으로 저항하여 공무집행을 방해했습니다.

해결 방안: A의 공무집행방해 혐의에 대해 엄정하게 조사하고, 법적 책임을 물어야 합니다.

셋째, A의 난동으로 인해 상가 기물이 파손되어 재산 피해가 발생했습니다.

해결 방안: 현장을 보존하고, 사진 촬영, 목격자 진술, CCTV 영상 등 증거를 확보하고, 관리인과 목격자 진술을 통해 피해 규모를 정확하게 조사해야 합니다.

넷째, A가 자해를 하거나 타인에게 상해를 입힐 수 있는 추가 피해 위험이 있었습니다.

해결 방안: A를 병원으로 후송하여 찰과상을 치료하고, 지구대로 연행하여 범행 동기, 경위, 여죄 등을 철저히 조사해야 합니다. 음주 측정 및 마약 간이 검사를 실시하여 추가적인 범죄 혐의를 확인해야 합니다.

다섯째, 상가 영업 방해로 인한 손실이 발생했을 뿐 아니라, 손님과 직원들이 불안감을 느꼈을 것입니다.

해결 방안: 재물손괴, 공무집행방해, 경범죄처벌법(음주소란 등)을 적용하여 A를 엄정하게 처벌하고, 상가 주변 순찰 강화, CCTV 추가 설치, 주취 소란 예방 홍보 등 재발 방지 대책을 마련해야 합니다.

질의응답

1. 테이저건 사용 요건과 절차를 설명해 주십시오.

답변: 테이저건은 현행범 또는 체포·구속 대상자, 자신 또는 타인의 생명·신체에 대한 방어, 공무집행 방해 행위 제지 등의 상황에서 사용할 수 있습니다. 사용 전에는 반드시 경고를 해야 하며, 14세 미만, 임산부 등에게는 사용을 자제해야 합니다.

2. 현행범 체포 요건과 절차는 어떻게 됩니까?

답변: 범죄 실행 중이거나 실행 직후인 자, 범인으로 불리며 추적되고 있는 자, 범죄에 사용된 흉기 등을 소지하고 있는 자, 신체 또는 의복에 현저한 증거가 있는 자 등이 현행범에 해당합니다. 체포 시에는 반드시 체포 이유와 변호인 선임권 등을 고지해야 합니다.

3. A에게 적용할 수 있는 법률 조항은 무엇이 있습니까?

답변: 재물손괴죄, 공무집행방해죄, 경범죄처벌법상 음주소란, 불안감 조성 등이 적용될 수 있습니다.

4. A가 술에 만취하여 기억이 나지 않는다고 주장하면 어떻게 해야 합니까?

답변: A의 주장에 상관없이 목격자 진술, CCTV 영상 등 객관적인 증거를 토대로 사건을 조사해야 합니다. 필요하다면 거짓말탐지기 검사 등을 활용할 수 있습니다.

5. 상가 관리인이 A의 강력한 처벌을 요구하는데, 경찰관으로서 어떻게 대응해야 합니까?

답변: 관리인의 심정을 충분히 공감하고 이해하지만, 법과 원칙에 따라 공정하게 사건을 처리해야 함을 설명해야 합니다. A의 범행 동기, 피해 정도, 반성 여부 등을 종합적으로 고려하여 처벌 수위를 결정할 것임을 약속해야 합니다.

6. 재물손괴죄의 처벌 기준은 무엇입니까?

답변: 형법 제366조에 따라 3년 이하의 징역 또는 700만 원 이하의 벌금에 처해질 수 있습니다.

7. 공무집행방해죄의 처벌 기준은 무엇입니까?

답변: 형법 제136조에 따라 5년 이하의 징역 또는 1천만 원 이하의 벌금에 처해질 수 있습니다.

8. 경범죄처벌법상 음주소란의 처벌 기준은 무엇입니까?

답변: 경범죄처벌법 제3조에 따라 10만 원 이하의 벌금, 구류 또는 과료에 처해질 수 있습니다.

9. 현장 보존을 위해 어떤 조치를 취해야 합니까?

답변: 현장 접근 통제, 사진 및 동영상 촬영, 증거물 수집 및 보관, 목격자 보호 등의 조치를 취해야 합니다.

10. 목격자 진술 확보 시 유의해야 할 점은 무엇입니까?

답변: 목격자의 진술을 강요하거나 유도해서는 안 되며, 객관적인 사실만을 기록해야 합니다. 목격자의 개인정보 보호에도 유의해야 합니다.

11. CCTV 영상 확보 시 유의해야 할 점은 무엇입니까?

답변: CCTV 영상의 위조 또는 변조 가능성을 염두에 두고, 원본 영상을 확보하고, 영상의 촬영 시간, 위치 등을 정확하게 확인해야 합니다.

12. A가 마약 투약 혐의가 의심되면 어떻게 해야 합니까?

답변: A의 동의를 얻어 마약 간이 검사를 실시하고, 양성 반응이 나올 경우 국립과학수사연구원에 정밀 검사를 의뢰해야 합니다.

13. 주취 소란 재발 방지를 위해 경찰이 할 수 있는 일은 무엇입니까?

답변: 상가 주변 순찰 강화, CCTV 추가 설치, 주취 소란 예방 홍보, 상가 관리인과의 협력 강화, 지역 사회와의 협력 강화 등 다각적인 노력을 통해 주취 소란을 예방해야 합니다.

14. 이 상황에서 경찰관으로서 가장 중요하게 생각해야 할 가치는 무엇입니까?

답변: 시민의 안전과 재산 보호가 최우선 가치입니다. 또한, 법과 원칙에 따라 공정하고 객관적으로 사건을 처리하고, 시민의 신뢰를 얻는 것이 중요합니다.

상황 자료: "길 위의 약자, 노숙자 폭행 사건!"

새벽 3시경, 한 시민으로부터 "길거리에서 노숙자끼리 싸우고 있다"는 112 신고가 접수되었다. 신고 내용은 "덩치가 큰 노숙자가 다른 노숙자를 일방적으로 때리고 있다"는 것이었다. 신고를 접수한 즉시 관할 지구대 순찰차 2대가 현장으로 출동했다.

현장에 도착한 경찰관들은 지하철역 출구 근처에서 덩치가 큰 노숙자 A가 다른 노숙자 B를 발로 차고, 주먹으로 얼굴을 때리는 등 일방적으로 폭행하고 있는 것을 발견했다. B는 바닥에 쓰러져 저항하지 못하고 있었고, 얼굴에서 피를 흘리고 있었다. 주변에는 또 다른 노숙자 몇 명이 있었지만, 겁에 질려 A를 말리지 못하고 있었다.

경찰관들은 즉시 A에게 다가가 폭행을 중지시키고 B와 분리했다. A는 술 냄새가 심하게 났고, 경찰관에게도 욕설을 하며 "내 일에 참견하지 마라"고 소리쳤다. 경찰관들은 A를 제압하기 위해 물리력을 사용하려 했지만, A가 완강하게 저항하여 쉽지 않았다.

결국 경찰관들은 A에게 테이저건을 사용하겠다고 경고한 후, A의 다리에 테이저건을 발사하여 제압했다. A는 테이저건에 맞고 쓰러졌고, 경찰관들은 A에게 수갑을 채워 현행범으로 체포했다.

B는 얼굴과 머리에 심한 상처를 입고 의식을 잃은 상태였다. 경찰관들은 즉시 119에 신고하여 B를 병원으로 후송하고, A는 순찰차에 태워 지구대로 연행했다.

현장에 있던 다른 노숙자들은 경찰관들에게 "A가 평소에도 술만 마시면 다른 노숙자들을 괴롭히고 때렸다"고 진술했다.

상황 파악, 문제점 분석 및 해결 방안 발표 메모

상황 파악

- 새벽 3시, 시민 112 신고(노숙자 간 폭행)
- 경찰 즉시 출동(순찰차 2대)
- 현장: 노숙자 A, 노숙자 B 일방적 폭행(발로 차고, 주먹으로 얼굴 가격)
- B, 바닥에 쓰러져 저항 못함, 얼굴 출혈
- 다른 노숙자들, 겁에 질려 제지 못함
- 경찰, A 폭행 중지, B와 분리
- A, 술 냄새, 경찰에게 욕설, 참견 말라 소리침
- 경찰, A 제압 시도(물리력), A 완강 저항
- 경찰, 테이저건 경고 후 발사, A 제압, 수갑, 현행범 체포
- B, 얼굴/머리 심한 상처, 의식 잃음, 119 신고, 병원 후송
- A, 지구대 연행
- 목격 노숙자들, A 평소 술 마시면 폭력적

문제점 분석

- **노숙자 폭행:** 사회적 약자 대상 범죄, 인권 침해, 생명 위협
- **A의 폭력성:** 상습적 폭행, 재범 위험
- **주취 상태:** 판단력 저하, 폭력성 증가
- **경찰관 제지 불응:** 공무집행 방해
- **목격자 방관:** 추가 피해 위험, 사회적 무관심

해결 방안

- **B 긴급 구조 및 보호:** 119 후송, 병원 치료, 임시 보호 시설 연계(최우선)
- **A 엄정 조사 및 처벌:** 폭행 경위, 동기, 상습성 등 조사, 상해죄 적용, 구속영장 신청 검토
- **목격자 진술 확보:** 사건 경위 파악, 증거 확보
- **노숙자 지원:** 상담, 의료 지원, 자활 지원, 쉼터 연계
- **재발 방지:** 노숙자 밀집 지역 순찰 강화, CCTV 설치 확대, 관련 기관 협력

발표문

상황 파악

본 상황은 새벽 시간 길거리에서 발생한 노숙자 간 폭행 사건으로, 경찰이 출동하여 가해 노숙자를 테이저건으로 제압하고 현행범으로 체포한 사건입니다. 피해 노숙자는 의식을 잃을 정도로 심하게 다쳐 병원으로 긴급 후송되었으며, 목격자들은 가해 노숙자의 평소 폭력적인 성향에 대해 진술했습니다.

문제점 분석 및 해결 방안

첫째, 노숙자 폭행은 사회적 약자를 대상으로 한 범죄이며, 인권 침해와 생명 위협을 야기하는 심각한 문제입니다.

해결 방안: 의식을 잃은 피해자 B를 119 구급대를 통해 병원으로 긴급 후송하여 생명을 구하고, 적절한 치료를 받도록 조치했습니다. 더불어, 임시 보호 시설로 연계하여 안전을 확보해야 합니다.

둘째, 가해자 A는 평소에도 술만 마시면 다른 노숙자들을 괴롭히고 때렸다는 점에서 상습적인 폭력성과 재범 위험성이 높습니다.

해결 방안: A를 상해 혐의로 엄정하게 조사하고 처벌해야 합니다. 폭행 경위, 동기, 상습성 등을 철저히 조사하고, 구속영장 신청을 검토해야 합니다.

셋째, A는 술에 취한 상태에서 판단력이 저하되고 폭력성이 증가하여 경찰관의 제지에도 불응하고 공무집행을 방해했습니다.

해결 방안: A를 테이저건을 사용하여 제압하고 현행범으로 체포한 것은 정당한 법 집행입니다.

넷째, 주변에 있던 다른 노숙자들은 겁에 질려 A의 폭행을 제지하지 못하고 방관했습니다.

해결 방안: 목격자들의 진술을 확보하여 사건 경위를 정확하게 파악하고, 증거를 확보해야 합니다.

다섯째, 이러한 폭력 사태의 재발 방지와 함께, 노숙자 문제에 대한 근본적인 해결책이 필요합니다.

해결 방안: 노숙자들에 대한 상담, 의료 지원, 자활 지원, 쉼터 연계 등 종합적인 지원 대책을 마련해야 합니다. 또한, 노숙자 밀집 지역에 대한 순찰을 강화하고 CCTV를 설치 확대하며, 관련 기관과의 협력을 통해 재발 방지 노력을 기울여야 합니다.

질의응답

1. 테이저건 사용의 정당성에 대해 설명해 주십시오.

답변: A가 술에 취해 폭력적인 행동을 계속하고, 경찰관의 제지에 불응하며, B의 생명이 위협받는 상황이었으므로, 테이저건 사용은 정당한 공무집행이었다고 판단됩니다. 경찰관 직무집행법에 따른 물리력 사용 기준에 부합합니다.

2. A에게 적용할 수 있는 법률 조항은 무엇이 있습니까?

답변: B에게 상해를 입혔으므로 형법상 상해죄가 적용될 수 있습니다. 또한, 경찰관의 제지에 불응하고 저항했으므로 공무집행방해죄도 적용될 수 있습니다.

3. 상해죄의 처벌 기준은 어떻게 됩니까?

답변: 형법 제257조에 따라 7년 이하의 징역, 10년 이하의 자격정지 또는 1천만 원 이하의 벌금에 처해질 수 있습니다.

4. B의 상해 정도가 중상해에 해당하면 어떻게 됩니까?

답변: 형법 제258조 중상해죄가 적용되어 1년 이상 10년 이하의 징역에 처해질 수 있습니다.

5. A가 범행 당시 심신미약 상태였다고 주장하면 어떻게 해야 합니까?

답변: A의 주장에 상관없이 객관적인 증거를 토대로 사건을 조사해야 합니다. 필요하다면 정신 감정을 의뢰하여 A의 심신 상태를 정확하게 판단해야 합니다.

6. 목격자 진술 확보 시 유의해야 할 점은 무엇입니까?

답변: 목격자에게 진술을 강요하거나 유도해서는 안 되며, 객관적인 사실만을 기록해야 합니다. 목격자의 신변 안전을 보장하고, 개인정보 보호에도 유의해야 합니다.

7. 노숙자 폭행 사건 재발 방지를 위해 경찰이 할 수 있는 일은 무엇입니까?

답변: 노숙자 밀집 지역 순찰 강화, CCTV 설치 확대, 노숙자 쉼터 연계, 자활 지원 프로그램 안내, 관련 기관과의 협력 강화 등 다각적인 노력을 통해 노숙자 폭행을 예방해야 합니다.

8. 노숙자 쉼터 연계 시 유의해야 할 점은 무엇입니까?

답변: 노숙자의 자발적인 입소를 원칙으로 하고, 쉼터의 위치, 시설, 프로그램 등을 충분히 설명하여 노숙자가 안심하고 쉼터를 이용할 수 있도록 도와야 합니다.

9. 노숙자 자활 지원 프로그램에는 어떤 것들이 있습니까?

답변: 직업 훈련, 취업 알선, 주거 지원, 의료 지원, 심리 상담 등 다양한 프로그램이 있습니다.

10. 관련 기관과의 협력이 중요한 이유는 무엇입니까?

답변: 노숙자 문제는 경찰만의 노력으로는 해결하기 어렵습니다. 지자체, 복지기관, 의료기관, 시민단체 등 관련 기관과의 협력을 통해 노숙자 문제에 대한 종합적인 해결책을 모색해야 합니다.

11. A가 범행을 부인하고 증거가 부족한 상황이면 어떻게 해야 합니까?

답변: 주변 CCTV 영상, 목격자 추가 확보, A의 옷이나 신체에 남은 혈흔 등 추가 증거를 확보하기 위해 노력해야 합니다.

12. B가 A의 처벌을 원하지 않으면 어떻게 해야 합니까?

답변: B의 의사를 존중하지만, A의 폭행 정도와 상습성 등을 고려하여 A에 대한 처벌은 불가피함을 설명해야 합니다.

13. 이 상황에서 경찰관으로서 가장 중요하게 생각해야 할 가치는 무엇입니까?

답변: 사회적 약자인 노숙자의 인권 보호와 안전 확보가 최우선 가치입니다. 또한, 법과 원칙에 따라 공정하고 객관적으로 사건을 처리하고, 사회 정의를 실현하는 것이 중요합니다.

14. 노숙자 문제의 근본적인 해결을 위해 어떤 노력이 필요하다고 생각하십니까?

답변: 노숙자 발생 원인을 분석하고, 예방 대책을 마련해야 합니다. 또한, 노숙자들의 자립과 사회 복귀를 위한 종합적인 지원 시스템을 구축하고, 사회적 편견 해소와 인식 개선을 위한 노력도 병행해야 합니다.

상황 자료: "잠 못 이루는 밤, 층간소음 전쟁!"

밤 10시 30분경, 아파트 주민 A로부터 "윗집에서 쿵쿵거리는 소리가 너무 심해 잠을 잘 수 없다"는 112 신고가 접수되었다. 신고 내용에는 "몇 번을 참고 참다가 신고했다. 윗집에 항의 방문도 해 봤지만, 소용이 없었다"는 내용도 포함되어 있었다. 신고를 접수한 즉시 관할 지구대 순찰차 2대가 현장으로 출동했다.

현장에 도착한 경찰관들은 신고자 A를 만나 자세한 상황을 들었다. A는 "몇 달 전부터 윗집에서 쿵쿵거리는 소리가 계속 들려왔다. 특히 밤늦은 시간에는 더욱 심해져 잠을 잘 수가 없다. 윗집에 직접 찾아가 항의도 해 봤지만, 오히려 더 시끄럽게 하는 것 같다"고 호소했다.

경찰관들은 A와 함께 윗집(B)으로 올라갔다. B의 집 문을 두드리자, 젊은 남성 B가 문을 열고 나왔다. B는 다소 짜증 섞인 말투로 "무슨 일이냐"고 물었다. 경찰관들이 층간소음 신고를 받고 왔다고 설명하자, B는 "나는 아무 소리도 내지 않았다. 아랫집이 너무 예민한 것 같다"고 주장했다.

경찰관들은 B에게 층간소음의 심각성과 이웃 간 배려의 중요성에 대해 설명하고, A와 B 사이의 갈등을 중재하기 위해 노력했다. 하지만 B는 자신의 잘못을 인정하지 않고 계속해서 A를 탓했다.

경찰관들은 A와 B에게 층간소음 이웃사이센터, 환경분쟁조정위원회 등 층간소음 문제 해결을 위한 전문기관을 안내하고, 서로 조금씩 양보하고 배려하여 원만하게 문제를 해결할 것을 권고했다.

상황 파악, 문제점 분석 및 해결 방안 발표 메모

상황 파악

- 밤 10시 30분, 아파트 주민 A, 112 신고(층간소음)
- A, 윗집(B) 쿵쿵거리는 소리, 수면 방해, 장기간 지속, 항의 방문, 효과 없음
- 경찰 출동(순찰차 2대)
- A, 경찰에게 상황 설명(몇 달 전부터, 밤늦게 심함, 항의 방문, 소용없음)
- 경찰, A와 윗집(B) 방문
- B, 젊은 남성, 짜증 섞인 말투, 층간소음 부인, A 예민하다고 주장
- 경찰, B에게 층간소음 심각성 설명, 이웃 간 배려 강조, 중재 시도
- B, 잘못 인정 안 함, A 탓
- 경찰, 층간소음 전문기관 안내, 양보/배려 권고

문제점 분석

- **층간소음:** A 수면 방해, 정신적 스트레스, 삶의 질 저하
- **A, B 갈등 심화:** 직접 항의, 효과 없음, 감정 악화
- **B의 층간소음 유발 및 책임 회피:** 이웃 배려 부족, 문제 해결 의지 부족
- **경찰 중재 어려움:** B 비협조, 객관적 증거 부족
- **법적 조치 한계:** 경범죄처벌법 적용 어려움, 민사 소송 장기화

해결 방안

- **A, B 진정:** 흥분 가라앉히고, 객관적 대화 유도(경찰 역할 중요)
- **B에게 층간소음 심각성 인지:** A 피해 상황 설명, B 입장 경청, 이웃 간 배려 설득
- **객관적 증거 확보 노력:** 층간소음 측정, 다른 이웃 진술 확보(어려울 수 있음)
- **전문기관 연계:** 층간소음 이웃사이센터, 환경분쟁조정위원회 안내, 적극 활용 권유
- **지속적인 관심:** A, B 갈등 재발 방지, 추가 피해 예방, 필요시 재출동

발표문

상황 파악

본 상황은 밤늦은 시간 아파트 층간소음으로 인해 아랫집 주민이 112 신고를 한 사건입니다. 신고자는 윗집의 쿵쿵거리는 소리로 인해 수면 방해 등 장기간 피해를 겪고 있으며, 직접 항의 방문도 했지만 문제가 해결되지 않았다고 호소했습니다. 경찰관들이 윗집을 방문하여 중재를 시도했지만, 윗집 거주자는 자신의 잘못을 인정하지 않고 아랫집 탓을 하며 비협조적인 태도를 보였습니다.

문제점 분석 및 해결 방안

첫째, 층간소음은 피해자의 수면을 방해하고 정신적 스트레스를 유발하여 삶의 질을 심각하게 저하시키는 문제입니다.

해결 방안: 우선 신고자와 윗집 거주자를 진정시키고, 흥분을 가라앉힌 후 객관적인 대화를 유도하는 것이 중요합니다.

둘째, 신고자와 윗집 거주자 간의 갈등이 심화되어 직접적인 소통과 문제 해결이 어려운 상황입니다.

해결 방안: 윗집 거주자에게 층간소음의 심각성과 아랫집 피해 상황을 충분히 설명하고, 이웃 간 배려의 중요성을 강조하며 설득해야 합니다.

셋째, 윗집 거주자는 층간소음 유발 사실을 인정하지 않고 책임을 회피하고 있어 경찰의 중재가 어려운 상황입니다.

해결 방안: 층간소음 측정을 시도하거나 다른 이웃들의 진술을 확보하는 등 객관적인 증거를 확보하기 위해 노력해야 합니다. 하지만 현실적으로 어려울 수 있습니다.

넷째, 경범죄 처벌법 적용은 현실적으로 어려울 수 있으며, 민사 소송은 장기화될 수 있어 신속한 문제 해결이 어렵습니다.

해결 방안: 층간소음 이웃사이센터, 환경분쟁조정위원회 등 층간소음 문제 해결을 위한 전문기관을 안내하고, 적극적으로 활용하도록 권유해야 합니다.

다섯째, 이러한 갈등 재발 방지를 위한 지속적인 노력이 필요합니다.

해결 방안: 신고자와 윗집 거주자 간의 갈등이 재발하지 않도록 지속적인 관심을 가지고, 추가 피해 발생 여부를 확인하며, 필요시 재출동하여 중재 노력을 해야 합니다.

질의응답

1. 층간소음 신고 시 경찰의 역할은 무엇입니까?

답변: 층간소음 신고 시 경찰은 현장에 출동하여 상황을 파악하고, 당사자들을 진정시키며, 갈등을 중재하고, 필요한 경우 법적 조치를 취하는 역할을 합니다.

2. 층간소음의 법적 기준은 무엇입니까?

답변: 공동주택 층간소음의 범위와 기준에 관한 규칙에 따르면, 직접충격 소음의 경우 주간 1분간 등가소음도 43dB, 최고소음도 57dB, 야간 1분간 등가소음도 38dB, 최고소음도 52dB를 초과하면 층간소음으로 간주됩니다.

3. 층간소음 신고 시 경찰이 할 수 있는 법적 조치는 무엇입니까?

답변: 층간소음이 심각하여 인근 주민들에게 피해를 주는 경우 경범죄처벌법상 인근소란죄를 적용할 수 있지만, 현실적으로 적용이 어려운 경우가 많습니다. 따라서 주로 당사자 간의 화해를 유도하고, 전문기관을 안내하는 역할을 합니다.

4. 경범죄처벌법상 인근소란죄의 처벌 기준은 무엇입니까?

답변: 경범죄처벌법 제3조에 따라 10만 원 이하의 벌금, 구류 또는 과료에 처해질 수 있습니다.

5. 층간소음 이웃사이센터는 어떤 역할을 하는 기관입니까?

답변: 환경부 산하 기관으로, 층간소음 분쟁 발생 시 전화 상담, 현장 진단, 소음 측정 등을 제공하고, 당사자 간의 화해 및 조정을 지원하는 역할을 합니다.

6. 환경분쟁조정위원회는 어떤 역할을 하는 기관입니까?

답변: 환경 분쟁으로 인한 피해를 신속하고 공정하게 해결하기 위해 설치된 기관으로, 층간소음으로 인한 피해에 대한 재정, 조정, 중재 등의 역할을 합니다.

7. 층간소음 문제 해결을 위해 경찰이 할 수 있는 현실적인 방안은 무엇입니까?

답변: 당사자 간의 대화와 타협을 유도하고, 층간소음 예방 교육 및 홍보를 강화하며, 관련 기관과의 협력을 통해 층간소음 문제 해결을 위한 다각적인 노력을 기울여야 합니다.

8. B가 계속해서 층간소음을 유발하고 A가 지속적으로 피해를 입는다면, 경찰은 어떤 조치를 취할 수 있습니까?

답변: 지속적인 중재 노력에도 불구하고 문제가 해결되지 않으면, A에게 민사 소송, 환경분쟁조정위원회 신청 등 법적 구제 절차를 안내할 수 있습니다.

9. 층간소음 문제 해결을 위한 근본적인 대책은 무엇이라고 생각하십니까?

답변: 공동주택 건설 시 층간소음 방지 기준 강화, 층간소음 저감 기술 개발, 입주민 간의 소통 및 배려 문화 확산, 층간소음 관련 교육 및 홍보 강화 등이 필요합니다.

10. 층간소음 갈등 중재 시 경찰관이 가장 중요하게 생각해야 할 가치는 무엇입니까?

답변: 이웃 간의 갈등을 원만하게 해결하고, 주민들의 평온한 생활을 보장하는 것이 가장 중요합니다. 또한, 공정하고 객관적인 자세로 중재에 임하고, 주민들의 신뢰를 얻는 것이 중요합니다.

11. A가 B를 폭행하거나 협박하는 등 보복 행위를 하면 어떻게 해야 합니까?

답변: 즉시 A를 제지하고, 폭행 또는 협박 혐의로 현행범 체포해야 합니다. B의 안전을 확보하고, A에게 보복 행위의 불법성을 경고해야 합니다.

12. B가 A를 무고죄로 고소하면 어떻게 해야 합니까?

답변: A의 신고 내용이 허위 사실이라는 명백한 증거가 없다면, B의 고소에 따라 수사를 진행해야 합니다. A에게 무고죄의 성립 요건과 처벌 기준을 설명하고, 신중하게 대응하도록 조언해야 합니다.

13. 층간소음 예방을 위한 홍보 방안에는 어떤 것들이 있습니까?

답변: 아파트 게시판, 엘리베이터, 온라인 커뮤니티 등에 층간소음 예방 수칙, 층간소음 발생 시 대처 요령, 관련 법규 등을 게시하고, 주민 설명회, 캠페인 등을 통해 적극적으로 홍보할 수 있습니다.

14. 층간소음 문제 해결을 위해 지역 사회와 협력할 수 있는 방안은 무엇입니까?

답변: 아파트 관리사무소, 입주자대표회의, 주민자치위원회 등과 협력하여 층간소음 분쟁 조정 위원회를 구성하고, 층간소음 예방 교육 및 캠페인을 공동으로 추진하며, 층간소음 저감 기술 도입을 위한 지원 방안을 모색할 수 있습니다.

상황 자료: "짖는 개, 으르렁대는 이웃!"

오후 4시경, 한 아파트 주민 A로부터 "옆집 개가 너무 짖어서 살 수가 없다"는 112 신고가 접수되었다. 신고 내용에는 "개가 하루 종일 짖고, 밤에도 짖어서 잠을 잘 수가 없다. 옆집에 여러 번 항의했지만 소용이 없다. 개를 안 짖게 하든지, 이사를 가든지 조치를 취해 달라"는 내용이 포함되어 있었다. 신고를 접수한 즉시 관할 지구대 순찰차 2대가 현장으로 출동했다.

현장에 도착한 경찰관들은 신고자 A를 만나 자세한 상황을 들었다. A는 "옆집(B)에서 키우는 개가 몇 달 전부터 시도 때도 없이 짖어 대서 엄청난 스트레스를 받고 있다. 특히 밤에는 잠을 제대로 잘 수 없어 수면 부족에 시달리고 있다. 옆집에 찾아가서 조용히 해 달라고 부탁도 해 보고, 관리사무소에도 민원을 넣어 봤지만 전혀 개선되지 않고 있다"고 호소했다.

경찰관들은 A와 함께 옆집 B를 방문했다. B의 집 문을 두드리자, 중년 여성 B가 문을 열고 나왔다. B는 "무슨 일이냐"고 물었고, 경찰관들이 개 짖는 소리 때문에 신고가 들어왔다고 설명하자, B는 "우리 개는 원래 잘 짖는다. 개가 짖는 걸 내가 어떻게 하느냐"며 신경질적인 반응을 보였다.

경찰관들은 B에게 개 짖는 소리가 이웃에게 피해를 줄 수 있다는 점을 설명하고, 개 짖음 방지 훈련이나 성대 수술 등 해결 방안을 찾아볼 것을 권유했다. 하지만 B는 "내 개는 내가 알아서 키운다. 남의 일에 참견하지 마라"며 막무가내였다.

경찰관들은 A와 B에게 동물보호법, 공동주택관리법 등 관련 법규를 설명하고, 서로 조금씩 양보하고 배려하여 원만하게 문제를 해결할 것을 권고했다. 또한, 필요하다면 환경분쟁조정위원회나 법원에 조정을 신청할 수 있다는 점도 안내했다.

상황 파악, 문제점 분석 및 해결 방안 발표 메모

상황 파악

- 오후 4시, 아파트 주민 A, 112 신고(옆집 개 짖는 소리)
- A, B집 개 짖는 소리, 장기간 지속, 수면 방해, 스트레스, 항의/민원, 효과 없음
- 경찰 출동(순찰차 2대)
- A, 경찰에게 상황 설명(몇 달 전부터, 하루 종일/밤에도 짖음, 항의/민원, 소용없음)
- 경찰, A와 B집 방문
- B, 중년 여성, 신경질적 반응, 개 짖는 것 어쩔 수 없다고 주장
- 경찰, B에게 개 짖음 문제점 설명, 해결 방안 권유(훈련, 성대 수술 등)
- B, 막무가내, 참견 말라 함
- 경찰, 관련 법규 설명(동물보호법, 공동주택관리법), 양보/배려 권고, 전문기관/법원 조정 안내

문제점 분석

- **개 짖는 소리:** A 수면 방해, 스트레스, 삶의 질 저하, 건강 문제 야기 가능
- **A, B 갈등 심화:** 직접 항의, 효과 없음, 감정 악화, 관계 단절
- **B의 책임 회피:** 개 짖는 문제 방치, 이웃 배려 부족, 문제 해결 의지 부족
- **경찰 중재 어려움:** B 비협조, 객관적 증거(소음 측정) 부족, 강제 조치 한계
- **법적 해결 어려움:** 동물 소음 규제 미흡, 민사 소송 장기화/실효성 의문

해결 방안

- **A, B 진정:** 흥분 가라앉히고, 객관적 대화 유도(경찰 중재 역할 중요)
- **B에게 문제 심각성 인지:** A 피해 상황 설명, B 입장 경청, 이웃 간 배려/책임 강조
- **객관적 증거 확보 노력:** 소음 측정, 다른 이웃 진술 확보(어려울 수 있음)
- **B에게 해결 방안 제시:** 개 짖음 방지 훈련, 짖음 방지기, 성대 수술 등
- **전문기관/법원 안내:** 환경분쟁조정위원회, 법원 조정 신청 절차 안내
- **지속적인 관심:** A, B 갈등 재발 방지, 추가 피해 예방, 필요시 재출동

발표문

상황 파악

본 상황은 아파트에서 발생하는 개 짖는 소리로 인한 이웃 간 갈등 상황으로, 아랫집 주민이 112에 신고하여 경찰이 출동한 사건입니다. 신고자는 옆집에서 키우는 개가 장기간 시도 때도 없이 짖어 수면 방해와 스트레스를 겪고 있으며, 여러 차례 항의했지만 문제가 해결되지 않았다고 호소했습니다. 경찰관들이 옆집을 방문하여 중재를 시도했지만, 옆집 거주자는 개 짖는 것을 어쩔 수 없다는 입장을 보이며 비협조적인 태도를 보였습니다.

문제점 분석 및 해결 방안

첫째, 개 짖는 소리는 이웃 주민의 수면을 방해하고 스트레스를 유발하여 삶의 질을 저하시키는 심각한 문제입니다.

해결 방안: 우선 신고자와 옆집 거주자를 진정시키고, 흥분을 가라앉힌 후 객관적인 대화를 유도하는 것이 중요합니다.

둘째, 신고자와 옆집 거주자 간의 갈등이 심화되어 직접적인 소통과 문제 해결이 어려운 상황입니다.

해결 방안: 옆집 거주자에게 개 짖는 소리의 심각성과 신고자의 피해 상황을 충분히 설명하고, 이웃 간의 배려와 책임감을 강조해야 합니다.

셋째, 옆집 거주자는 개 짖는 문제를 방치하고 책임을 회피하고 있어 경찰의 중재가 어려운 상황입니다.

해결 방안: 소음 측정, 다른 이웃들의 진술 확보 등 객관적인 증거를 확보하기 위해 노력해야 합니다. 다만 현실적으로 어려울 수 있습니다. 개 짖음 방지 훈련, 짖음 방지기, 성대 수술 등 현실적인 해결 방안을 제시해야 합니다.

넷째, 현행 법규상 동물 소음에 대한 명확한 규제가 없어 실질적인 해결이 어렵습니다.

해결 방안: 환경분쟁조정위원회나 법원에 조정을 신청하는 절차를 안내하고, 필요하다면 관련 법규 개선을 건의하는 방안도 검토해야 합니다.

다섯째, 이와 같은 갈등의 재발 방지를 위한 노력이 필요합니다.

해결 방안: 신고자와 옆집 거주자 간의 갈등이 재발하지 않도록 지속적인 관심을 가지고, 추가 피해 발생 여부를 확인하며, 필요시 재출동하여 중재 노력을 해야 합니다.

질의응답

1. 동물 소음 관련 현행 법규는 무엇이 있습니까?

답변: 현재 동물 소음에 대한 직접적인 규제 법규는 미흡한 상황입니다. 다만, 동물보호법 상 동물 학대, 공동주택관리법상 공동주택 내 소음 유발 행위 금지 조항 등을 간접적으로 적용할 수 있습니다.

2. 개 짖는 소리가 동물 학대에 해당될 수 있습니까?

답변: 개 주인이 개를 짖게 하기 위해 고의적으로 학대하거나 방치하는 경우 동물 학대에 해당될 수 있습니다. 하지만 단순히 개가 짖는 것만으로는 동물 학대로 보기 어렵습니다.

3. 공동주택관리법상 개 짖는 소리에 대한 규제는 무엇입니까?

답변: 공동주택관리법에는 층간소음 등 생활 소음에 대한 규정은 있지만, 개 짖는 소리와 같은 동물 소음에 대한 명확한 규정은 없습니다. 다만, 관리 규약 등을 통해 자체적으로 규제할 수 있습니다.

4. 환경분쟁조정위원회의 역할은 무엇입니까?

답변: 환경 분쟁으로 인한 피해를 신속하고 공정하게 해결하기 위해 설치된 기관으로, 개 짖는 소리로 인한 피해에 대한 재정, 조정, 중재 등의 역할을 합니다.

5. 법원에 조정을 신청하면 어떤 절차를 거치게 됩니까?

답변: 법원에 조정을 신청하면, 조정 기일이 지정되고, 당사자 간의 합의를 유도하는 절차가 진행됩니다. 합의가 이루어지지 않으면 법원의 판단을 받게 됩니다.

6. 개 짖음 방지 훈련은 어떤 방식으로 이루어집니까?

답변: 전문 훈련사의 도움을 받아 개에게 짖지 않도록 훈련시키는 방법입니다. 긍정 강화 훈련, 사회화 훈련 등 다양한 방법이 있습니다.

7. 개 짖음 방지기는 어떤 종류가 있으며, 효과는 어떻습니까?

답변: 초음파 짖음 방지기, 진동 짖음 방지기, 스프레이 짖음 방지기 등 다양한 종류가 있습니다. 효과는 개체별로 차이가 있을 수 있습니다.

8. 개 성대 수술은 어떤 경우에 고려할 수 있습니까?

답변: 다른 모든 방법을 시도했음에도 불구하고 개 짖는 문제가 해결되지 않고, 이웃에게 심각한 피해를 주는 경우 최후의 수단으로 고려할 수 있습니다. 하지만 동물 학대 논란이 있을 수 있으므로 신중하게 결정해야 합니다.

9. B가 계속해서 비협조적인 태도를 보이면 경찰은 어떤 조치를 취할 수 있습니까?

답변: B에게 경범죄처벌법상 인근소란죄 적용 가능성을 경고하고, 그럼에도 불구하고 소란 행위가 계속되면 현행범으로 체포할 수 있습니다. 하지만 현실적으로 인근소란죄 적용은 쉽지 않습니다.

10. A가 B를 상대로 민사 소송을 제기할 수 있습니까?

답변: 네, A는 B를 상대로 개 짖는 소리로 인한 정신적 피해에 대한 손해배상 청구 소송을 제기할 수 있습니다.

11. 층간소음과 동물 소음의 차이점은 무엇입니까?

답변: 층간소음은 공동주택에서 발생하는 사람의 활동으로 인한 소음을 의미하며, 동물 소음은 개 짖는 소리, 고양이 울음소리 등 동물의 울음소리나 행동으로 인한 소음을 의미합니다.

12. 개 짖는 소리 외에 다른 동물 소음으로 인한 분쟁이 발생하면 어떻게 대처해야 합니까?

답변: 개 짖는 소리와 마찬가지로, 우선 당사자 간의 대화와 타협을 유도하고, 필요하다면 전문기관이나 법원의 도움을 받는 것이 좋습니다.

13. 이 상황에서 경찰관으로서 가장 중요하게 생각해야 할 가치는 무엇입니까?

답변: 이웃 간의 갈등을 원만하게 해결하고, 주민들의 평온한 생활을 보장하는 것이 가장 중요합니다. 또한, 공정하고 객관적인 자세로 중재에 임하고, 주민들의 신뢰를 얻는 것이 중요합니다.

14. 동물 소음 문제 해결을 위해 지역 사회와 협력할 수 있는 방안은 무엇입니까?

답변: 아파트 관리사무소, 입주자대표회의, 동물보호단체 등과 협력하여 동물 소음 예방 캠페인을 실시하고, 반려동물 짖음 방지 교육 프로그램을 운영하며, 관련 정보를 공유하고 공동 대응 방안을 모색할 수 있습니다.

상황 자료: "칼날, 온라인 협박!"

오후 7시경, 한 여성 A씨로부터 "온라인 커뮤니티에 저를 협박하는 글이 올라왔다"는 112 신고가 접수되었다. A씨는 "익명 게시판에 제 사진과 함께 '죽여 버리겠다', '집 주소를 알고 있다'는 내용의 글이 게시되었다"며, "너무 무섭고 불안해서 잠도 못 자겠다"고 호소했다. 신고를 접수한 즉시 관할 사이버수사팀과 형사팀이 공조하여 수사에 착수했다.

경찰은 A씨가 알려준 온라인 커뮤니티에 접속하여 해당 게시글을 확인했다. 게시글에는 A씨의 실명, 사진, 대략적인 거주 지역(예: ○○구 ○○동) 등이 포함되어 있었고, A씨를 살해하겠다는 협박 내용과 함께 A씨의 집 주소를 알고 있다는 위협적인 내용이 담겨 있었다. 게시글은 익명으로 작성되었으며, 작성자의 IP 주소는 해외 서버를 경유한 것으로 확인되었다.

경찰은 즉시 해당 커뮤니티 운영자에게 협조를 요청하여 게시글 삭제 및 작성자 정보(IP 주소, 접속 기록 등) 제공을 요구했다. 또한, A씨에게 신변 보호 조치(112 긴급신변보호 대상자 등록, 스마트워치 지급, 순찰 강화 등)를 안내하고, A씨의 불안감을 해소하기 위해 심리 상담을 지원했다.

경찰은 확보한 작성자 정보를 토대로 IP 주소를 추적하고, 해외 서버 운영 업체에 국제 공조 수사를 요청하는 등 작성자 검거를 위한 수사를 진행하고 있다. 또한, A씨의 진술을 토대로 A씨와 평소 갈등 관계에 있던 주변 인물들을 탐문하고, A씨의 집 주변 CCTV 영상을 분석하는 등 다각적인 수사를 진행하고 있다.

상황 파악, 문제점 분석 및 해결 방안 발표 메모

상황 파악

- 오후 7시, 여성 A, 112 신고(온라인 커뮤니티 협박)
- A, 익명 게시판, 사진/실명/거주 지역, 살해 협박, 집 주소 안다는 위협, 불안 호소
- 경찰, 사이버수사팀/형사팀 공조, 수사 착수
- 경찰, 게시글 확인(익명, A 정보, 협박 내용), IP 주소(해외 서버 경유)
- 경찰, 커뮤니티 운영자 협조 요청(게시글 삭제, 작성자 정보 제공)
- 경찰, A 신변 보호 조치(112 등록, 스마트워치, 순찰 강화), 심리 상담 지원
- 경찰, 작성자 정보 추적(IP 추적, 국제 공조), 주변인 탐문, CCTV 분석

문제점 분석

- **사이버 협박:** A 생명/신체 위협, 심각한 정신적 고통, 불안감 조성
- **익명성:** 작성자 특정 어려움, 수사 장기화 가능성
- **개인정보 유출:** A 실명, 사진, 거주 지역 노출, 2차 피해 우려
- **해외 서버 경유:** IP 추적 어려움, 국제 공조 필요
- **A 신변 위협:** 실제 범행 가능성, 긴급 보호 필요

해결 방안

- **A 신변 보호:** 112 긴급신변보호 대상자 등록, 스마트워치 지급, 순찰 강화, 임시 숙소 제공(최우선)
- **신속한 수사:** 사이버수사팀/형사팀 협력, 커뮤니티 운영자 협조, IP 추적, 국제 공조, 주변인 탐문, CCTV 분석
- **게시글 삭제 및 추가 유포 방지:** 커뮤니티 운영자 협조, 방송통신심의위원회 신고
- **A 심리 안정:** 심리 상담 지원, 불안감 해소 노력
- **사이버 범죄 예방:** 사이버 범죄 예방 교육, 홍보 강화, 관련 법규 강화

발표문

상황 파악

본 상황은 한 여성이 온라인 커뮤니티에 자신을 협박하는 글이 게시되었다며 112에 신고한 사건입니다. 익명으로 작성된 게시글에는 피해자의 실명, 사진, 거주 지역 등 개인정보와 함께 살해 협박 및 집 주소를 알고 있다는 위협적인 내용이 담겨 있었습니다. 경찰은 즉시 수사에 착수하여 게시글 삭제, 작성자 정보 확보, 피해자 신변 보호 조치 등을 취하고 있습니다.

문제점 분석 및 해결 방안

첫째, 사이버 협박은 피해자의 생명과 신체에 대한 위협을 가하고, 심각한 정신적 고통과 불안감을 조성하는 중대한 범죄행위입니다.

해결 방안: 피해자 A의 신변 보호를 최우선으로 해야 합니다. 112 긴급신변보호 대상자로 등록하고, 스마트워치를 지급하며, A의 거주지 주변 순찰을 강화하고, 필요하다면 임시 숙소를 제공해야 합니다.

둘째, 온라인 공간의 익명성으로 인해 작성자 특정이 어렵고, 수사가 장기화될 수 있습니다. 특히, 작성자가 해외 서버를 경유하여 IP 주소를 숨긴 경우 추적이 더욱 어렵습니다.

해결 방안: 사이버수사팀과 형사팀이 긴밀하게 협력하여 신속하게 수사를 진행해야 합니다. 커뮤니티 운영자에게 협조를 요청하고, 확보한 정보를 토대로 IP 주소를 추적하며, 해외 서버 운영 업체에 국제 공조 수사를 요청해야 합니다.

셋째, 피해자의 실명, 사진, 거주 지역 등 개인정보가 유출되어 2차 피해가 우려됩니다.

해결 방안: 커뮤니티 운영자에게 협조를 요청하여 게시글을 즉시 삭제하고, 추가 유포를 방지해야 합니다. 필요하다면 방송통신심의위원회에 신고하여 게시글 차단을 요청해야 합니다.

넷째, A씨는 극심한 불안감과 공포를 느끼고 있을 것입니다.

해결 방안: A씨에게 심리 상담을 지원하고, 경찰의 수사 진행 상황을 수시로 알려 주어 불안감을 해소하기 위해 노력해야 합니다.

다섯째, 이러한 사이버 범죄의 재발을 막기 위한 노력이 필요합니다.

해결 방안: 사이버 범죄 예방 교육 및 홍보를 강화하고, 관련 법규를 강화하여 사이버 범죄에 대한 처벌 수위를 높이는 등 제도 개선을 위해 노력해야 합니다.

1. 사이버 협박죄의 성립 요건과 처벌 기준은 무엇입니까?

답변: 정보통신망 이용촉진 및 정보보호 등에 관한 법률 제70조에 따라 사람을 비방할 목적으로 정보통신망을 통하여 공공연하게 사실 또는 거짓의 사실을 드러내어 다른 사람의 명예를 훼손한 자는 처벌받을 수 있습니다. 협박의 경우, 형법 제283조에 따라 3년 이하의 징역, 500만 원 이하의 벌금, 구류 또는 과료에 처해질 수 있습니다.

2. 익명 게시글 작성자를 특정하기 위한 수사 기법에는 어떤 것들이 있습니까?

답변: IP 주소 추적, 접속 기록 분석, 디지털 포렌식, 통신 기록 조회, CCTV 영상 분석, 주변인 탐문 등 다양한 수사 기법을 활용할 수 있습니다.

3. 해외 서버를 경유한 IP 주소 추적은 어떻게 이루어집니까?

답변: 해외 서버 운영 업체에 대한 국제 공조 수사를 통해 IP 주소 사용자의 정보를 확보하고, 이를 토대로 국내 접속자를 추적하는 방식으로 이루어집니다.

4. 국제 공조 수사의 절차와 한계는 무엇입니까?

답변: 국제 공조 수사는 법무부를 통해 해당 국가에 수사 협조를 요청하는 방식으로 진행됩니다. 하지만 해당 국가의 법률, 수사 절차, 정치적 상황 등에 따라 협조가 원활하게 이루어지지 않을 수 있다는 한계가 있습니다.

5. A씨에게 제공되는 신변 보호 조치에는 어떤 것들이 있습니까?

답변: 112 긴급신변보호 대상자 등록, 스마트워치 지급, 순찰 강화, 임시 숙소 제공, CCTV 설치 지원, 신변 경호 등이 있습니다.

6. 스마트워치는 어떤 기능을 하며, 신변 보호에 어떻게 도움이 됩니까?

답변: 스마트워치는 긴급 호출 기능, 위치 추적 기능, 자동 신고 기능 등을 제공하여 위급 상황 발생 시 경찰에 신속하게 신고하고, 위치 정보를 제공하여 신속한 구조를 받을 수 있도록 돕습니다.

7. A씨에게 심리 상담을 지원하는 이유는 무엇입니까?

답변: 사이버 협박으로 인해 A씨가 겪는 심리적 고통과 불안감을 완화하고, 정신적 안정을 되찾을 수 있도록 돕기 위함입니다.

8. 사이버 범죄 예방 교육에는 어떤 내용이 포함되어야 합니까?

답변: 사이버 범죄의 유형, 피해 사례, 예방 수칙, 신고 방법, 개인정보 보호 방법, 안전한 인터넷 이용 습관 등이 포함되어야 합니다.

9. 사이버 범죄 관련 법규 강화 방안에는 어떤 것들이 있습니까?

답변: 사이버 범죄에 대한 처벌 수위 강화, 신종 사이버 범죄에 대한 처벌 규정 신설, 피해자 보호 및 지원

강화, 수사 기관의 전문성 강화 등이 있습니다.

10. A씨의 주변인 탐문 시 유의해야 할 점은 무엇입니까?

답변: A씨의 명예를 훼손하거나 2차 피해를 유발하지 않도록 주의해야 하며, 탐문 대상자의 인권을 존중하고, 객관적인 정보를 수집해야 합니다.

11. A씨의 집 주변 CCTV 영상 분석 시 유의해야 할 점은 무엇입니까?

답변: CCTV 영상의 위조 또는 변조 가능성을 염두에 두고, 원본 영상을 확보하고, 영상의 촬영 시간, 위치 등을 정확하게 확인해야 합니다. 또한, 영상에 등장하는 인물들의 사생활을 침해하지 않도록 주의해야 합니다.

12. 커뮤니티 운영자의 협조가 원활하지 않으면 어떻게 해야 합니까?

답변: 법원에 압수수색 영장을 신청하여 강제 수사를 진행할 수 있습니다.

13. 이 상황에서 경찰관으로서 가장 중요하게 생각해야 할 가치는 무엇입니까?

답변: 피해자의 안전과 인권 보호가 최우선 가치입니다. 또한, 신속하고 공정한 수사를 통해 범인을 검거하고, 사이버 범죄로부터 안전한 사회를 만드는 것이 중요합니다.

14. 사이버 범죄 예방을 위해 시민들에게 당부하고 싶은 말은 무엇입니까?

답변: 온라인 공간에서도 현실과 마찬가지로 타인을 존중하고 배려하는 자세가 필요합니다. 익명성에 기대어 악성 댓글이나 허위 사실을 유포하는 행위는 심각한 범죄가 될 수 있음을 명심하고, 건전한 사이버 문화를 조성하는 데 동참해 주시기를 당부드립니다.

상황 자료: "도로 점거, 소음, 시민 불편... 집회 현장, 안전 확보하라!"

오후 1시경, 도심 한복판 왕복 6차선 도로에서 대규모 집회가 시작되었다. 집회 주최 측은 사전에 집회 신고를 했지만, 신고 인원보다 훨씬 많은 사람들이 모여들었고, 이들은 신고된 장소를 벗어나 도로를 점거하고 연좌 농성을 시작했다. 이로 인해 극심한 교통 정체가 발생했고, 주변 상인들과 시민들은 큰 불편을 겪었다.

집회 참가자들은 확성기를 사용하여 구호를 외치고 노래를 부르는 등 소음을 유발했고, 일부 참가자들은 흥분하여 경찰관들에게 욕설을 하거나 몸싸움을 시도하기도 했다. 또한, 집회 장소 주변에는 쓰레기가 무단 투기되어 도시 미관을 해치고 있었다.

경찰은 질서 유지선을 설치하고, 집회 참가자들에게 신고된 장소로 이동하고 도로 점거를 해제할 것을 요구했지만, 집회 참가자들은 이에 불응하고 계속해서 연좌 농성을 이어 갔다. 이에 경찰은 확성기를 통해 해산 명령을 내렸지만, 집회 참가자들은 더욱 거세게 저항했다.

결국 경찰은 집회 주최 측 대표와 면담을 시도하여 자진 해산을 설득하는 한편, 불법 행위(도로 점거, 소음 유발, 경찰관 폭행 등)에 대해서는 엄정하게 대처할 것임을 경고했다.

상황 파악, 문제점 분석 및 해결 방안 발표 메모

상황 파악

- 오후 1시, 도심 왕복 6차선 도로, 대규모 집회 시작
- 주최 측, 사전 집회 신고, 신고 인원/장소 초과, 도로 점거, 연좌 농성
- 교통 정체, 주변 상인/시민 불편
- 참가자, 확성기 사용(구호, 노래), 소음 유발, 일부 흥분, 경찰과 몸싸움
- 집회 장소 주변, 쓰레기 무단 투기
- 경찰, 질서 유지선 설치, 이동/해산 요구, 참가자 불응
- 경찰, 해산 명령, 참가자 저항
- 경찰, 주최 측 대표 면담, 자진 해산 설득, 불법 행위 경고

문제점 분석

- **불법 집회:** 신고 내용 위반(인원, 장소), 도로 점거, 교통 방해, 시민 불편
- **소음 유발:** 확성기 사용, 주변 상인/시민 피해, 생활 환경 침해
- **경찰관과 충돌:** 일부 참가자 욕설, 몸싸움, 공무집행 방해
- **쓰레기 무단 투기:** 도시 미관 저해, 환경 오염
- **집회 장기화 가능성:** 시민 불편 가중, 사회적 갈등 심화

해결 방안

- **질서 유지:** 질서 유지선 강화, 추가 경찰력 배치, 안전 확보
- **불법 행위 채증:** 사진, 동영상 촬영, 증거 확보
- **주최 측 설득:** 대표 면담, 자진 해산 유도, 법적 책임 고지
- **단계적 해산 절차:** 경고 방송, 해산 명령, 강제 해산(최후 수단)
- **불법 행위자 사법 처리:** 현행범 체포, 수사 후 처벌
- **소통 강화:** 시민 불편 최소화 노력, 언론 브리핑, SNS 홍보
- **재발 방지:** 집회/시위 관련 법규 준수 교육, 불법 집회 엄정 대응

발표문

상황 파악

본 상황은 도심 한복판에서 열린 대규모 집회가 신고된 범위를 벗어나 도로를 점거하고 연좌 농성을 벌이면서 발생한 문제입니다. 이로 인해 극심한 교통 정체가 발생하고, 주변 상인들과 시민들이 큰 불편을 겪고 있습니다. 집회 참가자들은 확성기를 사용하며 소음을 유발하고, 일부는 경찰관과 충돌하기도 했습니다. 경찰은 질서 유지선을 설치하고 해산 명령을 내렸지만, 집회 참가자들은 이에 불응하고 있습니다.

문제점 분석 및 해결 방안

첫째, 집회 주최 측이 신고된 인원과 장소를 초과하여 도로를 점거하고 연좌 농성을 벌이는 것은 명백한 불법 행위이며, 시민들의 통행 자유를 침해하고 교통을 방해하는 심각한 문제입니다.

해결 방안: 우선 질서 유지선을 강화하고, 추가 경찰력을 배치하여 시민들의 안전을 확보해야 합니다.

둘째, 집회 참가자들이 확성기를 사용하여 소음을 유발하는 것은 주변 상인들과 시민들에게 피해를 주는 행위입니다.

해결 방안: 불법 행위에 대한 채증(사진, 동영상 촬영)을 실시하여 증거를 확보해야 합니다.

셋째, 일부 집회 참가자들이 경찰관에게 욕설을 하거나 몸싸움을 시도하는 것은 공무집행을 방해하는 행위입니다.

해결 방안: 집회 주최 측 대표와 면담을 통해 자진 해산을 설득하고, 불법 행위에 대해서는 법적 책임을 물을 것임을 경고해야 합니다.

넷째, 경찰의 해산 명령에도 불구하고 집회 참가자들이 계속해서 불응할 가능성이 있습니다.

해결 방안: 경고 방송, 해산 명령 등 단계적인 해산 절차를 진행하고, 최후의 수단으로 강제 해산을 고려해야 합니다.

다섯째, 집회 장소 주변에 쓰레기가 무단 투기되어 도시 미관을 해치고 있습니다.

해결 방안: 불법 행위자에 대해서는 현행범으로 체포하고, 수사 후 사법 처리해야 합니다.

여섯째, 시민 불편이 가중되고 사회적 갈등이 심화되지 않도록 해야 합니다.

해결 방안: 시민들의 불편을 최소화하기 위해 노력하고, 언론 브리핑, SNS 홍보 등을 통해 상황을 정확하게 알리고, 시민들의 이해와 협조를 구해야 합니다. 장기적으로는 집회 및 시위에 관한 법률 준수 교육을 강화하고, 불법 집회에 대해서는 엄정하게 대응하여 재발을 방지해야 합니다.

질의응답

1. 집회 및 시위에 관한 법률(집시법)상 신고 의무 위반 시 처벌 조항은 무엇입니까?

답변: 집시법 제22조에 따라 6개월 이하의 징역 또는 50만 원 이하의 벌금, 구류 또는 과료에 처해질 수 있습니다.

2. 집시법상 도로 점거는 어떤 경우에 허용됩니까?

답변: 집시법상 도로 점거는 원칙적으로 금지됩니다. 다만, 예외적으로 교통 소통에 방해가 되지 않는 범위 내에서, 사전에 신고하고 허가를 받은 경우에는 제한적으로 허용될 수 있습니다.

3. 집시법상 소음 기준은 어떻게 됩니까?

답변: 집시법 시행령 별표2에 따르면, 주거지역, 학교, 병원 등 주변에서는 주간 65dB 이하, 야간 60dB 이하, 그 외 지역에서는 주간 75dB 이하, 야간 65dB 이하로 소음 기준이 규정되어 있습니다.

4. 해산 명령의 요건과 절차는 어떻게 됩니까?

답변: 집시법 제20조에 따라, 신고된 범위를 현저히 벗어나거나, 타인의 법익이나 공공의 안녕질서에 직접적인 위협을 끼칠 것이 명백한 경우 등에는 해산을 명할 수 있습니다. 해산 명령은 3회 이상 자진 해산을 권고하고, 이에 따르지 않을 경우 확성기 등으로 해산 사유를 고지한 후 실시합니다.

5. 강제 해산 시 경찰관이 유의해야 할 점은 무엇입니까?

답변: 강제 해산은 최후의 수단으로 사용해야 하며, 비례의 원칙에 따라 필요 최소한의 범위 내에서 물리력을 행사해야 합니다. 또한, 부상자 발생에 대비하여 구호 조치를 준비하고, 채증을 통해 적법 절차를 준수했음을 입증해야 합니다.

6. 집회 참가자가 경찰관을 폭행하면 어떤 법적 조치가 가능합니까?

답변: 공무집행방해죄로 현행범 체포하고, 형법에 따라 처벌할 수 있습니다.

7. 집회 주최 측 대표에게 어떤 점을 설득해야 합니까?

답변: 집회의 자유는 헌법상 보장된 권리이지만, 타인의 권리나 공공의 안녕질서를 침해해서는 안 된다는 점을 강조하고, 자진 해산 및 신고된 범위 내에서의 집회 진행을 설득해야 합니다.

8. 집회 참가자들이 쓰레기를 무단 투기하면 어떤 법적 조치가 가능합니까?

답변: 경범죄처벌법상 쓰레기 무단 투기 행위에 해당하므로, 과태료를 부과하거나 즉결심판에 회부할 수 있습니다.

9. 집회 장기화에 대비하여 경찰은 어떤 조치를 취해야 합니까?

답변: 추가 경찰력을 확보하고, 비상 연락망을 구축하며, 의료 지원 체계를 마련하고, 시민 불편 최소화를 위한 대책을 강구해야 합니다.

10. 집회 및 시위 관련 갈등을 예방하기 위해 경찰이 할 수 있는 일은 무엇입니까?

답변: 집회 및 시위 관련 법규 준수 교육, 주최 측과의 사전 간담회, 시민들과의 소통 강화, 불법 집회에 대한 엄정 대응 등을 통해 갈등을 예방할 수 있습니다.

11. 집회의 자유와 공공의 안녕질서 유지 사이의 균형을 어떻게 맞출 수 있습니까?

답변: 집회의 자유는 최대한 보장하되, 타인의 권리나 공공의 안녕질서를 침해하는 경우에는 법과 원칙에 따라 엄정하게 대응하여 균형을 맞출 수 있습니다.

12. 집회 참가자 중 미성년자가 있을 경우 어떻게 대처해야 합니까?

답변: 미성년자는 성인과 분리하여 보호하고, 부모 또는 보호자에게 연락하여 인계해야 합니다.

13. 집회 현장에서 부상자가 발생하면 어떻게 해야 합니까?

답변: 즉시 119에 신고하고, 응급 처치를 실시하며, 병원으로 후송해야 합니다.

14. 이 상황에서 경찰관으로서 가장 중요하게 생각해야 할 가치는 무엇입니까?

답변: 시민의 안전과 생명 보호, 법과 원칙 준수, 공정한 법 집행, 사회 질서 유지 등이 중요합니다. 또한, 집회의 자유를 최대한 보장하면서도 시민들의 불편을 최소화하기 위해 노력해야 합니다.

상황 자료: "폭우 속 고립, 생명을 구하라!"

오후 6시경, 갑작스러운 집중호우로 인해 도시 곳곳이 침수되기 시작했다. 112상황실에는 "집 안에 물이 차오르고 있다", "도로가 잠겨 차 안에 갇혔다", "산사태가 발생하여 집이 매몰될 위험에 처했다"는 등 구조를 요청하는 신고가 빗발쳤다.

특히, 저지대에 위치한 한 아파트 단지에서는 지하 주차장이 침수되면서 주민 여러 명이 고립되는 상황이 발생했다. 112 신고를 접수한 경찰은 즉시 현장으로 출동하는 한편, 소방, 지자체 등 유관기관에 상황을 전파하고 공동 대응을 요청했다.

현장에 도착한 경찰관들은 허리까지 차오른 물속에서 아파트 옥상으로 대피한 주민들을 발견했다. 경찰관들은 소방대원들과 함께 구명보트를 이용하여 옥상에 고립된 주민들을 구조하기 시작했다. 하지만 불어난 물살이 거세고, 주변 도로가 모두 침수되어 구조 작업에 어려움을 겪었다.

또한, 아파트 지하 주차장에는 미처 대피하지 못한 주민들이 있을 가능성이 제기되었다. 경찰은 배수 작업을 서두르는 한편, 잠수부를 투입하여 지하 주차장 수색을 실시했다.

한편, 경찰은 침수 지역 주변 도로를 통제하고, 우회 도로를 안내하며, 추가적인 피해를 예방하기 위한 조치를 취했다. 또한, 대피소를 마련하고, 이재민들에게 구호 물품을 지원하는 등 긴급 구호 활동을 펼쳤다.

상황 파악, 문제점 분석 및 해결 방안 발표 메모

상황 파악

- 오후 6시, 집중호우, 도시 곳곳 침수
- 112 신고 폭주(침수, 고립, 매몰 위험 등)
- 저지대 아파트 단지, 지하 주차장 침수, 주민 고립
- 경찰, 현장 출동, 유관기관(소방, 지자체) 공동 대응 요청
- 경찰, 아파트 옥상 고립 주민 발견, 구조 작업(구명보트), 물살/침수로 어려움
- 경찰, 지하 주차장 수색(잠수부 투입), 배수 작업
- 경찰, 침수 지역 주변 도로 통제, 우회 도로 안내, 추가 피해 예방
- 경찰, 대피소 마련, 이재민 구호 물품 지원

문제점 분석

- **자연재해(집중호우):** 인명 피해, 재산 피해, 도시 기능 마비
- **주민 고립:** 아파트 옥상, 지하 주차장, 신속 구조 필요
- **구조 작업 어려움:** 물살, 침수, 접근성 제한
- **추가 피해 우려:** 산사태, 건물 붕괴, 감전 사고 등
- **교통 마비:** 도로 통제, 우회 도로 혼잡
- **이재민 발생:** 대피소, 구호 물품 부족 가능성

해결 방안

- **인명 구조 최우선:** 옥상/지하 주차장 고립 주민 신속 구조(소방 협력)
- **추가 피해 방지:** 위험 지역 주민 대피, 안전 조치, 예방 순찰
- **교통 통제 및 우회 안내:** 교통경찰 추가 배치, 실시간 정보 제공
- **유관기관 협력:** 소방, 지자체, 군부대 등 인력/장비 지원 요청
- **이재민 구호:** 대피소 운영, 구호 물품 지원, 의료 지원
- **상황 전파 및 홍보:** 언론 브리핑, SNS, 재난 문자 발송, 시민 협조 요청
- **재난 대응 시스템 점검:** 재난 예방/대응 매뉴얼 개선, 훈련 강화

발표문

상황 파악

본 상황은 갑작스러운 집중호우로 인해 도시 곳곳이 침수되고, 특히 저지대 아파트 단지 지하 주차장이 침수되면서 주민들이 고립되는 등 인명 피해가 우려되는 긴급한 재난 상황입니다. 경찰은 112 신고를 접수하고 즉시 현장에 출동하여 소방, 지자체 등 유관기관과 공동 대응하고 있으며, 고립된 주민 구조, 추가 피해 예방, 교통 통제, 이재민 구호 등 다각적인 노력을 기울이고 있습니다.

문제점 분석 및 해결 방안

첫째, 집중호우로 인해 인명 피해, 재산 피해, 도시 기능 마비 등 심각한 피해가 발생하고 있습니다.

해결 방안: 인명 구조를 최우선으로 해야 합니다. 옥상에 고립된 주민들을 신속하게 구조하고, 지하 주차장에 남아 있을 수 있는 주민들을 찾기 위해 수색 작업을 지속해야 합니다. 소방과의 협력이 매우 중요합니다.

둘째, 불어난 물살과 침수된 도로로 인해 구조 작업에 어려움을 겪고 있습니다.

해결 방안: 위험 지역 주민들을 신속하게 대피시키고, 안전 조치를 취하며, 예방 순찰을 강화하여 추가 피해를 방지해야 합니다.

셋째, 산사태, 건물 붕괴, 감전 사고 등 추가적인 피해 발생이 우려됩니다.

해결 방안: 교통경찰을 추가 배치하고, 침수 지역 주변 도로를 통제하며, 우회 도로를 안내하여 교통 혼잡을 최소화해야 합니다.

넷째, 도로 통제로 인한 교통 마비와 우회 도로의 혼잡이 예상됩니다.

해결 방안: 소방, 지자체, 군부대 등 유관기관에 인력과 장비 지원을 요청하여 신속하게 대응해야 합니다.

다섯째, 이재민 구호 및 지원 시스템이 빠르게 작동되어야 합니다.

해결 방안: 대피소를 운영하고, 이재민들에게 구호 물품을 지원하며, 의료 지원을 제공하는 등 이재민 구호 활동을 적극적으로 펼쳐야 합니다.

여섯째, 이러한 재난상황은 언제든지 재발될 수 있습니다.

해결 방안: 언론 브리핑, SNS, 재난 문자 발송 등을 통해 상황을 신속하게 전파하고, 시민들의 협조를 요청해야 합니다. 장기적으로는 재난 대응 시스템을 점검하고, 재난 예방 및 대응 매뉴얼을 개선하며, 훈련을 강화하는 등 재난 대응 역량을 강화해야 합니다.

1. 재난 상황 발생 시 경찰의 역할은 무엇입니까?

답변: 재난 상황 발생 시 경찰은 인명 구조, 피해 확산 방지, 질서 유지, 교통 통제, 범죄 예방, 유관기관 협력 등의 역할을 수행합니다.

2. 재난 및 안전관리 기본법상 재난의 정의는 무엇입니까?

답변: 국민의 생명, 신체 및 재산과 국가에 피해를 주거나 줄 수 있는 것으로서, 태풍, 홍수, 호우, 지진 등 자연재해와 화재, 붕괴, 폭발 등 인적 재난, 그리고 에너지, 통신, 교통 등 국가기반체계의 마비 등을 포함합니다.

3. 재난 상황 발생 시 경찰의 대응 절차는 어떻게 됩니까?

답변: 상황 접수, 초동 조치(현장 출동, 상황 파악, 유관기관 전파), 비상 소집, 현장 지휘, 인명 구조, 피해 복구, 상황 종료 등의 절차로 진행됩니다.

4. 유관기관과의 협력이 중요한 이유는 무엇입니까?

답변: 재난 상황은 복합적이고 광범위하게 발생하므로, 경찰 단독으로는 효과적인 대응이 어렵습니다. 소방, 지자체, 군부대, 의료기관 등 유관기관과의 협력을 통해 인력, 장비, 정보를 공유하고, 역할을 분담하여 신속하고 효율적으로 대응해야 합니다.

5. 이재민 구호 활동에는 어떤 것들이 있습니까?

답변: 대피소 운영, 구호 물품(식수, 식량, 담요, 의류, 의약품 등) 지원, 의료 지원, 심리 상담 지원, 생활 안정 지원 등이 있습니다.

6. 재난 상황 발생 시 시민들에게 어떤 정보를 제공해야 합니까?

답변: 재난 발생 상황, 피해 상황, 대피 요령, 대피소 위치, 교통 통제 상황, 우회 도로 정보, 구호 물품 지원 정보 등을 신속하고 정확하게 제공해야 합니다.

7. 재난 상황 관련 허위 사실 유포에 대한 경찰의 대응은 무엇입니까?

답변: 허위 사실 유포는 사회 혼란을 야기하고, 구조 활동을 방해하며, 국민들의 불안감을 증폭시키는 심각한 범죄행위이므로, 유포자를 신속하게 검거하고, 관련 법률에 따라 엄정하게 처벌해야 합니다.

8. 재난 상황 발생 시 경찰관 개인의 안전을 확보하기 위한 방법은 무엇입니까?

답변: 안전 장비(헬멧, 안전화, 구명조끼 등) 착용, 안전 교육 이수, 현장 상황 숙지, 무리한 구조 활동 자제, 동료와의 협력 등을 통해 안전을 확보해야 합니다.

9. 재난 상황 발생 시 경찰 지휘부의 역할은 무엇입니까?

답변: 현장 지휘, 상황 판단, 의사 결정, 유관기관 협력, 인력 및 장비 동원, 언론 대응 등을 총괄하며, 신속하고 효율적인 재난 대응을 지휘해야 합니다.

10. 재난 예방을 위해 경찰이 할 수 있는 일은 무엇입니까?

답변: 재난 취약 지역 순찰 강화, 재난 대비 훈련 실시, 재난 예방 교육 및 홍보, 유관기관과의 협력 체계 구축, 재난 관련 법규 및 제도 개선 건의 등을 통해 재난 예방에 기여할 수 있습니다.

11. 침수 지역 차량 통제 시 유의해야 할 점은 무엇입니까?

답변: 침수 정도, 도로 상황, 교통량 등을 고려하여 안전하게 통제해야 하며, 우회 도로를 명확하게 안내하고, 교통경찰을 배치하여 혼잡을 최소화해야 합니다.

12. 지하 주차장 수색 시 안전 확보를 위해 어떤 조치를 취해야 합니까?

답변: 잠수부 투입 전 안전 점검을 철저히 하고, 산소 공급 장비, 조명 장비, 통신 장비 등을 충분히 확보해야 합니다. 또한, 2인 1조로 수색 작업을 실시하고, 비상 상황 발생에 대비하여 구조 대기조를 운영해야 합니다.

13. 이 상황에서 경찰관으로서 가장 중요하게 생각해야 할 가치는 무엇입니까?

답변: 국민의 생명과 안전 보호가 최우선 가치입니다. 또한, 신속하고 효율적인 재난 대응을 통해 피해를 최소화하고, 사회 질서를 유지하는 것이 중요합니다.

14. 재난 상황 종료 후 경찰의 역할은 무엇입니까?

답변: 피해 복구 지원, 범죄 예방 순찰 강화, 재난 원인 조사, 재발 방지 대책 수립 지원, 이재민 심리 안정 지원 등의 역할을 수행합니다.

상황 자료: "사라진 다이아몬드, 현장에 남은 흔적을 찾아라!"

오전 9시경, 고급 주택가에 위치한 단독주택에서 절도 사건이 발생했다는 신고가 접수되었다. 피해자 A 씨는 "외출 후 집에 돌아와 보니, 집 안이 엉망이었고, 보석함에 보관 중이던 시가 1억 원 상당의 다이아몬 드 목걸이가 사라졌다"고 진술했다. 신고를 접수한 즉시 관할 경찰서 형사팀이 현장에 출동했다.

현장에 도착한 형사들은 피해자 A씨를 만나 자세한 피해 상황을 확인하고, 현장 보존 조치를 실시했다. 집 안은 누군가 침입하여 물건을 뒤진 흔적이 역력했고, 창문은 열려 있었으며, 잠금장치는 파손된 상태 였다.

형사들은 현장 감식을 시작했다. 우선, 피해품(다이아몬드 목걸이)이 보관되어 있던 보석함과 주변에서 지문을 채취하고, 족적 및 기타 흔적을 찾기 위해 노력했다. 또한, 파손된 창문 잠금장치를 정밀 감식하고, 집 안팎에서 범인이 남긴 것으로 추정되는 머리카락, 섬유 조각 등을 수집했다.

현장 감식 결과, 보석함에서 용의자의 것으로 추정되는 지문 여러 개가 채취되었고, 창문 밖 화단에서 족 적이 발견되었다. 또한, 현관문 손잡이에서는 낯선 사람의 DNA가 검출되었다.

형사들은 수집된 증거물을 국립과학수사연구원에 감정 의뢰하고, 피해자 A씨의 주변 인물들을 대상으로 탐문 수사를 시작했다. 또한, 인근 CCTV 영상을 확보하여 분석하고, 용의자 추적에 나섰다.

상황 파악, 문제점 분석 및 해결 방안 발표 메모

상황 파악

- 오전 9시, 고급 주택가 단독주택, 절도 신고
- 피해자 A, 외출 후 귀가, 집 안 엉망, 다이아몬드 목걸이(1억 원 상당) 도난
- 경찰, 형사팀 현장 출동, 피해 상황 확인, 현장 보존
- 집 안: 침입/뒤진 흔적, 창문 열림, 잠금장치 파손
- 현장 감식: 지문 채취(보석함, 주변), 족적/기타 흔적 수색, 잠금장치 정밀 감식, 머리카락/섬유 조각 수집
- 감식 결과: 용의자 추정 지문(보석함), 족적(창문 밖 화단), DNA(현관문 손잡이)
- 경찰, 증거물 국과수 감정 의뢰, 주변인 탐문, CCTV 분석, 용의자 추적

문제점 분석

- **절도 범죄 발생:** 재산 피해, 피해자 불안감, 범인 검거 필요
- **침입 흔적:** 창문 잠금장치 파손, 주거 침입
- **증거 확보 중요성:** 지문, 족적, DNA 등, 과학적 수사
- **용의자 특정:** CCTV, 탐문 수사, 신속한 검거
- **장물 회수:** 다이아몬드 목걸이, 피해 회복

해결 방안

- **현장 감식 철저:** 지문, 족적, DNA, 머리카락, 섬유 조각 등 증거물 수집 및 분석
- **CCTV 분석:** 용의자 인상착의, 도주 경로, 공범 여부 확인
- **탐문 수사:** 피해자 주변인, 동일 수법 전과자, 장물 거래 가능성 조사
- **국과수 감정 의뢰:** 지문, 족적, DNA 등 신속 감정, 용의자 특정
- **수사 협조:** 다른 지역 경찰서, 관련 기관(금은방, 전당포 등) 협조
- **피해 회복:** 장물 추적, 피해자 심리 안정 지원

발표문

상황 파악

본 상황은 고급 주택가 단독주택에서 발생한 절도 사건으로, 시가 1억 원 상당의 다이아몬드 목걸이가 도난당한 사건입니다. 피해자는 외출 후 귀가하여 피해 사실을 확인하고 경찰에 신고했으며, 현장에 출동한 형사들은 현장 보존, 증거 수집, 주변 탐문, CCTV 분석 등 초동 수사를 진행하고 있습니다. 현장 감식 결과, 용의자의 것으로 추정되는 지문, 족적, DNA 등이 채취되었으며, 경찰은 이를 토대로 용의자를 특정하고 추적하고 있습니다.

문제점 분석 및 해결 방안

첫째, 절도 범죄 발생으로 인해 피해자는 재산상의 피해를 입었을 뿐만 아니라, 심리적인 불안감을 느끼고 있습니다.

해결 방안: 현장 감식을 철저히 하여 지문, 족적, DNA, 머리카락, 섬유 조각 등 범인이 남긴 증거물을 최대한 수집하고 분석해야 합니다.

둘째, 범인이 침입한 흔적이 발견되었습니다. 창문 잠금 장치가 파손되었으며, 이는 주거 침입에 해당합니다

해결 방안: 확보한 CCTV 영상을 정밀 분석하여 용의자의 인상착의, 도주 경로, 공범 여부 등을 확인해야 합니다.

셋째, 확보한 증거를 신속히 분석해야 합니다.

해결 방안: 피해자 주변 인물, 동일 수법 전과자, 장물 거래 가능성 등을 중심으로 탐문 수사를 진행해야 합니다.

넷째, 빠른 용의자 특정 및 검거를 위해 수사력을 집중해야 합니다.

해결 방안: 수집된 증거물(지문, 족적, DNA 등)을 국립과학수사연구원에 신속하게 감정 의뢰하여 용의자를 특정해야 합니다.

다섯째, 피해를 회복하기 위해 노력해야 합니다.

해결 방안: 다른 지역 경찰서 및 금은방, 전당포 등 관련 기관과의 수사 협조를 통해 장물 추적에 최선을 다해야 합니다. 또한, 피해자의 심리적 안정을 위한 지원도 병행해야 합니다.

질의응답

1. 절도 사건 현장 감식 시 가장 중요하게 고려해야 할 점은 무엇입니까?

답변: 현장 보존, 증거 훼손 방지, 증거물의 오염 방지, 안전 확보 등이 중요합니다.

2. 절도 사건 현장에서 수집할 수 있는 증거물에는 어떤 것들이 있습니까?

답변: 지문, 족적, DNA, 머리카락, 섬유 조각, 도구 흔적, 혈흔, CCTV 영상, 피해품, 장물 등이 있습니다.

3. 지문 채취 방법에는 어떤 것들이 있습니까?

답변: 분말법, 액체법, 기체법, 광학적 방법 등 다양한 방법이 있습니다.

4. 족적 채취 방법에는 어떤 것들이 있습니까?

답변: 사진 촬영, 석고 뜨기, 실리콘 복제, 정전기 전사 등 다양한 방법이 있습니다.

5. DNA 채취 방법에는 어떤 것들이 있습니까?

답변: 면봉, 혈액, 타액, 모발, 피부 세포 등 다양한 생체 시료에서 DNA를 채취할 수 있습니다.

6. CCTV 영상 분석 시 유의해야 할 점은 무엇입니까?

답변: 영상의 위조 또는 변조 가능성을 염두에 두고, 원본 영상을 확보하고, 영상의 촬영 시간, 위치, 각도 등을 정확하게 확인해야 합니다.

7. 탐문 수사 시 유의해야 할 점은 무엇입니까?

답변: 탐문 대상자의 인권을 존중하고, 강압적인 분위기를 조성하지 않으며, 객관적인 정보를 수집해야 합니다.

8. 국립과학수사연구원에 증거물 감정을 의뢰하는 절차는 어떻게 됩니까?

답변: 감정 의뢰서 작성, 증거물 포장 및 봉인, 국립과학수사연구원 송부 등의 절차를 거쳐 감정을 의뢰합니다.

9. 절도 사건 수사 시 다른 지역 경찰서와 협조해야 하는 경우는 어떤 경우입니까?

답변: 용의자가 다른 지역으로 도주했을 가능성이 있는 경우, 동일 수법 전과자가 다른 지역에 거주하는 경우, 장물 거래가 다른 지역에서 이루어졌을 가능성이 있는 경우 등입니다.

10. 금은방, 전당포 등과 협조해야 하는 이유는 무엇입니까?

답변: 절도범이 장물을 금은방이나 전당포에 처분할 가능성이 높기 때문에, 이들 업소에 수배 전단을 배포하고, 장물 발견 시 즉시 신고하도록 협조를 요청해야 합니다.

11. 절도 피해자에게 어떤 지원을 제공할 수 있습니까?

답변: 피해품 회수, 피해 복구 지원, 심리 상담 지원, 법률 상담 지원, 경제적 지원 등을 제공할 수 있습니다.

12. 절도 예방을 위해 경찰이 할 수 있는 일은 무엇입니까?

답변: 취약 지역 순찰 강화, 방범 시설 설치 권고, 절도 예방 교육 및 홍보, 자율방범대 운영 지원 등을 통

해 절도 예방에 힘쓸 수 있습니다.

13. 이 사건에서 용의자를 특정하기 위한 가장 중요한 단서는 무엇이라고 생각하십니까?

답변: 보석함에서 채취된 용의자의 지문, 현관문 손잡이에서 발견된 DNA, 그리고 CCTV 영상이라고 생각합니다. 이러한 증거들을 종합적으로 분석하면 용의자를 특정하는 데 결정적인 역할을 할 수 있을 것입니다.

14. 만약 용의자가 장물을 처분하기 전에 검거되었다면, 어떤 법적 조치를 취할 수 있습니까?

답변: 절도죄(형법 제329조) 및 주거침입죄(형법 제319조) 혐의를 적용하여 구속영장을 신청할 수 있습니다. 또한, 피해품을 압수하여 피해자에게 돌려주고, 범행 도구 등을 몰수할 수 있습니다.

상황 자료: "침묵하는 피의자, 진실을 밝혀라!"

강력 절도 사건의 유력한 용의자로 A씨가 체포되었다. A씨는 범행 현장 인근 CCTV 영상에 찍혔고, 피해자의 집에서 발견된 족적과 일치하는 신발을 소지하고 있었다. 또한, A씨는 과거에도 동종 전과가 여러 차례 있었다. 하지만 A씨는 체포된 이후부터 묵비권을 행사하며 일체의 진술을 거부하고 있다.

담당 형사는 A씨의 범행을 입증할 만한 충분한 증거를 확보했지만, A씨가 범행을 완강히 부인하고 있어 수사에 어려움을 겪고 있다. A씨의 자백을 받아 내지 못하면, 기소하더라도 법정에서 무죄를 주장할 가능성이 높다.

이에 형사는 A씨의 자백을 확보하기 위한 다각적인 수사 전략을 수립해야 한다. A씨의 심리 상태를 파악하고, A씨가 신뢰할 수 있는 환경을 조성하며, 객관적인 증거를 제시하면서 A씨를 설득해야 한다. 또한, A씨의 가족, 친구, 동료 등을 통해 A씨의 성격, 생활 환경, 범행 동기 등을 파악하고, 이를 수사에 활용해야 한다.

상황 파악, 문제점 분석 및 해결 방안 발표 메모

상황 파악

- 강력 절도 사건, 유력 용의자 A 체포
- 증거: CCTV 영상(현장 인근), 족적 일치 신발, 동종 전과 다수
- A, 묵비권 행사, 진술 거부
- 경찰, 증거 충분, A 범행 부인, 수사 난항
- A 자백 없으면, 기소 후 법정 무죄 주장 가능성

문제점 분석

- **A의 묵비권 행사:** 수사 방해, 진실 규명 어려움
- **A의 범행 부인:** 증거 불충분, 유죄 입증 어려움
- **자백 필요성:** 유죄 입증, 범행 동기/경위 파악, 여죄 확인
- **수사 장기화 가능성:** 증거 보강, A 심리 변화 유도

해결 방안

- **A 심리 상태 파악:** 불안, 초조, 죄책감, 방어적 태도 등
- **신뢰 관계 형성:** 존중, 경청, 공감, 인간적 유대감 형성
- **객관적 증거 제시:** CCTV 영상, 족적 감정 결과, 전과 기록 등
- **논리적 설득:** 증거 제시, 범행 재구성, 모순 지적, 합리적 의심 제기
- **주변인 조사:** 가족, 친구, 동료 등, A 성격, 생활 환경, 범행 동기 파악
- **심리적 압박:** 죄책감 자극, 가족/미래 언급, 선처 가능성 제시
- **법률 조력:** 변호인 접견, 진술 거부권/묵비권 재고지
- **전문가 활용:** 프로파일러, 거짓말탐지기 등(필요시)

발표문

상황 파악

본 상황은 강력 절도 사건의 유력한 용의자 A씨가 체포되었으나, 묵비권을 행사하며 범행을 부인하고 있는 상황입니다. 경찰은 CCTV 영상, 족적 증거, 동종 전과 등 A씨의 범행을 입증할 만한 충분한 증거를 확보했지만, A씨의 자백 없이는 기소 후 법정에서 무죄를 주장할 가능성이 있어 수사에 어려움을 겪고 있습니다.

문제점 분석 및 해결 방안

첫째, A씨는 체포된 이후 묵비권을 행사하며 일체의 진술을 거부하고 있어 수사에 어려움을 주고 있습니다.

해결 방안: 먼저 A씨의 불안, 초조, 죄책감, 방어적 태도 등 현재 심리 상태를 정확하게 파악하는 것이 중요합니다.

둘째, A씨는 범행을 완강히 부인하고 있습니다. 이는 유죄 입증에 어려움을 가중시키고 있습니다.

해결 방안: A씨를 존중하고, 경청하며, 공감하는 자세를 보여 A씨가 신뢰할 수 있는 환경을 조성하고, 인간적인 유대감을 형성하기 위해 노력해야 합니다.

셋째, 확보한 증거에도 불구하고, A씨의 자백 없이는 유죄 입증이 어려울 수 있습니다.

해결 방안: A씨에게 CCTV 영상, 족적 감정 결과, 전과 기록 등 객관적인 증거를 제시하며 논리적으로 설득해야 합니다. 범행을 재구성하고, A씨 진술의 모순점을 지적하며, 합리적인 의심을 제기해야 합니다.

넷째, A씨의 범행 동기나, 범행 과정 전반을 파악하기 어렵습니다.

해결 방안: A씨의 가족, 친구, 동료 등을 통해 A씨의 성격, 생활 환경, 범행 동기 등을 파악하고, 이를 수사에 활용해야 합니다.

다섯째, 수사가 장기화될 가능성이 있습니다.

해결 방안: A씨에게 죄책감을 자극하고, 가족과 미래를 언급하며 심리적인 압박을 가하는 동시에, 선처 가능성을 제시하여 자백을 유도할 수 있습니다. 또한, 변호인 접견을 통해 진술 거부권과 묵비권에 대해 다시 한번 고지하고, 진술을 재고할 기회를 제공해야 합니다. 필요하다면 프로파일러, 거짓말탐지기 등 전문가의 도움을 받는 것도 고려해야 합니다.

질의응답

1. 묵비권이란 무엇이며, 피의자의 권리로서 어떻게 보장해야 합니까?

답변: 묵비권이란 형사상 자기에게 불리한 진술을 강요당하지 않을 권리입니다. 경찰은 피의자를 체포하거나 구속할 때, 묵비권의 내용을 고지하고, 진술을 강요하거나 유도해서는 안 됩니다.

2. 피의자 신문 시 유의해야 할 점은 무엇입니까?

답변: 피의자의 인권을 존중하고, 진술을 강요하거나 유도하지 않으며, 객관적인 증거를 바탕으로 신문해야 합니다. 또한, 피의자의 진술을 정확하게 기록하고, 피의자에게 확인시켜야 합니다.

3. 피의자에게 객관적인 증거를 제시하는 방법은 무엇입니까?

답변: CCTV 영상, 족적 감정 결과, 지문 감정 결과, 목격자 진술 등 객관적인 증거를 피의자에게 직접 보여 주거나 설명하고, 증거의 의미와 중요성을 논리적으로 설명해야 합니다.

4. 피의자를 논리적으로 설득하는 방법은 무엇입니까?

답변: 객관적인 증거를 바탕으로 범행을 재구성하고, 피의자 진술의 모순점을 지적하며, 합리적인 의심을 제기하는 방식으로 설득할 수 있습니다.

5. 피의자의 주변인을 조사하는 목적은 무엇입니까?

답변: 피의자의 성격, 생활 환경, 범행 동기, 알리바이 등을 파악하고, 피의자의 진술의 진위 여부를 확인하며, 추가적인 증거를 확보하기 위해 주변인을 조사합니다.

6. 피의자에게 심리적 압박을 가하는 것은 정당한 수사 기법입니까?

답변: 피의자의 인권을 침해하지 않는 범위 내에서, 죄책감을 자극하거나, 가족과 미래를 언급하는 등 심리적 압박을 가하는 것은 허용될 수 있습니다. 하지만, 협박, 강요, 회유 등은 위법한 수사 기법입니다.

7. 선처 가능성을 제시하는 것은 회유에 해당하지 않습니까?

답변: 구체적인 형량 협상이나 허위 약속을 하는 것은 회유에 해당하지만, 자백할 경우 정상 참작될 수 있다는 일반적인 사실을 알려 주는 것은 허용됩니다.

8. 프로파일러는 어떤 역할을 하며, 어떤 도움을 줄 수 있습니까?

답변: 프로파일러는 범죄 현장 분석, 범인의 심리 분석, 범행 동기 추정, 용의자 특정, 신문 전략 수립 등 다양한 역할을 수행하며, 수사에 도움을 줄 수 있습니다.

9. 거짓말탐지기 검사의 원리와 한계는 무엇입니까?

답변: 거짓말탐지기는 거짓말을 할 때 나타나는 생리적 반응(맥박, 혈압, 호흡, 땀 등)의 변화를 측정하여 진위 여부를 판단하는 기기입니다. 하지만, 검사 결과는 참고 자료로만 활용될 수 있으며, 법적 증거 능력은 제한적입니다.

10. A씨가 계속 묵비권을 행사하면 어떻게 해야 합니까?

답변: 묵비권은 피의자의 권리이므로, A씨가 계속 묵비권을 행사하더라도 강제로 진술을 받아낼 수는 없습니다. 하지만, 확보된 증거를 바탕으로 A씨의 혐의를 입증하기 위해 최선을 다해야 합니다.

11. A씨가 변호인의 조력을 받겠다고 하면 어떻게 해야 합니까?

답변: A씨에게 변호인 선임권을 고지하고, 변호인이 참여한 상태에서 신문을 진행해야 합니다.

12. A씨가 자백을 번복하면 어떻게 해야 합니까?

답변: 자백의 신빙성을 다시 한번 검토하고, 자백 경위, 자백 내용, 객관적인 증거와의 부합 여부 등을 종합적으로 고려하여 판단해야 합니다.

13. 이 상황에서 경찰관으로서 가장 중요하게 생각해야 할 가치는 무엇입니까?

답변: 진실 규명, 정의 실현, 피의자의 인권 보호, 공정한 수사 등이 중요합니다.

14. 피의자 자백 확보를 위한 수사 과정에서 발생할 수 있는 윤리적 문제는 무엇이며, 어떻게 해결해야 합니까?

답변: 허위 자백 유도, 강압 수사, 인권 침해 등의 문제가 발생할 수 있습니다. 이를 해결하기 위해서는 적법 절차를 준수하고, 피의자의 인권을 존중하며, 객관적인 증거를 바탕으로 수사를 진행해야 합니다.

상황 자료: "클릭 한 번에 털린 지갑, 사이버 범죄를 막아라!"

서울에 거주하는 직장인 A씨는 최근 황당한 일을 겪었다. 평소처럼 인터넷 뱅킹을 이용하려던 중, 자신의 계좌에서 500만 원이 무단으로 인출된 사실을 발견한 것이다. 깜짝 놀란 A씨는 즉시 은행에 연락하여 지급 정지를 요청하고, 경찰에 신고했다.

경찰 조사 결과, A씨는 최근 'ㅇㅇ은행 보안 강화'라는 제목의 이메일을 받고, 이메일에 첨부된 링크를 클릭하여 자신의 계좌 정보와 비밀번호를 입력한 것으로 드러났다. 경찰은 해당 이메일이 피싱(Phishing) 사이트로 연결되는 악성 이메일이었음을 확인하고, 즉시 수사에 착수했다.

사이버수사팀은 A씨가 접속한 피싱 사이트의 IP 주소를 추적하고, 해당 사이트의 서버가 해외에 있음을 확인했다. 또한, A씨의 계좌에서 돈이 인출된 대포통장 계좌를 확인하고, 해당 계좌의 거래 내역을 분석하여 자금 흐름을 추적하고 있다.

경찰은 피싱 사이트 운영자 검거를 위해 국제 공조 수사를 요청하는 한편, A씨와 같이 피싱 피해를 입은 사람들이 더 있는지 확인하기 위해 유사한 수법의 범행 사례를 분석하고 있다. 또한, 대국민 홍보를 통해 피싱 범죄 예방 수칙을 알리고, 주의를 당부하고 있다.

상황 파악, 문제점 분석 및 해결 방안 발표 메모

상황 파악

- 직장인 A, 인터넷 뱅킹 중 계좌에서 500만 원 무단 인출
- A, 은행 지급 정지 요청, 경찰 신고
- 경찰 조사: A, '은행 보안 강화' 이메일 링크 클릭, 계좌 정보/비밀번호 입력
- 경찰, 피싱(Phishing) 사이트 확인, 수사 착수
- 사이버수사팀, 피싱 사이트 IP 추적(해외 서버)
- 경찰, 대포통장 계좌 확인, 거래 내역 분석, 자금 흐름 추적
- 경찰, 국제 공조 수사 요청, 유사 범행 사례 분석
- 경찰, 피싱 범죄 예방 홍보

문제점 분석

- **피싱 범죄 발생:** A씨 금전 피해, 개인정보 유출, 금융 시스템 불신
- **피싱 수법:** 악성 이메일, 가짜 사이트, 개인정보 탈취
- **해외 서버:** IP 추적/운영자 검거 어려움, 국제 공조 필요
- **대포통장 사용:** 자금 추적/회수 어려움
- **추가 피해 가능성:** 유사 수법, 불특정 다수 대상

해결 방안

- **피싱 사이트 차단:** 방송통신심의위원회, 인터넷 서비스 제공자(ISP) 협조
- **IP 주소 추적 및 국제 공조:** 해외 서버 운영자 검거, 범죄인 인도
- **대포통장 추적:** 계좌 지급 정지, 거래 내역 분석, 자금 흐름 파악, 인출책 검거
- **피해자 지원:** 피해 금액 환급, 추가 피해 예방, 심리 상담
- **유사 범행 수사:** 동일 수법, 피해자 규모, 연관성 확인
- **피싱 예방 홍보:** 이메일/문자/SNS 주의, 출처 불분명 링크 클릭 금지, 보안 강화
- **금융기관 협조:** 보안 시스템 강화, 피싱 의심 거래 모니터링, 고객 정보 보호

발표문

상황 파악

본 상황은 직장인 A씨가 '은행 보안 강화'를 위장한 악성 이메일을 받고 피싱 사이트에 접속하여 계좌 정보와 비밀번호를 입력, 그 결과 계좌에서 500만 원이 무단 인출된 피싱 범죄 사건입니다. 경찰은 피싱 사이트 IP 주소를 추적하고, 대포통장 계좌 거래 내역을 분석하는 등 수사를 진행하고 있으며, 국제 공조 수사 요청, 유사 범행 사례 분석, 피싱 범죄 예방 홍보 등 다각적인 노력을 기울이고 있습니다.

문제점 분석 및 해결 방안

첫째, 피싱 범죄는 개인의 금전적 피해뿐만 아니라, 개인정보 유출, 금융 시스템에 대한 불신을 야기하는 심각한 범죄입니다.

해결 방안: 방송통신심의위원회, 인터넷 서비스 제공자(ISP)와의 협조를 통해 피싱 사이트를 신속하게 차단해야 합니다.

둘째, 피싱 범죄는 악성 이메일, 가짜 사이트 등을 통해 교묘하게 개인정보를 탈취하는 수법을 사용합니다.

해결 방안: 피싱 사이트 운영자를 검거하기 위해 IP 주소를 추적하고, 해외 서버 운영 업체에 대한 국제 공조 수사를 요청해야 합니다.

셋째, 피싱 범죄에 이용된 서버가 해외에 있어 IP 추적과 운영자 검거가 어렵습니다.

해결 방안: A씨의 계좌에서 돈이 인출된 대포통장 계좌를 확인하고, 해당 계좌의 거래 내역을 분석하여 자금 흐름을 추적해야 합니다.

넷째, 피싱에 이용된 계좌는 대포통장으로, 자금 추적과 회수가 어렵습니다.

해결 방안: A씨와 같이 피싱 피해를 입은 사람들이 더 있는지 확인하기 위해 유사한 수법의 범행 사례를 분석해야 합니다.

다섯째, 추가적인 피싱 피해가 발생할 수 있습니다.

해결 방안: 이메일, 문자, SNS 등을 통한 피싱 범죄 예방 수칙을 적극적으로 홍보하고, 출처가 불분명한 링크는 클릭하지 않도록 주의를 당부해야 합니다. 또한, 금융기관과의 협조를 통해 보안 시스템을 강화하고, 피싱 의심 거래에 대한 모니터링을 강화하며, 고객 정보 보호에 만전을 기해야 합니다.

질의응답

1. 피싱(Phishing)이란 무엇이며, 어떤 유형들이 있습니까?

답변: 피싱은 개인정보(Private Data)와 낚시(Fishing)의 합성어로, 이메일, 문자 메시지, 전화, 가짜 웹사이트 등을 이용하여 개인정보나 금융 정보를 불법적으로 획득하는 사기 수법입니다. 스미싱(Smishing), 파밍(Pharming), 보이스피싱(Voice Phishing) 등 다양한 유형이 있습니다.

2. 스미싱(Smishing)과 파밍(Pharming)은 무엇입니까?

답변: 스미싱은 문자 메시지(SMS)를 이용한 피싱 수법으로, 악성 링크가 포함된 문자 메시지를 발송하여 개인정보나 금융 정보를 탈취합니다. 파밍은 사용자를 가짜 웹사이트로 유도하여 개인정보나 금융 정보를 탈취하는 수법입니다.

3. 피싱 범죄 예방 수칙에는 어떤 것들이 있습니까?

답변: 출처가 불분명한 이메일이나 문자 메시지의 링크를 클릭하지 않기, 개인정보나 금융 정보를 요구하는 전화나 메시지에 응답하지 않기, 백신 프로그램 설치 및 최신 버전 유지, 비밀번호 주기적 변경, 보안카드 대신 OTP(일회용 비밀번호) 사용 등이 있습니다.

4. 피싱 피해를 입었을 경우, 어떻게 대처해야 합니까?

답변: 즉시 금융기관에 지급 정지를 요청하고, 경찰청 사이버안전국(182)에 신고해야 합니다. 또한, 개인정보 유출로 인한 2차 피해를 예방하기 위해 비밀번호를 변경하고, 백신 프로그램으로 악성코드 감염 여부를 검사해야 합니다.

5. 피싱 사이트 차단은 어떻게 이루어집니까?

답변: 경찰은 방송통신심의위원회에 피싱 사이트 심의를 요청하고, 심의 결과에 따라 인터넷 서비스 제공자(ISP)에게 해당 사이트 접속 차단을 요청합니다.

6. 대포통장이란 무엇이며, 왜 피싱 범죄에 이용됩니까?

답변: 대포통장은 타인 명의로 개설된 통장으로, 범죄 수익금을 은닉하거나 자금 세탁에 이용됩니다. 피싱 범죄 조직은 대포통장을 이용하여 피해금을 인출하고 추적을 피합니다.

7. 대포통장 근절을 위한 대책에는 어떤 것들이 있습니까?

답변: 통장 개설 절차 강화, 대포통장 매매 및 대여 행위 처벌 강화, 금융기관의 의심 거래 모니터링 강화, 대국민 홍보 강화 등이 있습니다.

8. 국제 공조 수사는 어떤 경우에 필요하며, 어떻게 진행됩니까?

답변: 피싱 사이트 서버가 해외에 있거나, 범죄자가 해외로 도피한 경우 등 국제 공조 수사가 필요합니다. 법무부를 통해 해당 국가에 수사 협조를 요청하고, 인터폴(국제형사경찰기구) 등 국제기구를 통해 공조 수사를 진행합니다.

9. 피싱 범죄 수사 시 경찰이 겪는 어려움은 무엇입니까?

답변: 피싱 범죄 조직은 점조직 형태로 운영되고, 해외에 서버를 두는 경우가 많아 추적이 어렵습니다. 또한, 대포통장, 차명 전화 등을 사용하여 신분을 위장하고, 수사망을 피하는 경우가 많습니다.

10. 피싱 범죄 피해 금액 환급은 어떻게 이루어집니까?

답변: '전기통신금융사기 피해 방지 및 피해금 환급에 관한 특별법'에 따라, 피해자는 금융기관에 피해 사실을 신고하고 피해금 환급을 신청할 수 있습니다. 금융기관은 지급 정지된 계좌의 명의인에게 환급 사실을 통지하고, 이의 제기가 없으면 피해자에게 피해금을 환급합니다.

11. 피싱 범죄 수사 시 경찰관으로서 가장 중요하게 생각해야 할 가치는 무엇입니까?

답변: 국민의 재산 보호, 정의 실현, 신속한 범인 검거, 피해 회복 등이 중요합니다.

12. 피싱 범죄 예방을 위해 시민들에게 당부하고 싶은 말은 무엇입니까?

답변: 출처가 불분명한 이메일이나 문자 메시지의 링크는 절대 클릭하지 마시고, 개인정보나 금융 정보를 요구하는 전화나 메시지에는 응답하지 마시기 바랍니다. 또한, 의심스러운 상황이 발생하면 즉시 경찰(112)이나 금융감독원(1332)에 신고해 주시기 바랍니다.

13. 피싱 범죄와 관련된 법률에는 어떤 것들이 있습니까?

답변: 형법상 사기죄, 컴퓨터사용사기죄, 정보통신망 이용촉진 및 정보보호 등에 관한 법률 위반, 전자금융거래법 위반, 전기통신금융사기 피해 방지 및 피해금 환급에 관한 특별법 등이 있습니다.

14. 피싱 범죄 수사 시 다른 기관과의 협력은 어떻게 이루어집니까?

답변: 금융기관, 통신사, 인터넷 서비스 제공자(ISP), 방송통신심의위원회, 금융감독원, 한국인터넷진흥원(KISA) 등 관련 기관과 긴밀하게 협력하여 피싱 범죄에 대응하고 있습니다.

상황 자료: "어둠 속의 거래, 마약 조직을 소탕하라!"

경찰청 마약수사대는 수개월간의 첩보 수집 및 분석 끝에, 국내 최대 규모의 마약 유통 조직에 대한 정보를 입수했다. 이 조직은 해외에서 마약을 밀반입하여 국내에 유통하는 것은 물론, SNS를 통해 일반인들에게까지 마약을 판매하고 있었다.

경찰은 조직의 핵심 간부 A씨의 신원과 은신처를 파악하고, A씨를 포함한 조직원 10여 명에 대한 체포영장 및 압수수색영장을 발부받았다. 경찰은 A씨의 은신처를 급습하여 A씨를 체포하고, 현장에서 다량의 마약(필로폰, 대마 등)과 현금, 대포폰, 위조 신분증 등을 압수했다.

A씨는 체포된 후에도 묵비권을 행사하며 범행을 부인했지만, 경찰은 A씨의 휴대폰 통화 기록, 메시지, SNS 대화 내용 등을 분석하여 A씨가 마약 유통 조직의 핵심 간부임을 입증할 수 있는 증거를 확보했다. 또한, A씨의 은신처에서 발견된 마약의 양과 종류, 판매 장부 등을 토대로 A씨의 범행 규모와 유통 경로를 파악했다.

경찰은 A씨를 비롯한 조직원들을 상대로 마약 입수 경로, 판매 대상, 수익금 사용처 등을 집중 추궁하고, 추가 공범 및 여죄를 밝히기 위해 수사력을 집중하고 있다.

상황 파악, 문제점 분석 및 해결 방안 발표 메모

상황 파악

- 경찰청 마약수사대, 국내 최대 마약 유통 조직 정보 입수(수개월 첩보 수집/분석)
- 조직: 해외 마약 밀반입, 국내 유통, SNS 통해 일반인 판매
- 경찰, 핵심 간부 A 신원/은신처 파악, 체포/압수수색 영장 발부
- 경찰, A 은신처 급습, A 체포, 마약/현금/대포폰/위조 신분증 압수
- A, 묵비권 행사, 범행 부인
- 경찰, A 휴대폰 분석(통화 기록, 메시지, SNS), 증거 확보(A 핵심 간부 입증)
- 경찰, 마약/판매 장부 분석, 범행 규모/유통 경로 파악
- 경찰, A 포함 조직원 조사(마약 입수 경로, 판매 대상, 수익금 사용처), 추가 공범/여죄 수사

문제점 분석

- **마약 유통:** 국민 건강/안전 위협, 사회 질서 혼란, 국제 문제
- **SNS 통한 마약 판매:** 청소년 등 일반인 접근 용이, 확산 위험
- **A의 묵비권 행사:** 수사 방해, 진실 규명 어려움
- **조직적 범죄:** 은밀성, 점조직, 수사 어려움
- **해외 연계:** 마약 밀반입, 국제 공조 필요

해결 방안

- **A 포함 조직원 전원 검거:** 체포 영장 집행, 추가 수사
- **마약 유통 경로 차단:** 해외 공급책, 국내 유통망, 판매책 추적
- **SNS 마약 판매 단속:** 모니터링 강화, 판매 사이트 차단, 판매자 검거
- **디지털 증거 분석:** 휴대폰, 컴퓨터, SNS 등 디지털 포렌식
- **계좌 추적:** 수익금 흐름 파악, 범죄 수익 환수
- **국제 공조:** 해외 수사기관 협력, 범죄인 인도
- **마약 예방/치료:** 교육/홍보 강화, 중독자 치료/재활 지원
- **관련 법규 강화:** 마약류 불법 거래 처벌 강화, 신고 포상금 제도 활성화

발표문

상황 파악

본 상황은 경찰청 마약수사대가 수개월간의 첩보 수집 및 분석 끝에 국내 최대 규모의 마약 유통 조직을 적발하고, 핵심 간부 A씨를 체포한 사건입니다. A씨는 해외에서 마약을 밀반입하여 국내에 유통하고, SNS 를 통해 일반인들에게까지 마약을 판매한 혐의를 받고 있습니다. 경찰은 A씨의 은신처에서 다량의 마약과 현금, 대포폰 등을 압수하고, A씨를 비롯한 조직원들을 상대로 수사를 진행하고 있습니다.

문제점 분석 및 해결 방안

첫째, 마약 유통은 국민의 건강과 안전을 심각하게 위협하고, 사회 질서를 혼란시키는 중대한 범죄입니다.

해결 방안: A씨를 포함한 조직원 전원을 검거하기 위해 체포영장을 집행하고, 추가 수사를 통해 공범을 색출해야 합니다.

둘째, 이 조직은 SNS를 통해 청소년 등 일반인들에게까지 마약을 판매하여 마약 확산의 위험성을 높였습니다.

해결 방안: 해외 공급책, 국내 유통망, 판매책 등 마약 유통 경로를 철저히 추적하여 차단해야 합니다.

셋째, 핵심 간부인 A는 묵비권을 행사하고 있어, 수사에 어려움을 겪고 있습니다.

해결 방안: SNS를 통한 마약 판매를 집중 단속하고, 모니터링 강화, 판매 사이트 차단, 판매자 검거 등 적극적인 조치를 취해야 합니다.

넷째, 마약 유통은 조직적으로 은밀하게 이루어지기 때문에 수사에 어려움이 있습니다.

해결 방안: 휴대폰, 컴퓨터, SNS 등 디지털 증거를 분석하는 디지털 포렌식을 적극 활용해야 합니다.

다섯째, 해외에서 마약을 밀반입한다는 점에서 국제 공조가 필요합니다.

해결 방안: A씨를 비롯한 조직원들의 계좌를 추적하여 수익금 흐름을 파악하고, 범죄 수익을 환수해야 합니다. 또한, 해외 수사기관과의 협력을 통해 범죄인을 인도받고, 마약 밀반입 경로를 차단해야 합니다.

여섯째, 마약 중독은 재범률이 높고, 사회적 비용이 막대합니다.

해결 방안: 장기적으로는 마약 예방 및 치료를 위한 교육 및 홍보를 강화하고, 중독자 치료 및 재활 지원을 확대해야 합니다. 또한, 마약류 불법 거래에 대한 처벌을 강화하고, 신고 포상금 제도를 활성화하는 등 관련 법규를 강화해야 합니다.

질의응답

1. 마약류 관리에 관한 법률(마약류관리법)상 마약류의 종류는 어떻게 구분됩니까?

답변: 마약류는 마약, 향정신성의약품, 대마로 구분됩니다. 마약은 양귀비, 아편, 코카인 등 천연 마약과 헤로인, 메스암페타민(필로폰) 등 합성 마약을 포함합니다. 향정신성의약품은 인간의 중추신경계에 작용하는 것으로서, 오용하거나 남용할 경우 인체에 현저한 위해가 있다고 인정되는 약물입니다. 대마는 대마초와 그 수지, 이를 원료로 제조된 제품 등을 말합니다.

2. 마약류 범죄의 유형에는 어떤 것들이 있습니까?

답변: 마약류 밀수, 제조, 매매, 알선, 투약, 소지, 제공 등 다양한 유형이 있습니다.

3. 마약류 범죄 수사 시 유의해야 할 점은 무엇입니까?

답변: 마약류는 증거 인멸이 쉽고, 은밀하게 거래되므로, 신속하고 정확한 증거 확보가 중요합니다. 또한, 마약류 중독자나 판매자는 폭력적인 성향을 보일 수 있으므로, 안전에 유의해야 합니다.

4. 디지털 포렌식이란 무엇이며, 마약류 범죄 수사에서 어떻게 활용됩니까?

답변: 디지털 포렌식은 컴퓨터, 휴대폰, 인터넷 등 디지털 저장 매체에 남아 있는 정보를 분석하여 범죄 증거를 확보하는 수사 기법입니다. 마약류 범죄 수사에서는 휴대폰 통화 기록, 메시지, SNS 대화 내용, 인터넷 검색 기록, 사진, 동영상 등을 분석하여 마약 거래, 투약, 유통 등의 증거를 확보할 수 있습니다.

5. 마약류 범죄 수사 시 국제 공조는 어떻게 이루어집니까?

답변: 인터폴(국제형사경찰기구), 외국 수사기관과의 정보 교환, 공조 수사, 범죄인 인도 등을 통해 국제 공조가 이루어집니다.

6. 마약류 중독자에 대한 치료 및 재활 지원은 어떻게 이루어집니까?

답변: 보건복지부 지정 중독자 치료보호기관에서 치료를 받을 수 있으며, 한국마약퇴치운동본부 등 민간 단체에서도 상담, 교육, 재활 프로그램 등을 제공하고 있습니다.

7. 마약류 불법 거래 신고 포상금 제도는 어떻게 운영됩니까?

답변: 마약류 불법 거래를 신고한 사람에게는 공로에 따라 최대 1억 원까지 포상금이 지급됩니다.

8. A씨가 묵비권을 행사하는 상황에서 자백을 받아 내기 위한 수사 기법은 무엇이 있습니까?

답변: 객관적인 증거를 제시하고, 논리적으로 설득하며, A씨의 심리 상태를 파악하여 신뢰 관계를 형성하고, 가족, 친구 등 주변인을 통해 정보를 얻는 등 다양한 수사 기법을 활용할 수 있습니다.

9. A씨의 은신처에서 발견된 위조 신분증은 어떤 용도로 사용되었을 가능성이 있습니까?

답변: 마약 거래, 대포폰 개통, 숙소 예약, 은행 계좌 개설 등 다양한 불법 행위에 사용되었을 가능성이 있습니다.

10. SNS를 통한 마약 판매의 문제점은 무엇입니까?

답변: 익명성, 접근 용이성, 빠른 확산성 등으로 인해 청소년 등 일반인들이 마약에 쉽게 노출될 수 있다는 문제점이 있습니다.

11. 마약류 범죄 예방을 위해 경찰이 할 수 있는 일은 무엇입니까?

답변: 학교, 직장, 지역 사회 등을 대상으로 마약류 예방 교육 및 홍보를 강화하고, 유해 환경 정화 활동, 마약류 중독자 치료 및 재활 지원, 마약류 불법 거래 단속 강화 등을 통해 마약류 범죄 예방에 힘쓸 수 있습니다.

12. 마약류 범죄 수사 시 경찰관으로서 가장 중요하게 생각해야 할 가치는 무엇입니까?

답변: 국민의 건강과 안전 보호, 사회 질서 유지, 정의 실현, 법 집행의 공정성 등이 중요합니다.

13. 마약 없는 건강한 사회를 만들기 위해 어떤 노력이 필요하다고 생각하십니까?

답변: 마약류 범죄에 대한 엄정한 법 집행, 마약류 예방 교육 및 홍보 강화, 마약류 중독자 치료 및 재활 지원 확대, 국제 공조 강화 등 다각적인 노력이 필요합니다.

14. A씨의 휴대폰에서 마약 구매자 명단을 발견했다면 어떻게 해야 합니까?

답변: 마약 구매자들을 상대로 추가 수사를 진행하여 마약 투약 여부, 구매 경위 등을 확인하고, 필요하다면 형사 입건해야 합니다.

상황 자료: "수상한 돈 가방, 보이스피싱을 막아라!"

서울 강남구의 한 은행 앞에서 "수상한 사람이 현금 5천만 원이 든 가방을 들고 서성거리고 있다"는 시민의 신고가 112에 접수되었다. 신고를 받은 경찰은 즉시 현장에 출동하여 신고 내용과 인상착의가 일치하는 남성 A씨를 발견했다.

경찰은 A씨에게 다가가 신분증 제시를 요구하고, 가방 안에 든 현금의 출처를 물었다. A씨는 "아르바이트로 물건을 전달하는 중"이라고 횡설수설하며, 현금의 출처에 대해 명확하게 답변하지 못했다. 경찰은 A씨가 보이스피싱 현금 수거책일 가능성이 높다고 판단하고, A씨를 임의동행하여 조사를 시작했다.

경찰 조사 결과, A씨는 인터넷 구직 사이트를 통해 '고액 알바' 광고를 보고 연락하여, 신원 미상의 지시자로부터 현금을 수거하여 특정 장소에 전달하는 역할을 맡은 것으로 드러났다. A씨는 지시자와 직접 만난 적은 없고, 텔레그램 메신저를 통해 지시를 받았다고 진술했다.

경찰은 A씨의 휴대폰을 압수하여 텔레그램 대화 내용을 분석하고, A씨가 전달받은 현금이 보이스피싱 피해금임을 확인했다. 또한, A씨가 현금을 수거하기 전에 피해자 B씨와 통화한 사실을 확인하고, B씨를 상대로 피해 사실을 확인했다. B씨는 "검찰청 검사를 사칭하는 사람으로부터 '당신 명의의 계좌가 범죄에 연루되었다'는 전화를 받고, 현금을 인출하여 A씨에게 전달했다"고 진술했다.

경찰은 A씨를 보이스피싱 사기 혐의로 현행범 체포하고, A씨를 통해 보이스피싱 조직원을 추적하고 있다.

상황 파악, 문제점 분석 및 해결 방안 발표 메모

상황 파악

- 서울 강남구 은행 앞, "수상한 사람이 현금 5천만 원 가방 들고 서성" 시민 112 신고
- 경찰 출동, 신고 내용/인상착의 일치 남성 A 발견
- 경찰, A 신분증/현금 출처 질문, A 횡설수설("아르바이트, 물건 전달")
- 경찰, A 보이스피싱 현금 수거책 의심, 임의동행 조사
- A, 인터넷 구직 사이트 '고액 알바' 광고, 신원 미상 지시자, 텔레그램 지시
- 경찰, A 휴대폰 압수, 텔레그램 분석, 보이스피싱 피해금 확인
- 경찰, A/피해자 B 통화 확인, B 피해 진술("검찰 사칭, 계좌 범죄 연루, 현금 전달")
- 경찰, A 보이스피싱 사기 혐의 현행범 체포, 조직원 추적

문제점 분석

- **보이스피싱 범죄 발생:** B씨 금전 피해, 사회적 불안감 조성
- **현금 수거책 이용:** 조직원 검거/자금 추적 어려움
- **A의 역할:** 단순 가담/조직 연관성 확인 필요
- **B의 피해:** 고령층/취약 계층, 심리적/경제적 피해
- **보이스피싱 조직 추적:** 텔레그램, 대포폰 등, 수사 어려움

해결 방안

- **A 철저 조사:** 범행 가담 경위, 지시 내용, 공범 여부, 여죄 확인
- **B 피해 회복:** 피해금 반환, 심리 상담, 추가 피해 예방
- **보이스피싱 조직 추적:** 텔레그램 대화 분석, 통화 기록, 계좌 추적, CCTV 분석
- **유관기관 협조:** 금융기관(계좌 지급 정지, 거래 내역 제공), 통신사(통화 기록, 가입자 정보)
- **보이스피싱 예방 홍보:** 범죄 수법, 피해 사례, 신고 방법 안내
- **대포폰/대포통장 근절:** 유통/사용 처벌 강화, 금융/통신 거래 모니터링 강화
- **관련 법규 강화:** 보이스피싱 처벌 강화, 범죄 수익 환수

발표문

상황 파악

본 상황은 서울 강남구의 한 은행 앞에서 현금 5천만 원이 든 가방을 들고 서성이던 남성 A씨가 보이스피싱 현금 수거책으로 의심되어 경찰에 임의동행된 사건입니다. A씨는 인터넷 구직 사이트를 통해 '고액 알바' 광고를 보고 신원 미상의 지시자로부터 현금을 수거하여 전달하는 역할을 맡았으며, 텔레그램 메신저를 통해 지시를 받았습니다. 경찰은 A씨의 휴대폰을 압수하여 분석한 결과, A씨가 전달받은 현금이 보이스피싱 피해금임을 확인하고, A씨를 보이스피싱 사기 혐의로 현행범 체포했습니다.

문제점 분석 및 해결 방안

첫째, 보이스피싱 범죄는 피해자에게 막대한 금전적 피해를 입히고, 사회적 불안감을 조성하는 심각한 범죄입니다.

해결 방안: A씨를 상대로 범행 가담 경위, 지시 내용, 공범 여부, 여죄 등을 철저하게 조사해야 합니다.

둘째, 보이스피싱 조직은 현금 수거책을 이용하여 조직원을 노출시키지 않고, 자금 추적을 어렵게 합니다.

해결 방안: 피해자 B씨에 대한 피해 금액 반환, 심리 상담 등 피해 회복을 위해 노력하고, 추가 피해를 예방해야 합니다.

셋째, 현금 수거책 A씨는 단순 가담자일 수도 있고, 조직의 일원일 수도 있습니다. 이를 명확히 밝혀야 합니다.

해결 방안: 텔레그램 대화 내용, 통화 기록, 계좌 거래 내역, CCTV 영상 등을 분석하여 보이스피싱 조직을 추적해야 합니다.

넷째, 보이스피싱 피해자 B씨는 검찰을 사칭한 자에게 속아 큰 돈을 잃었습니다.

해결 방안: 금융기관(계좌 지급 정지, 거래 내역 제공), 통신사(통화 기록, 가입자 정보) 등 유관기관과의 협조를 통해 수사에 필요한 정보를 확보해야 합니다.

다섯째, 보이스피싱 범죄는 끊이지 않고 발생하고 있습니다.

해결 방안: 보이스피싱 범죄 수법, 피해 사례, 신고 방법 등을 적극적으로 홍보하여 국민들의 경각심을 높이고, 피해를 예방해야 합니다. 또한, 대포폰, 대포통장 유통 및 사용에 대한 처벌을 강화하고, 금융 및 통신 거래 모니터링을 강화해야 합니다. 장기적으로는 보이스피싱 범죄에 대한 처벌을 강화하고, 범죄 수익 환수를 위한 관련 법규를 강화해야 합니다.

질의응답

1. 보이스피싱 범죄의 유형에는 어떤 것들이 있습니까?

답변: 기관 사칭형(검찰, 경찰, 금융감독원 등), 대출 사기형, 납치 협박형, 메신저 피싱, 몸캠 피싱 등 다양한 유형이 있습니다.

2. 보이스피싱 범죄에 사용되는 수법에는 어떤 것들이 있습니까?

답변: 대포폰, 대포통장, 악성코드, 가짜 사이트, 개인정보 탈취, 심리 조작 등 다양한 수법이 사용됩니다.

3. 보이스피싱 현금 수거책은 어떤 역할을 하며, 왜 이용됩니까?

답변: 보이스피싱 현금 수거책은 피해자로부터 현금을 직접 전달받아 조직에 전달하는 역할을 합니다. 보이스피싱 조직은 수사기관의 추적을 피하고, 조직원의 신분을 노출시키지 않기 위해 현금 수거책을 이용합니다.

4. 보이스피싱 범죄 예방 수칙에는 어떤 것들이 있습니까?

답변: 출처가 불분명한 전화나 문자 메시지에 응답하지 않기, 개인정보나 금융 정보를 요구하는 전화나 메시지에 응답하지 않기, 검찰, 경찰, 금융감독원 등 공공기관은 어떤 경우에도 전화로 돈을 요구하지 않는다는 사실을 기억하기, 의심스러운 전화나 문자를 받으면 즉시 경찰(112)이나 금융감독원(1332)에 신고하기 등이 있습니다.

5. 보이스피싱 피해를 입었을 경우, 어떻게 대처해야 합니까?

답변: 즉시 경찰(112)이나 금융감독원(1332)에 신고하고, 금융기관에 지급 정지를 요청해야 합니다. 또한, 개인정보 유출로 인한 2차 피해를 예방하기 위해 비밀번호를 변경하고, 악성코드 감염 여부를 검사해야 합니다.

6. 보이스피싱 조직원 추적은 어떻게 이루어집니까?

답변: 현금 수거책 검거, 통화 기록 분석, 계좌 추적, CCTV 영상 분석, 인터넷 IP 추적, 디지털 포렌식, 해외 공조 수사 등 다양한 수사 기법을 통해 조직원을 추적합니다.

7. 텔레그램 메신저는 왜 보이스피싱 범죄에 자주 이용됩니까?

답변: 텔레그램은 강력한 보안 기능을 제공하고, 서버가 해외에 있어 수사기관의 추적이 어렵기 때문에 보이스피싱 범죄에 자주 이용됩니다.

8. 대포폰, 대포통장 근절을 위한 대책에는 어떤 것들이 있습니까?

답변: 대포폰, 대포통장 개설 및 유통 행위 처벌 강화, 금융기관 및 통신사의 본인 확인 절차 강화, 의심 거래 모니터링 강화, 대국민 홍보 강화 등이 있습니다.

9. 보이스피싱 범죄 관련 법률에는 어떤 것들이 있습니까?

답변: 형법상 사기죄, 컴퓨터사용사기죄, 공갈죄, 전기통신사업법 위반, 전자금융거래법 위반, 범죄수익

은닉의 규제 및 처벌 등에 관한 법률 위반, 전기통신금융사기 피해 방지 및 피해금 환급에 관한 특별법 등이 있습니다.

10. 보이스피싱 범죄 수사 시 경찰이 겪는 어려움은 무엇입니까?

답변: 보이스피싱 조직은 점조직 형태로 운영되고, 해외에 근거지를 두는 경우가 많아 추적이 어렵습니다. 또한, 대포폰, 대포통장, 텔레그램 등 익명성이 보장된 수단을 사용하여 수사망을 피하는 경우가 많습니다.

11. 보이스피싱 피해 금액 환급은 어떻게 이루어집니까?

답변: '전기통신금융사기 피해 방지 및 피해금 환급에 관한 특별법'에 따라, 피해자는 금융기관에 피해 사실을 신고하고 피해금 환급을 신청할 수 있습니다. 금융기관은 지급 정지된 계좌의 명의인에게 환급 사실을 통지하고, 이의 제기가 없으면 피해자에게 피해금을 환급합니다.

12. 보이스피싱 범죄 수사 시 경찰관으로서 가장 중요하게 생각해야 할 가치는 무엇입니까?

답변: 국민의 재산 보호, 정의 실현, 신속한 범인 검거, 피해 회복 등이 중요합니다.

13. 보이스피싱 범죄 예방을 위해 시민들에게 당부하고 싶은 말은 무엇입니까?

답변: 어떤 경우에도 전화나 문자로 개인정보나 금융 정보를 요구하는 경우에는 절대 응답하지 마시고, 의심스러운 전화나 문자를 받으면 즉시 경찰(112)이나 금융감독원(1332)에 신고해 주시기 바랍니다.

14. A씨가 현금 수거 과정에서 보이스피싱임을 인지했을 가능성이 있다면, 어떤 혐의를 추가할 수 있습니까?

답변: A씨가 현금 수거 과정에서 보이스피싱임을 인지했거나, 미필적으로나마 인식했을 가능성이 있다면, 사기 방조 혐의를 추가할 수 있습니다.

상황 자료: "사라진 아이, 골든타임을 잡아라!"

오후 4시경, 한 초등학교 앞에서 10세 여아 A양이 실종되었다는 신고가 접수되었다. A양의 어머니 B씨는 "학교 수업이 끝나고 A를 데리러 갔는데, A가 보이지 않았다. 학교 주변을 다 찾아봤지만 찾을 수 없었다"며 울먹이며 신고했다.

경찰은 즉시 실종경보(Amber Alert)를 발령하고, A양의 사진과 인상착의를 공개했다. 또한, 관할 경찰서 형사팀, 여성청소년팀, 실종수사팀, 기동대 등 가용 인력을 총동원하여 학교 주변, A양의 집, 예상 이동 경로 등을 중심으로 대대적인 수색 작업을 시작했다.

경찰은 학교 CCTV 영상을 확보하여 분석한 결과, A양이 학교 정문을 나서는 모습은 확인되었지만, 그 이후의 행적은 묘연했다. 경찰은 A양의 친구, 담임 교사, 학원 교사 등을 상대로 탐문 수사를 진행하고, A양의 휴대폰 통화 기록 및 위치 정보를 확인했지만, A양은 휴대폰을 소지하지 않은 것으로 확인되었다.

수색 작업이 진행되는 동안, A양의 집 근처 공원에서 A양의 가방과 신발이 발견되었다. 경찰은 즉시 현장 주변을 통제하고, 수색견과 드론을 투입하여 정밀 수색을 실시했다. 또한, 인근 지역 주민들에게 A양의 사진을 보여 주며 목격자를 찾기 위해 노력했다.

상황 파악, 문제점 분석 및 해결 방안 발표 메모

상황 파악

- 오후 4시, 초등학교 앞, 10세 여아 A 실종 신고
- A 어머니 B, 학교/주변 수색, 발견 못함, 경찰 신고
- 경찰, 실종경보 발령, A 사진/인상착의 공개
- 경찰, 대규모 수색(형사팀, 여성청소년팀, 실종수사팀, 기동대)
- 수색 장소: 학교 주변, A 집, 예상 이동 경로
- 경찰, 학교 CCTV 분석(A 학교 정문 나섬, 이후 행적 묘연)
- 경찰, 탐문 수사(친구, 담임 교사, 학원 교사), A 휴대폰 없음
- A 가방/신발, 집 근처 공원 발견
- 경찰, 현장 통제, 수색견/드론 투입 정밀 수색, 목격자 탐문

문제점 분석

- **아동 실종:** A 생명/안전 위협, 골든타임 내 발견 중요
- **CCTV 한계:** 학교 정문 이후 행적 불명
- **A 휴대폰 없음:** 위치 추적 불가
- **목격자 부재:** 수사 단서 부족
- **시간 경과:** A 위험 증가, 수색 범위 확대 필요

해결 방안

- **수색 범위 확대:** 학교/집 주변, 공원, 예상 이동 경로, 대중교통 이용 가능성
- **CCTV 추가 확보:** 인근 상가, 주택, 차량 블랙박스 등
- **탐문 수사 강화:** A 친구, 가족, 이웃, 학교 관계자 등
- **A 생활 반응 조사:** 인터넷, SNS, 게임 접속 기록 등
- **공개 수사:** 언론/SNS A 사진/인상착의 공개, 시민 제보 유도
- **전문 인력 투입:** 프로파일러, 실종 전문 수사관
- **유관기관 협조:** 소방, 군부대, 자원봉사단체 등
- **A 가족 지원:** 심리 상담, 보호 시설 제공

발표문

상황 파악

본 상황은 초등학교 앞에서 10세 여아 A양이 실종된 사건으로, 경찰은 실종경보를 발령하고 대대적인 수색 작업을 진행하고 있습니다. 학교 CCTV 영상 분석 결과, A양이 학교 정문을 나서는 모습은 확인되었지만, 그 이후의 행적은 묘연한 상태입니다. A양은 휴대폰을 소지하지 않아 위치 추적이 불가능하며, 현재 A양의 가방과 신발이 집 근처 공원에서 발견되어 경찰은 현장 주변을 정밀 수색하고 있습니다.

문제점 분석 및 해결 방안

첫째, 아동 실종은 A양의 생명과 안전이 위협받는 긴급한 상황이며, 골든타임 내에 A양을 발견하는 것이 무엇보다 중요합니다.

해결 방안: 현재 수색 범위를 학교와 집 주변, 공원, 예상 이동 경로를 넘어 대중교통 이용 가능성까지 염두에 두고 확대해야 합니다.

둘째, 학교 CCTV 영상에는 A양이 학교 정문을 나서는 모습만 찍혀 있고, 그 이후의 행적은 확인되지 않아 수사에 어려움이 있습니다.

해결 방안: 인근 상가, 주택, 차량 블랙박스 등 추가적인 CCTV 영상을 확보하여 A양의 이동 경로를 파악해야 합니다.

셋째, A양이 휴대폰을 소지하고 있지 않아 위치 추적이 불가능합니다.

해결 방안: A양의 친구, 가족, 이웃, 학교 관계자 등을 상대로 탐문 수사를 강화하여 A양의 행적에 대한 단서를 확보해야 합니다.

넷째, 현재까지 목격자가 나타나지 않아 수사에 어려움이 있습니다.

해결 방안: A양의 인터넷, SNS, 게임 접속 기록 등 생활 반응을 조사하여 A양의 행적과 관련된 정보를 얻어야 합니다.

다섯째, 시간이 지날수록 A양이 위험에 처할 가능성이 높아지고, 수색 범위가 넓어져야 합니다.

해결 방안: 언론과 SNS에 A양의 사진과 인상착의를 공개하고, 시민들의 제보를 적극적으로 유도하는 공개 수사를 진행해야 합니다. 프로파일러, 실종 전문 수사관 등 전문 인력을 투입하고, 소방, 군부대, 자원봉사단체 등 유관기관과의 협력을 강화해야 합니다. 또한, A양의 가족에게 심리 상담, 보호 시설 제공 등 필요한 지원을 제공해야 합니다.

질의응답

1. 실종경보(Amber Alert)란 무엇이며, 발령 기준은 어떻게 됩니까?

답변: 실종경보는 아동 등이 실종된 경우, 실종 아동의 사진과 인상착의, 발생 지역 등 정보를 신속하게 전파하여 국민들의 제보를 유도하고, 조기 발견을 돕는 시스템입니다. 발령 기준은 18세 미만 아동, 지적장애인, 치매 환자 등이 실종된 경우, 납치 또는 유괴가 의심되는 경우, 생명 또는 신체에 심각한 위험이 발생할 가능성이 있는 경우 등입니다.

2. 실종 사건 수사 시 골든타임은 왜 중요합니까?

답변: 실종 사건 발생 초기에는 실종자를 찾을 수 있는 단서가 많이 남아 있고, 실종자의 생존 가능성이 높기 때문에 골든타임 내에 신속하게 수색하고 수사하는 것이 중요합니다.

3. 실종 사건 수사 절차는 어떻게 됩니까?

답변: 신고 접수, 초동 조치(현장 출동, 상황 파악, 실종경보 발령), 수색 및 수사, 실종자 발견 또는 미발견 시 수사 종결 또는 장기 미제 사건으로 분류됩니다.

4. 실종 사건 수사 시 활용되는 수사 기법에는 어떤 것들이 있습니까?

답변: CCTV 영상 분석, 탐문 수사, 통신 수사, 위치 추적, 생활 반응 조사, 프로파일링, 공개 수사, 수색견/드론 활용 등 다양한 수사 기법이 활용됩니다.

5. 실종 아동의 가방과 신발이 발견된 공원은 어떻게 수색해야 합니까?

답변: 발견 지점을 중심으로 동심원을 그리며 수색 범위를 넓혀 가고, 수색견, 드론 등을 활용하여 정밀 수색을 실시해야 합니다. 또한, 공원 내 CCTV 영상, 목격자 탐문 등을 통해 A양이 공원에 간 경위와 이후 행적을 파악해야 합니다.

6. 탐문 수사 시 유의해야 할 점은 무엇입니까?

답변: 탐문 대상자의 인권을 존중하고, 강압적인 분위기를 조성하지 않으며, 객관적인 정보를 수집해야 합니다. 또한, 실종 아동의 사진을 제시하고, 목격했을 가능성이 있는 시간과 장소를 구체적으로 질문해야 합니다.

7. 생활 반응 조사란 무엇이며, 어떻게 활용됩니까?

답변: 생활 반응 조사는 실종자의 인터넷, SNS, 게임 접속 기록, 금융 거래 내역, 교통카드 사용 내역 등을 확인하여 실종자의 행적을 추적하는 수사 기법입니다.

8. 공개 수사의 장점과 단점은 무엇입니까?

답변: 공개 수사는 언론, SNS 등을 통해 실종자의 정보를 공개하여 시민들의 제보를 유도하고, 조기 발견 가능성을 높일 수 있다는 장점이 있습니다. 하지만, 허위 제보, 신상 정보 유출, 2차 피해 등의 단점도 있습니다.

9. 프로파일러는 실종 사건 수사에서 어떤 역할을 합니까?

답변: 프로파일러는 실종자의 성격, 행동 패턴, 생활 환경, 주변 관계 등을 분석하여 실종 원인, 예상 이동 경로, 은신처 등을 추정하고, 수사 방향을 제시하는 역할을 합니다.

10. 실종 사건 발생 시 유관기관과의 협력은 어떻게 이루어집니까?

답변: 소방, 군부대, 지자체, 자원봉사단체 등과 협력하여 수색, 구조, 실종자 가족 지원, 정보 공유 등을 함께 수행합니다.

11. 실종 아동의 가족에게 어떤 지원을 제공해야 합니까?

답변: 심리 상담, 보호 시설 제공, 생계 지원, 법률 지원, 정보 제공 등 다양한 지원을 제공해야 합니다.

12. 실종 사건 수사 시 경찰관으로서 가장 중요하게 생각해야 할 가치는 무엇입니까?

답변: 실종자의 생명과 안전 보호, 신속한 발견, 가족의 고통 경감, 정의 실현 등이 중요합니다.

13. 장기 미제 실종 사건은 어떻게 관리됩니까?

답변: 장기 미제 실종 사건은 전담 수사팀을 편성하여 주기적으로 수사 상황을 점검하고, 새로운 단서 확보를 위해 노력합니다. 또한, DNA, 지문 등 실종자의 정보를 데이터베이스에 등록하여 관리하고, 신원 미상 변사자가 발견될 경우 대조 작업을 실시합니다.

14. A양이 범죄 피해를 입었을 가능성이 있다면, 어떤 점을 고려하여 수사해야 합니까?

답변: 납치, 유괴, 감금, 살인 등 모든 가능성을 열어 두고 수사해야 합니다. 범죄 현장, 증거물 확보에 주력하고, A양의 마지막 행적, 주변 인물, 원한 관계 등을 면밀히 조사해야 합니다.

상황 자료: "핏자국, 흉기, 사라진 금고… 잔혹한 범행 현장을 밝혀라!"

새벽 3시경, 한적한 주택가에서 강도살인 사건이 발생했다는 신고가 접수되었다. 피해자는 60대 남성 A씨로, 자신의 집 안방에서 흉기에 찔려 사망한 채 발견되었다. A씨의 아내는 "밤늦게 귀가해 보니 남편이 피를 흘리며 쓰러져 있었고, 집 안에 있던 금고가 사라졌다"고 진술했다.

현장에 출동한 형사들은 즉시 현장 보존 조치를 하고, 주변을 통제했다. 집 안은 격렬한 몸싸움이 벌어진 듯 심하게 어질러져 있었고, 곳곳에 핏자국이 흩어져 있었다. 피해자 A씨의 몸에는 여러 군데 찔린 상처가 있었으며, 사인은 과다출혈로 추정되었다.

형사들은 현장 감식을 통해 범행에 사용된 것으로 보이는 흉기(칼)를 발견하고, 지문, 혈흔, 족적 등 증거물을 채취했다. 또한, 집 안팎을 수색하여 사라진 금고의 흔적을 찾고, 피해자의 휴대폰 통화 기록, 주변 CCTV 영상 등을 확보하여 분석했다.

CCTV 영상 분석 결과, 사건 발생 시간대에 A씨의 집으로 들어가는 한 남성의 모습이 포착되었다. 남성은 모자와 마스크를 착용하고 있었지만, 걸음걸이, 체격 등 특징적인 모습이 확인되었다. 형사들은 이 남성을 유력한 용의자로 특정하고, CCTV 영상 속 남성의 이동 경로를 추적했다.

상황 파악, 문제점 분석 및 해결 방안 발표 메모

상황 파악

- 새벽 3시, 주택가, 강도살인 신고
- 피해자: 60대 남성 A, 자택 안방, 흉기 피살, 과다출혈
- A 아내, 남편 발견/신고, 금고 도난 진술
- 경찰, 현장 보존/통제, 집 안: 격렬한 몸싸움 흔적, 핏자국
- 현장 감식: 흉기(칼) 발견, 지문/혈흔/족적 채취
- 경찰, 금고 흔적 수색, A 휴대폰/주변 CCTV 확보/분석
- CCTV: 사건 시간대, A 집 들어가는 남성 포착(모자/마스크, 특징적 모습)
- 경찰, 남성 용의자 특정, 이동 경로 추적

문제점 분석

- **강도살인:** 생명 침해, 재산 피해, 강력 범죄
- **흉기 사용:** 잔혹성, 계획적 범행 가능성
- **금고 도난:** 재산 피해, 범행 동기(금전 목적)
- **용의자 인상 불명확:** 모자/마스크 착용, 신원 확인 어려움
- **증거 확보 중요성:** CCTV, 흉기, 지문, 혈흔, 족적 등

해결 방안

- **CCTV 정밀 분석:** 용의자 이동 경로, 인상착의, 도주 차량 등 확인
- **흉기 감정:** 지문, DNA 등, 용의자 특정 단서 확보
- **현장 감식:** 추가 증거물(머리카락, 섬유 등) 확보, 범행 재구성
- **주변 탐문:** 목격자, A 주변인(원한 관계, 금전 문제 등) 조사
- **통신 수사:** A 휴대폰 통화 기록, 메시지 등 분석
- **용의자 추적:** CCTV, 탐문, 통신 수사 종합, 신원 확인/검거
- **금고 추적:** 장물 거래 가능성, 수사 협조(금은방, 전당포 등)
- **피해자 가족 지원:** 심리 상담, 장례 절차 지원

발표문

상황 파악

본 상황은 새벽 시간 한적한 주택가에서 발생한 강도살인 사건으로, 60대 남성 A씨가 자신의 집에서 흉기에 찔려 사망한 채 발견되었습니다. A씨의 아내는 남편의 시신을 발견하고 경찰에 신고했으며, 집 안에 있던 금고가 사라졌다고 진술했습니다. 현장에 출동한 형사들은 현장 보존 및 감식을 통해 흉기, 지문, 혈흔, 족적 등 증거물을 채취하고, 주변 CCTV 영상을 확보하여 분석한 결과, 사건 발생 시간대에 A씨의 집으로 들어가는 한 남성을 용의자로 특정하고 추적 중입니다.

문제점 분석 및 해결 방안

첫째, 강도살인은 생명을 침해하고 재산을 강탈하는 잔혹한 범죄로, 신속한 범인 검거가 중요합니다.

해결 방안: CCTV 영상을 정밀 분석하여 용의자의 이동 경로, 인상착의, 도주 차량 등을 확인해야 합니다.

둘째, 범행에 사용된 흉기는 발견되었지만, 용의자의 신원을 특정할 수 있는 단서가 부족합니다.

해결 방안: 발견된 흉기를 국립과학수사연구원에 감정 의뢰하여 지문, DNA 등 용의자를 특정할 수 있는 단서를 확보해야 합니다.

셋째, 용의자는 모자와 마스크를 착용하여 얼굴을 가리고 있어 신원 확인이 어렵습니다.

해결 방안: 현장 주변을 정밀하게 재감식하여 머리카락, 섬유 등 추가 증거물을 확보하고, 범행 과정을 재구성해야 합니다.

넷째, 금고가 사라졌다는 점에서 범행 동기가 금전적인 목적일 가능성이 높습니다.

해결 방안: 피해자 A씨의 주변인을 상대로 탐문 수사를 진행하여 원한 관계, 금전 문제 등을 조사하고, 목격자를 찾아야 합니다.

다섯째, 확보한 증거만으로는 용의자 특정이 어렵습니다.

해결 방안: A씨의 휴대폰 통화 기록, 메시지 등을 분석하는 통신 수사를 진행해야 합니다. CCTV, 탐문, 통신 수사 결과를 종합하여 용의자의 신원을 확인하고 검거해야 합니다.

여섯째, 피해자 유족에 대한 보호가 필요합니다.

해결 방안: 금은방, 전당포 등 관련 업소와 수사 협조를 통해 사라진 금고의 행방을 추적해야 합니다. 또한, 피해자 가족에게 심리 상담, 장례 절차 지원 등 필요한 지원을 제공해야 합니다.

질의응답

1. 강도살인죄의 법정형은 어떻게 됩니까?

답변: 형법 제338조에 따라 사형, 무기 또는 10년 이상의 징역에 처해집니다.

2. 강도죄와 살인죄가 결합된 범죄를 강도살인죄로 가중 처벌하는 이유는 무엇입니까?

답변: 강도살인죄는 재산 범죄인 강도죄와 생명 범죄인 살인죄가 결합된 범죄로, 피해자의 생명과 재산을 동시에 침해하는 중대한 범죄이기 때문에 가중 처벌합니다.

3. 현장 감식 시 유의해야 할 점은 무엇입니까?

답변: 현장 보존, 증거 훼손 방지, 증거물의 오염 방지, 안전 확보 등이 중요합니다.

4. 흉기에서 지문이 채취되지 않으면 어떻게 해야 합니까?

답변: 흉기에 묻은 혈흔, 땀, 피부 세포 등에서 DNA를 채취하여 분석하고, 흉기의 제조사, 판매처 등을 추적하여 용의자를 특정할 수 있습니다.

5. CCTV 영상 속 용의자의 인상착의가 불분명하면 어떻게 해야 합니까?

답변: 영상 분석 전문가의 도움을 받아 영상 화질 개선, 얼굴 복원 등을 시도하고, 걸음걸이, 체격, 옷차림 등 다른 특징적인 요소를 찾아내어 용의자를 특정해야 합니다.

6. 탐문 수사 시 유의해야 할 점은 무엇입니까?

답변: 탐문 대상자의 인권을 존중하고, 강압적인 분위기를 조성하지 않으며, 객관적인 정보를 수집해야 합니다. 또한, 피해자와 관련된 정보를 얻기 위해 노력해야 합니다.

7. 통신 수사는 어떻게 이루어집니까?

답변: 법원으로부터 통신 영장을 발부받아 통신사에 통화 내역, 문자 메시지 내용, 기지국 위치 정보 등을 요청하여 분석합니다.

8. 용의자가 범행을 부인하면 어떻게 해야 합니까?

답변: 객관적인 증거(CCTV 영상, 흉기, 지문, 혈흔, 족적 등)를 제시하고, 논리적으로 설득하며, 필요하다면 거짓말탐지기 검사, 프로파일러 면담 등을 통해 자백을 유도해야 합니다.

9. 사라진 금고는 어떻게 찾을 수 있습니까?

답변: 금은방, 전당포, 고물상 등 장물 거래 가능성이 있는 업소를 탐문하고, CCTV 영상 분석, 통신 수사 등을 통해 금고의 이동 경로를 추적해야 합니다.

10. 피해자 가족에게 어떤 지원을 제공해야 합니까?

답변: 심리 상담 지원, 장례 절차 지원, 경제적 지원, 법률 상담 지원, 신변 보호 조치 등을 제공해야 합니다.

11. 강도살인 사건 수사 시 경찰관으로서 가장 중요하게 생각해야 할 가치는 무엇입니까?

답변: 피해자의 생명과 안전 보호, 정의 실현, 신속한 범인 검거, 사회 질서 유지 등이 중요합니다.

12. 강도살인 범죄 예방을 위해 경찰이 할 수 있는 일은 무엇입니까?

답변: 취약 지역 순찰 강화, 방범 시설 설치 권고, 범죄 예방 교육 및 홍보, 자율방범대 운영 지원 등을 통해 강도살인 범죄 예방에 힘쓸 수 있습니다.

13. A씨의 아내가 범행에 가담했을 가능성이 있다면, 어떤 점을 조사해야 합니까?

답변: A씨 아내의 알리바이, 사건 당일 행적, A씨와의 관계, 금전 문제, 보험 가입 여부 등을 조사하고, 필요하다면 거짓말탐지기 검사, 프로파일러 면담 등을 실시해야 합니다.

14. 만약 용의자가 범행 도구를 은닉했다면 어떻게 찾아야 합니까?

답변: 용의자의 주거지, 차량, 직장, 주변인 등을 압수수색하고, 탐문 수사, CCTV 영상 분석, 통신 수사 등을 통해 범행 도구의 은닉 장소를 추적해야 합니다. 금속 탐지기, 수색견 등을 활용할 수도 있습니다.

상황 자료: "술집 난투극, 조직폭력배 연루 의혹!"

밤 11시경, 도심 유흥가의 한 술집에서 집단 폭행 사건이 발생했다는 신고가 접수되었다. 피해자 A씨는 "술을 마시던 중 옆 테이블 손님들과 시비가 붙었고, 갑자기 여러 명에게 집단 폭행을 당했다"고 진술했다. A씨는 얼굴과 몸에 심한 상처를 입고 병원으로 후송되었으며, 생명에는 지장이 없는 상태이다.

현장에 출동한 경찰은 술집 CCTV 영상을 확보하고, 목격자들을 상대로 탐문 수사를 진행했다. CCTV 영상에는 A씨와 다른 남성 여러 명이 서로 주먹과 발로 폭행하는 장면이 담겨 있었다. 경찰은 폭행 가담자들의 인상착의를 확인하고, 이들이 지역 폭력 조직 'ㅇㅇ파'의 조직원들일 가능성이 높다고 판단했다.

경찰은 'ㅇㅇ파' 조직원들의 신원을 파악하고, 이들의 거주지, 활동 지역 등을 중심으로 수사망을 좁혀 갔다. 또한, 폭행 사건에 사용된 흉기(술병, 의자 등)를 수거하고, 지문, 혈흔 등 증거물을 채취하여 분석했다.

수사 결과, 폭행 가담자 중 일부는 'ㅇㅇ파' 조직원으로 확인되었으며, 이들은 A씨와 사소한 시비 끝에 우발적으로 폭행을 저지른 것으로 드러났다. 경찰은 폭행에 가담한 조직원들을 체포하고, 이들을 상대로 정확한 사건 경위와 범행 동기를 조사하고 있다.

상황 파악, 문제점 분석 및 해결 방안 발표 메모

상황 파악

- 밤 11시, 도심 유흥가 술집, 집단 폭행 신고
- 피해자 A, 옆 테이블 손님들과 시비, 집단 폭행 당함, 병원 후송(생명 지장 없음)
- 경찰, 술집 CCTV 확보, 목격자 탐문
- CCTV: A/남성 여러 명, 서로 폭행
- 경찰, 폭행 가담자 인상착의 확인, 지역 폭력 조직 'ㅇㅇ파' 연루 의혹
- 경찰, 'ㅇㅇ파' 조직원 신원 파악, 거주지/활동 지역 중심 수사
- 경찰, 흉기(술병, 의자) 수거, 지문/혈흔 채취/분석
- 폭행 가담자 일부, 'ㅇㅇ파' 조직원 확인, A와 시비, 우발적 폭행
- 경찰, 조직원 체포, 사건 경위/범행 동기 조사

문제점 분석

- **집단 폭행:** A 신체 상해, 공포감, 사회 불안 야기
- **조직폭력배 연루:** 범죄 조직, 보복 가능성, 추가 범죄 우려
- **흉기 사용:** 상해 위험 증가, 계획적 범행 가능성
- **CCTV 증거:** 폭행 장면 확인, 가담자/범행 정도 특정 필요
- **우발적 범행:** 조직 지시/개입 여부 확인 필요

해결 방안

- **폭행 가담자 전원 검거:** CCTV, 탐문, 통신 수사 등 활용
- **조직폭력배 연루 여부 확인:** 'ㅇㅇ파' 조직원 명단, 과거 범죄 기록 확인
- **흉기 감정:** 지문, DNA 등, 가담자 특정
- **피해자 보호:** 신변 보호, 심리 상담 지원
- **추가 범죄 수사:** 조직 개입, 마약, 불법 도박 등
- **조직폭력 예방:** 유흥가 순찰 강화, 조직폭력배 관리 강화
- **관련 법규 적용:** 폭력행위 등 처벌에 관한 법률(공동폭행, 흉기사용 등)

발표문

상황 파악

본 상황은 밤 11시경 도심 유흥가의 한 술집에서 발생한 집단 폭행 사건으로, 피해자 A씨가 옆 테이블 손님들과 시비 끝에 여러 명에게 폭행을 당해 병원으로 후송된 사건입니다. 경찰은 술집 CCTV 영상을 확보하고 목격자들을 탐문한 결과, 폭행 가담자들 중 일부가 지역 폭력 조직 'ㅇㅇ파' 조직원일 가능성이 높다고 판단하여 수사를 진행하고 있습니다. 수사 결과, 폭행 가담자 중 일부는 'ㅇㅇ파' 조직원으로 확인되었으며, 이들은 A씨와 사소한 시비 끝에 우발적으로 폭행을 저지른 것으로 드러났습니다.

문제점 분석 및 해결 방안

첫째, 집단 폭행은 피해자에게 심각한 신체적 상해와 공포감을 야기하고, 사회 불안을 조성하는 중대한 범죄입니다.

해결 방안: CCTV 영상, 목격자 진술, 통신 수사 등을 활용하여 폭행 가담자 전원을 신속하게 검거해야 합니다.

둘째, 폭행 가담자 중 일부가 지역 폭력 조직 'ㅇㅇ파' 조직원으로 확인되어, 조직적인 범행 가능성과 보복, 추가 범죄 우려가 있습니다.

해결 방안: 'ㅇㅇ파' 조직원 명단, 과거 범죄 기록 등을 확인하여 폭행 사건에 조직이 개입했는지 여부를 확인해야 합니다.

셋째, 술병, 의자 등 흉기가 사용되어 상해의 위험이 컸습니다.

해결 방안: 흉기를 감정하여 지문, DNA 등을 채취하고, 이를 통해 폭행 가담자를 특정해야 합니다.

넷째, CCTV를 통해 폭행 장면은 확인되었지만, 가담자 개개인의 범행 정도를 명확히 특정해야 합니다.

해결 방안: 피해자 A씨의 신변을 보호하고, 심리 상담을 지원해야 합니다.

다섯째, 단순 폭행을 넘어 조직폭력으로 이어질 수 있는 가능성을 배제할 수 없습니다.

해결 방안: 조직 개입 여부, 마약, 불법 도박 등 추가 범죄 혐의에 대해서도 철저하게 수사해야 합니다. 장기적으로는 유흥가 주변 순찰을 강화하고, 조직폭력배 관리를 강화하여 범죄를 예방해야 합니다. 또한, 폭력행위 등 처벌에 관한 법률(공동폭행, 흉기사용 등)을 적용하여 엄중하게 처벌해야 합니다.

질의응답

1. 폭력행위 등 처벌에 관한 법률(폭처법) 상 공동폭행, 흉기사용 등에 대한 처벌 조항은 무엇입니까?

답변: 폭처법 제2조에 따르면, 2명 이상이 공동하여 폭행, 협박, 상해 등의 죄를 범한 경우 형법에서 정한 형의 2분의 1까지 가중 처벌됩니다. 또한, 제3조에 따르면, 흉기나 그 밖의 위험한 물건을 휴대하여 폭행, 협박, 상해 등의 죄를 범한 경우 1년 이상의 유기징역에 처해집니다.

2. 조직폭력배의 정의와 관리 대상은 어떻게 됩니까?

답변: 조직폭력배는 폭력, 협박, 갈취 등 불법적인 방법으로 이익을 추구하는 조직의 구성원을 말합니다. 경찰은 조직폭력배 명단을 관리하고, 이들의 활동을 감시하며, 범죄 혐의가 있을 경우 수사를 통해 처벌합니다. 관리 대상은 조직의 간부, 조직원, 추종 세력 등입니다.

3. 집단 폭행 사건 수사 시 유의해야 할 점은 무엇입니까?

답변: 다수의 가담자가 연루되어 있으므로, 신속하게 가담자 전원을 검거하고, 각 가담자의 역할과 범행 정도를 정확하게 파악해야 합니다. 또한, 증거 인멸, 도주, 보복 등의 위험이 있으므로, 신속하게 증거를 확보하고, 피해자 보호 조치를 취해야 합니다.

4. CCTV 영상 분석 시 유의해야 할 점은 무엇입니까?

답변: 영상의 위조 또는 변조 가능성을 염두에 두고, 원본 영상을 확보하고, 영상의 촬영 시간, 위치, 각도 등을 정확하게 확인해야 합니다. 또한, 폭행 장면뿐만 아니라, 사건 전후 상황, 가담자들의 이동 경로 등을 면밀하게 분석해야 합니다.

5. 흉기 감정은 어떻게 이루어집니까?

답변: 흉기에 묻은 혈흔, 지문, DNA 등을 채취하여 분석하고, 흉기의 종류, 크기, 모양 등을 확인합니다. 또한, 흉기에 남은 손상 흔적을 통해 범행 방법을 추정할 수 있습니다.

6. 목격자 진술 확보 시 유의해야 할 점은 무엇입니까?

답변: 목격자의 기억이 왜곡될 수 있으므로, 객관적인 질문을 통해 진술을 유도하고, 목격자의 진술과 다른 증거(CCTV 영상 등)를 대조하여 진술의 신빙성을 확인해야 합니다.

7. 피해자 보호 조치는 어떻게 이루어집니까?

답변: 신변 보호 조치(스마트워치 지급, 순찰 강화, 임시 숙소 제공 등), 심리 상담 지원, 경제적 지원, 법률 지원 등을 제공합니다.

8. 조직폭력배 연루 여부를 확인하기 위한 수사 방법은 무엇입니까?

답변: 조직폭력배 명단 확인, 과거 범죄 기록 조회, 통신 수사, 계좌 추적, 주변인 탐문 등을 통해 조직폭력배 연루 여부를 확인할 수 있습니다.

9. 폭행 사건의 범행 동기를 파악하는 것은 왜 중요합니까?

답변: 범행 동기를 파악하면, 사건의 전말을 이해하고, 가담자들의 역할과 범행 정도를 명확하게 파악할 수 있으며, 재범 방지 대책을 수립하는 데 도움이 됩니다.

10. 우발적인 폭행과 계획적인 폭행을 구별하는 기준은 무엇입니까?

답변: 범행 도구 준비 여부, 범행 장소 및 시간, 피해자와의 관계, 범행 전후 상황 등을 종합적으로 고려하여 판단합니다.

11. 조직폭력 예방을 위해 경찰이 할 수 있는 일은 무엇입니까?

답변: 유흥가, 학교 주변 등 취약 지역 순찰 강화, 조직폭력배 관리 강화, 청소년 선도 프로그램 운영, 범죄 예방 교육 및 홍보 등을 통해 조직폭력 예방에 힘쓸 수 있습니다.

12. 집단 폭행 사건 수사 시 경찰관으로서 가장 중요하게 생각해야 할 가치는 무엇입니까?

답변: 피해자의 안전과 인권 보호, 정의 실현, 신속한 범인 검거, 사회 질서 유지 등이 중요합니다.

13. 만약 A씨가 조직폭력배에게 보복을 당할 우려가 있다면, 어떤 조치를 취해야 합니까?

답변: A씨를 112 긴급신변보호 대상자로 등록하고, 스마트워치를 지급하며, A씨의 주거지 주변 순찰을 강화하고, 필요하다면 임시 숙소를 제공하는 등 신변 보호 조치를 취해야 합니다.

14. 폭행 가담자들이 모두 묵비권을 행사하면 어떻게 수사해야 합니까?

답변: 묵비권은 피의자의 권리이므로, 진술을 강요할 수는 없습니다. 하지만, CCTV 영상, 목격자 진술, 흉기 감정 결과 등 객관적인 증거를 토대로 폭행 가담자들의 혐의를 입증하기 위해 노력해야 합니다.

상황 자료: "아파트 화재, 단순 사고? 아니면 잔혹한 범죄?"

새벽 4시경, 한 아파트에서 화재가 발생했다는 신고가 접수되었다. 소방대가 즉시 출동하여 화재를 진압했지만, 집 안에서는 60대 여성 A씨가 숨진 채 발견되었다. A씨의 몸에는 여러 군데 흉기에 찔린 상처가 있었고, 화재 현장에서는 인화성 물질이 검출되었다.

경찰은 단순 화재가 아닌 방화 살인 사건으로 판단하고 즉시 수사에 착수했다. 현장 감식 결과, A씨의 사망 원인은 흉기에 의한 과다출혈이며, 화재는 A씨 사망 이후 발생한 것으로 확인되었다. 경찰은 A씨의 주변 인물들을 상대로 탐문 수사를 진행하던 중, A씨의 아들 B씨가 사건 당일 새벽 A씨의 집을 방문했다는 사실을 확인했다.

B씨는 경찰 조사에서 "어머니와 말다툼을 한 것은 사실이지만, 화재가 발생하기 전에 집을 나왔다"고 주장하며 범행을 부인했다. 하지만 경찰은 B씨의 옷에서 미세한 혈흔과 인화성 물질을 발견하고, B씨의 휴대폰 통화 기록 및 CCTV 영상 분석을 통해 B씨가 사건 당일 새벽 A씨의 집 주변을 배회한 사실을 확인했다.

또한, 경찰은 B씨가 최근 경제적으로 어려움을 겪고 있었고, A씨와 재산 문제로 자주 다퉜다는 주변인들의 진술을 확보했다. 경찰은 이러한 증거들을 토대로 B씨를 존속살해 및 방화 혐의로 긴급체포하고, 범행 동기 및 사건 경위를 집중 추궁하고 있다.

상황 파악, 문제점 분석 및 해결 방안 발표 메모

상황 파악

- 새벽 4시, 아파트 화재 신고, 소방대 출동/진압
- 60대 여성 A, 자택 사망, 흉기 상처, 인화성 물질 검출
- 경찰, 방화 살인 사건 판단, 수사 착수
- 현장 감식: A 사인(흉기, 과다출혈), 화재는 A 사망 후 발생
- 경찰, 주변인 탐문, A 아들 B, 사건 당일 새벽 A 집 방문 확인
- B, 경찰 조사, 말다툼 인정, 범행 부인("화재 전 집 나옴")
- 경찰, B 옷(혈흔, 인화성 물질), B 휴대폰/CCTV(A 집 주변 배회)
- 경찰, B 경제적 어려움, A와 재산 문제 다툼(주변인 진술)
- 경찰, B 존속살해/방화 혐의 긴급체포, 범행 동기/경위 추궁

문제점 분석

- **존속살해:** 패륜적 범죄, A 생명 침해, 가족 관계 파괴
- **방화:** 증거 인멸 시도, 추가 피해(화재 확산) 가능성
- **B 범행 부인:** 수사 어려움, 증거 확보 중요
- **범행 동기:** 재산 문제? 다른 원한 관계?
- **계획적 범행?:** 흉기 준비, 방화 등

해결 방안

- **B 철저 조사:** 범행 동기, 범행 도구, 범행 과정, 공범 여부 등
- **증거 분석:** B 옷(혈흔, 인화성 물질), 휴대폰, CCTV, 흉기 등
- **추가 증거 확보:** B 집/차량 압수수색, 금융 거래 내역, 주변인 추가 조사
- **B 심리 분석:** 프로파일러 투입, 거짓말탐지기 검사
- **법의학적 소견:** A 부검, 사망 시각/원인, 흉기 종류 등
- **유관기관 협조:** 소방(화재 원인 조사), 국과수(증거물 감정)

발표문

상황 파악

본 상황은 새벽 시간 아파트에서 발생한 화재 현장에서 60대 여성 A씨가 흉기에 찔려 사망한 채 발견된 사건입니다. 경찰은 단순 화재가 아닌 방화 살인 사건으로 판단하고 수사에 착수했으며, 현장 감식 결과 A씨의 사망 원인은 흉기에 의한 과다출혈이고, 화재는 A씨 사망 이후 발생한 것으로 확인되었습니다. 경찰은 A씨의 아들 B씨를 유력한 용의자로 보고 조사했지만, B씨는 범행을 부인했습니다. 하지만 경찰은 B씨의 옷에서 혈흔과 인화성 물질을 발견하고, B씨의 휴대폰 통화 기록 및 CCTV 영상 분석, 주변인 진술 등을 통해 B씨를 존속살해 및 방화 혐의로 긴급체포했습니다.

문제점 분석 및 해결 방안

첫째, 존속살해는 패륜적인 범죄로, 사회적 비난 가능성이 매우 높고, 엄중한 처벌이 필요합니다.

해결 방안: B씨를 상대로 범행 동기, 범행 도구, 범행 과정, 공범 여부 등을 철저하게 조사해야 합니다.

둘째, B씨는 범행을 부인하고 있어, 객관적인 증거 확보가 중요합니다.

해결 방안: B씨의 옷에서 발견된 혈흔과 인화성 물질, 휴대폰 통화 기록, CCTV 영상, 흉기 등 확보된 증거를 정밀 분석해야 합니다.

셋째, 범행 동기가 명확히 밝혀져야 합니다.

해결 방안: B씨의 집과 차량을 압수수색하고, 금융 거래 내역을 조사하며, 주변인을 추가 조사하여 증거를 확보해야 합니다.

넷째, B씨는 범행을 부인하며, 진술의 신빙성이 의심됩니다.

해결 방안: 프로파일러를 투입하여 B씨의 심리 상태를 분석하고, 필요하다면 거짓말탐지기 검사를 실시해야 합니다.

다섯째, A씨의 정확한 사망 원인과 시각, 범행에 사용된 흉기 종류 등을 파악해야 합니다.

해결 방안: 법의학 전문가에게 A씨의 시신 부검을 의뢰하고, 소방과 협조하여 화재 원인을 조사하며, 국립과학수사연구원에 증거물 감정을 의뢰해야 합니다.

질의응답

1. 존속살해죄의 법정형은 어떻게 됩니까?

답변: 형법 제250조 2항에 따라 사형, 무기 또는 7년 이상의 징역에 처해집니다. 일반 살인죄(사형, 무기 또는 5년 이상의 징역)보다 형이 가중됩니다.

2. 존속살해죄를 가중 처벌하는 이유는 무엇입니까?

답변: 존속살해는 자기 또는 배우자의 직계존속을 살해하는 패륜적인 범죄로, 사회의 기본 윤리와 도덕에 반하는 행위이기 때문에 가중 처벌합니다.

3. 방화죄의 법정형은 어떻게 됩니까?

답변: 방화죄는 불을 놓아 건조물 등을 소훼하는 범죄로, 현주건조물방화죄(무기 또는 3년 이상의 징역), 공용건조물방화죄(무기 또는 3년 이상의 징역), 일반건조물방화죄(1년 이상의 유기징역) 등으로 구분되어 처벌됩니다.

4. 현장 감식 시 유의해야 할 점은 무엇입니까?

답변: 현장 보존, 증거 훼손 방지, 증거물의 오염 방지, 안전 확보 등이 중요합니다.

5. B씨의 옷에서 발견된 혈흔과 인화성 물질은 어떤 의미를 가집니까?

답변: 혈흔은 B씨가 A씨를 살해하는 과정에서 묻은 것일 수 있으며, 인화성 물질은 B씨가 방화를 저질렀다는 증거가 될 수 있습니다. DNA 분석, 성분 분석 등을 통해 정확한 사실 관계를 확인해야 합니다.

6. B씨의 휴대폰 통화 기록 및 CCTV 영상 분석은 어떻게 이루어집니까?

답변: 통신 영장을 발부받아 통신사로부터 B씨의 통화 내역, 문자 메시지 내용, 기지국 위치 정보 등을 확보하고, CCTV 영상을 통해 B씨의 사건 당일 행적을 추적합니다.

7. B씨가 경제적으로 어려움을 겪고 있었다는 사실은 범행 동기와 어떤 관련이 있습니까?

답변: B씨가 A씨의 재산을 노리고 범행을 저질렀을 가능성을 시사합니다.

8. 프로파일러는 어떤 역할을 하며, 어떤 도움을 줄 수 있습니까?

답변: 프로파일러는 범죄 현장 분석, 범인의 심리 분석, 범행 동기 추정, 용의자 특정, 신문 전략 수립 등 다양한 역할을 수행하며, 수사에 도움을 줄 수 있습니다.

9. 거짓말탐지기 검사의 원리와 한계는 무엇입니까?

답변: 거짓말탐지기는 거짓말을 할 때 나타나는 생리적 반응(맥박, 혈압, 호흡, 땀 등)의 변화를 측정하여 진위 여부를 판단하는 기기입니다. 하지만, 검사 결과는 참고 자료로만 활용될 수 있으며, 법적 증거 능력은 제한적입니다.

10. A씨의 시신 부검을 통해 무엇을 알 수 있습니까?

답변: 정확한 사망 원인, 사망 시각, 흉기의 종류, 상처의 깊이와 방향, 범행 당시 상황 등을 파악할 수 있습니다.

11. B씨가 범행을 계속 부인하면 어떻게 해야 합니까?

답변: B씨의 진술에 의존하지 않고, 객관적인 증거(혈흔, 인화성 물질, CCTV 영상, 휴대폰 통화 기록, 주변인 진술 등)를 토대로 혐의를 입증해야 합니다.

12. 존속살해 사건 수사 시 경찰관으로서 가장 중요하게 생각해야 할 가치는 무엇입니까?

답변: 피해자의 생명과 존엄성 존중, 정의 실현, 진실 규명, 법 집행의 공정성 등이 중요합니다.

13. 존속살해 범죄 예방을 위해 어떤 노력이 필요하다고 생각하십니까?

답변: 가족 간의 소통 강화, 경제적 어려움 해소, 정신 건강 지원, 가정 폭력 예방 교육, 사회적 안전망 구축 등 다각적인 노력이 필요합니다.

14. B씨 외에 다른 용의자가 있을 가능성이 있다면, 어떤 점을 추가로 조사해야 합니까?

답변: A씨의 주변 인물(가족, 친척, 친구, 동료 등)을 대상으로 탐문 수사를 확대하고, A씨의 원한 관계, 금전 관계, 채무 관계 등을 조사해야 합니다. 또한, A씨의 집 주변 CCTV 영상을 추가로 확보하여 분석하고, 목격자를 찾아야 합니다.

상황 자료: "밤마다 타오르는 불길, 방화범을 잡아라!"

최근 한 달 동안, 특정 지역에서 심야 시간대에 쓰레기 더미, 폐가, 차량 등에 불을 지르는 연쇄 방화 사건이 5건 발생했다. 다행히 인명 피해는 없었지만, 재산 피해가 발생하고 주민들의 불안감이 커지고 있다.

경찰은 즉시 전담 수사팀을 구성하고, 방화 현장 주변 CCTV 영상을 확보하여 분석했다. CCTV 영상에는 한 남성이 범행 현장 주변을 배회하는 모습이 찍혀 있었지만, 화질이 좋지 않아 얼굴 식별은 어려웠다.

경찰은 방화 현장에서 발견된 증거물(라이터, 인화성 물질 등)을 수거하여 국립과학수사연구원에 감정 의뢰하고, 동일 수법 전과자, 정신질환자, 방화 관련 신고 내역 등을 확인하며 용의자 추적에 나섰다.

또한, 경찰은 방화 현장 주변 주민들을 상대로 탐문 수사를 진행하던 중, "사건 발생 시간대에 검은색 옷을 입은 남자가 빠르게 뛰어가는 것을 봤다"는 목격자 진술을 확보했다. 경찰은 목격자 진술과 CCTV 영상 분석 결과를 토대로 용의자의 인상착의를 특정하고, 공개 수배했다.

상황 파악, 문제점 분석 및 해결 방안 발표 메모

상황 파악

- 최근 한 달, 특정 지역, 심야 연쇄 방화 5건(쓰레기 더미, 폐가, 차량)
- 인명 피해 없음, 재산 피해, 주민 불안
- 경찰, 전담 수사팀 구성, 현장 주변 CCTV 분석(남성 배회, 화질 불량, 얼굴 식별 X)
- 경찰, 증거물(라이터, 인화성 물질) 수거, 국과수 감정 의뢰
- 경찰, 동일 수법 전과자/정신질환자/방화 신고 내역 확인, 용의자 추적
- 경찰, 주민 탐문, 목격자("검은 옷 남성, 빠르게 뛰어감")
- 경찰, 목격자 진술/CCTV, 용의자 인상착의 특정, 공개 수배

문제점 분석

- **연쇄 방화:** 사회 불안, 추가 피해(인명/재산) 우려
- **심야 시간:** 목격자/CCTV 확보 어려움
- **CCTV 화질 불량:** 용의자 얼굴 식별 어려움
- **방화 동기 불명:** 원한, 정신질환, 단순 쾌락?
- **추가 범행 가능성:** 신속 검거 필요

해결 방안

- **CCTV 추가 확보/분석:** 주변 상가, 주택, 차량 블랙박스 등
- **증거물 정밀 감정:** 지문, DNA, 인화성 물질 종류 등
- **탐문 수사 강화:** 목격자 추가 확보, 용의자 주변인 조사
- **공개 수배:** 언론/SNS, 용의자 인상착의/사진 공개, 시민 제보 유도
- **프로파일링:** 범행 수법, 심리 분석, 용의자 특정
- **우범 지역 순찰 강화:** 취약 시간/장소, 방화 예방
- **유관기관 협조:** 소방(화재 원인 조사), 정신보건센터(정신질환자 정보)

발표문

상황 파악

본 상황은 최근 한 달 동안 특정 지역에서 심야 시간대에 발생한 연쇄 방화 사건으로, 쓰레기 더미, 폐가, 차량 등이 불에 타는 피해가 발생했습니다. 다행히 인명 피해는 없었지만, 재산 피해가 발생하고 주민들의 불안감이 커지고 있습니다. 경찰은 전담 수사팀을 구성하고 CCTV 영상 분석, 증거물 감정, 탐문 수사 등을 통해 용의자를 추적하고 있으며, 목격자 진술을 토대로 용의자의 인상착의를 특정하여 공개 수배했습니다.

문제점 분석 및 해결 방안

첫째, 연쇄 방화는 사회 불안을 야기하고, 추가적인 인명 및 재산 피해를 발생시킬 수 있는 심각한 범죄입니다.

해결 방안: 주변 상가, 주택, 차량 블랙박스 등 추가적인 CCTV 영상을 확보하고 분석하여 용의자의 이동 경로와 추가 범행 여부를 확인해야 합니다.

둘째, CCTV 영상 화질이 좋지 않아 용의자의 얼굴 식별이 어렵습니다.

해결 방안: 현장에서 수거한 증거물(라이터, 인화성 물질 등)을 국립과학수사연구원에 정밀 감정 의뢰하여 지문, DNA, 인화성 물질 종류 등 용의자를 특정할 수 있는 단서를 확보해야 합니다.

셋째, 방화범의 범행 동기가 불분명합니다.

해결 방안: 목격자를 추가 확보하고, 용의자의 주변인을 조사하는 등 탐문 수사를 강화해야 합니다.

넷째, 방화범의 신원이 특정되지 않고 있습니다.

해결 방안: 언론과 SNS에 용의자의 인상착의와 사진을 공개하고, 시민들의 제보를 적극적으로 유도하는 공개 수배를 실시해야 합니다.

다섯째, 추가 방화 발생을 막아야 합니다.

해결 방안: 프로파일링을 통해 범행 수법과 심리를 분석하여 용의자를 특정하고, 우범 지역 순찰을 강화하여 취약 시간대와 장소에 대한 방화 예방 활동을 강화해야 합니다. 또한, 소방(화재 원인 조사), 정신보건센터(정신질환자 정보) 등 유관기관과의 협조를 강화해야 합니다.

질의응답

1. 방화죄의 법정형은 어떻게 됩니까?

답변: 방화죄는 불을 놓아 건조물 등을 소훼하는 범죄로, 현주건조물방화죄(무기 또는 3년 이상의 징역),

공용건조물방화죄(무기 또는 3년 이상의 징역), 일반건조물방화죄(1년 이상의 유기징역), 일반물

건방화죄(1년 이상 10년 이하의 징역) 등으로 구분되어 처벌됩니다.

2. 연쇄 방화범의 심리적 특징은 무엇입니까?

답변: 연쇄 방화범은 일반적으로 스트레스 해소, 영웅 심리, 관심 끌기, 권력욕, 성적 만족 등 다양한 심리

적 요인에 의해 범행을 저지르는 것으로 알려져 있습니다.

3. 방화 현장 감식 시 유의해야 할 점은 무엇입니까?

답변: 화재 현장은 훼손되기 쉽고, 증거물이 소실될 위험이 높으므로, 신속하게 현장을 보존하고, 발화 지

점, 연소 패턴, 인화성 물질 사용 여부 등을 면밀하게 조사해야 합니다.

4. 방화 현장에서 수집할 수 있는 증거물에는 어떤 것들이 있습니까?

답변: 라이터, 성냥, 인화성 물질(휘발유, 시너 등), 담배꽁초, 족적, 지문, CCTV 영상, 목격자 진술 등이

있습니다.

5. CCTV 영상 분석 시 유의해야 할 점은 무엇입니까?

답변: 영상의 위조 또는 변조 가능성을 염두에 두고, 원본 영상을 확보하고, 영상의 촬영 시간, 위치, 각도

등을 정확하게 확인해야 합니다. 또한, 방화 장면뿐만 아니라, 범행 전후 상황, 용의자의 이동 경로

등을 면밀하게 분석해야 합니다.

6. 탐문 수사 시 유의해야 할 점은 무엇입니까?

답변: 탐문 대상자의 인권을 존중하고, 강압적인 분위기를 조성하지 않으며, 객관적인 정보를 수집해야

합니다. 또한, 방화범의 인상착의, 행동 특징, 목격 시간 등을 구체적으로 질문해야 합니다.

7. 프로파일링은 어떻게 이루어지며, 어떤 도움을 줄 수 있습니까?

답변: 프로파일링은 범죄 현장 분석, 범행 수법 분석, 피해자 분석, 지리적 분석 등을 통해 범인의 성격,

연령, 직업, 생활 방식, 범행 동기 등을 추정하는 수사 기법입니다. 프로파일링은 용의자 범위를 좁

히고, 수사 방향을 설정하며, 신문 전략을 수립하는 데 도움을 줄 수 있습니다.

8. 방화 사건 수사 시 소방과의 협조는 어떻게 이루어집니까?

답변: 소방은 화재 원인 조사, 발화 지점 확인, 인화성 물질 종류 분석 등을 담당하며, 경찰은 이러한 정보

를 바탕으로 방화범을 추적하고 검거합니다.

9. 정신질환자의 방화 범죄에 대한 대책은 무엇입니까?

답변: 정신질환자에 대한 치료 및 관리 강화, 정신질환자 범죄 예방 교육, 정신질환자 신고 의무 강화, 정

신보건센터와의 협력 강화 등이 필요합니다.

10. 방화 범죄 예방을 위해 경찰이 할 수 있는 일은 무엇입니까?

답변: 취약 지역 순찰 강화, 방범 시설 설치 권고, 방화 예방 교육 및 홍보, 자율방범대 운영 지원, 화재 위험 요인 제거 등을 통해 방화 범죄 예방에 힘쓸 수 있습니다.

11. 연쇄 방화 사건 수사 시 경찰관으로서 가장 중요하게 생각해야 할 가치는 무엇입니까?

답변: 국민의 생명과 재산 보호, 사회 안전 확보, 정의 실현, 신속한 범인 검거 등이 중요합니다.

12. 방화범 검거 후, 재범 방지를 위해 어떤 조치를 취해야 합니까?

답변: 방화범의 범행 동기, 심리 상태 등을 정확하게 파악하고, 필요하다면 정신과 치료, 상담, 교육 등을 받도록 조치해야 합니다. 또한, 출소 후에도 지속적인 관찰과 관리를 통해 재범을 방지해야 합니다.

13. 만약 용의자가 범행을 부인하고, 증거가 불충분하다면 어떻게 해야 합니까?

답변: 추가적인 증거 확보를 위해 노력해야 합니다. 주변 CCTV 영상, 목격자 진술, 통신 기록, 금융 거래 내역 등을 추가로 확보하고, 필요하다면 거짓말탐지기 검사, 프로파일러 면담 등을 실시할 수 있습니다.

14. 방화로 인해 인명 피해가 발생했다면, 어떤 법적 조치를 취할 수 있습니까?

답변: 현주건조물방화치사죄(사형, 무기 또는 7년 이상의 징역), 현주건조물방화치상죄(무기 또는 3년 이상의 징역) 등을 적용하여 엄중하게 처벌할 수 있습니다.

상황 자료: "어둠 속의 습격, 2인조 강도의 끔찍한 범행"

늦은 밤, 귀가하던 여성 A씨는 골목길에서 2인조 남성 강도에게 습격을 당했다. 범인들은 A씨를 폭행하고 위협하여 금품을 빼앗고, A씨를 인근 공터로 끌고 가 번갈아 가며 성폭행했다. 범행 후 범인들은 A씨의 휴대폰과 지갑을 빼앗아 달아났다.

A씨는 가까스로 현장을 벗어나 행인에게 도움을 요청했고, 행인의 신고로 경찰이 출동했다. A씨는 병원으로 후송되어 치료를 받았으며, 신체적, 정신적으로 큰 충격을 받은 상태였다.

경찰은 즉시 A씨의 진술을 확보하고, 범행 현장 주변 CCTV 영상을 분석했다. CCTV 영상에는 범인 2명이 A씨를 뒤따라가는 모습과 A씨를 폭행하고 끌고 가는 장면이 찍혀 있었다. 경찰은 범인들의 인상착의를 확인하고, 동일 수법 전과자, 성폭력 우범자 등을 대상으로 수사망을 좁혀 갔다.

또한, 경찰은 A씨의 몸과 옷에서 범인들의 DNA를 채취하고, 범행 현장에서 족적, 지문 등 증거물을 수집하여 국립과학수사연구원에 감정 의뢰했다.

상황 파악, 문제점 분석 및 해결 방안 발표 메모

상황 파악

- 늦은 밤, 골목길, 여성 A 귀가 중 2인조 남성 강도 습격
- 범인, A 폭행/위협, 금품 강탈, 인근 공터로 끌고 가 번갈아 성폭행(특수강간)
- 범행 후, A 휴대폰/지갑 강탈, 도주
- A, 행인 도움 요청, 경찰 신고, 병원 후송(신체/정신 충격)
- 경찰, A 진술 확보, 현장 주변 CCTV 분석(범인 2명, A 폭행/끌고 감)
- 경찰, 범인 인상착의 확인, 동일 수법 전과자/성폭력 우범자 대상 수사
- 경찰, A 몸/옷(범인 DNA), 현장(족적, 지문) 채취, 국과수 감정 의뢰

문제점 분석

- **특수강간:** A 신체/정신 피해, 성적 자기 결정권 침해, 강력 범죄
- **2인조 범행:** 계획적, 조직적, 피해자 저항 어려움
- **금품 강탈:** 재산 피해, 범행 동기(강도 + 성폭력)
- **A 심각한 피해:** 신체/정신적 후유증, 트라우마, 2차 피해 우려
- **범인 도주:** 신속 검거, 추가 범행 방지

해결 방안

- **A 보호/지원:** 신변 보호, 심리 상담, 의료 지원, 법률 지원
- **범인 신속 검거:** CCTV 분석, DNA/지문 감정, 탐문 수사, 통신 수사
- **증거 확보:** 범행 도구, A 휴대폰/지갑 등
- **여죄 수사:** 동일 수법 범행, 추가 피해자 확인
- **성폭력 예방:** 취약 지역 순찰 강화, CCTV 설치 확대, 여성 안심 귀가 서비스
- **관련 법규 적용:** 성폭력범죄의 처벌 등에 관한 특례법(특수강간 등)

발표문

상황 파악

본 상황은 늦은 밤 귀가하던 여성 A씨가 골목길에서 2인조 남성 강도에게 습격을 당해 금품을 빼앗기고, 특수강간을 당한 사건입니다. 범인들은 A씨를 폭행하고 위협하여 범행 후 A씨의 휴대폰과 지갑을 빼앗아 달아났습니다. A씨는 행인의 도움으로 경찰에 신고했고, 병원으로 후송되어 치료를 받았지만, 신체적, 정신적으로 큰 충격을 받은 상태입니다. 경찰은 A씨의 진술과 CCTV 영상 분석, DNA 및 지문 감정 등을 통해 범인들을 추적하고 있습니다.

문제점 분석 및 해결 방안

첫째, A씨는 특수강간을 당하여 신체적, 정신적으로 심각한 피해를 입었으며, 성적 자기 결정권을 침해 당했습니다.

해결 방안: 피해자 A씨의 신변을 보호하고, 심리 상담, 의료 지원, 법률 지원 등 필요한 지원을 제공해야 합니다.

둘째, 2인조 강도가 계획적이고 조직적으로 범행을 저질렀고, 피해자는 저항하기 어려웠을 것입니다.

해결 방안: CCTV 영상 분석, DNA 및 지문 감정, 탐문 수사, 통신 수사 등 모든 수사 기법을 동원하여 범인들을 신속하게 검거해야 합니다.

셋째, 범인들은 금품을 강탈하고, A씨의 휴대폰과 지갑을 빼앗아 달아났습니다.

해결 방안: 범행 도구, A씨의 휴대폰과 지갑 등 증거를 확보해야 합니다.

넷째, 범인들이 추가 범행을 저지를 가능성이 있습니다.

해결 방안: 범인들의 여죄를 수사하고, 동일 수법 범행 및 추가 피해자를 확인해야 합니다.

다섯째, 이러한 성폭력 범죄는 재발될 가능성이 있습니다.

해결 방안: 장기적으로는 취약 지역 순찰 강화, CCTV 설치 확대, 여성 안심 귀가 서비스 등 성폭력 예방을 위한 대책을 마련해야 합니다. 또한, 성폭력범죄의 처벌 등에 관한 특례법(특수강간 등)을 적용하여 범인들을 엄중하게 처벌해야 합니다.

질의응답

1. 특수강간죄의 법정형은 어떻게 됩니까?

답변: 성폭력범죄의 처벌 등에 관한 특례법 제4조에 따라 무기징역 또는 5년 이상의 징역에 처해집니다.

2. 특수강간죄의 구성 요건은 무엇입니까?

답변: 흉기나 그 밖의 위험한 물건을 지닌 채 또는 2명 이상이 합동하여 강간죄를 범한 경우에 성립합니다.

3. 성폭력 피해자 보호 및 지원에는 어떤 것들이 있습니까?

답변: 신변 보호 조치(스마트워치 지급, 순찰 강화, 임시 숙소 제공 등), 심리 상담 지원, 의료 지원, 법률 지원, 경제적 지원 등이 있습니다.

4. 성폭력 피해자 진술 시 유의해야 할 점은 무엇입니까?

답변: 피해자의 심리 상태를 고려하여 편안하고 안전한 환경에서 진술을 청취하고, 2차 피해가 발생하지 않도록 주의해야 합니다. 또한, 피해자의 진술을 경청하고, 구체적이고 일관된 진술을 확보하기 위해 노력해야 합니다.

5. 성폭력 현장 감식 시 유의해야 할 점은 무엇입니까?

답변: 현장 보존, 증거 훼손 방지, 증거물의 오염 방지, 안전 확보 등이 중요합니다. 특히, 성폭력 현장에서는 DNA, 정액, 혈흔, 머리카락 등 생물학적 증거 확보가 중요합니다.

6. CCTV 영상 분석 시 유의해야 할 점은 무엇입니까?

답변: 영상의 위조 또는 변조 가능성을 염두에 두고, 원본 영상을 확보하고, 영상의 촬영 시간, 위치, 각도 등을 정확하게 확인해야 합니다. 또한, 범행 장면뿐만 아니라, 범행 전후 상황, 범인들의 이동 경로 등을 면밀하게 분석해야 합니다.

7. DNA 감정은 어떻게 이루어지며, 어떤 도움을 줄 수 있습니까?

답변: 피해자의 몸과 옷, 범행 현장 등에서 채취한 DNA를 분석하여 범인의 DNA와 대조하고, 범인을 특정하는 데 결정적인 증거로 활용될 수 있습니다.

8. 탐문 수사 시 유의해야 할 점은 무엇입니까?

답변: 탐문 대상자의 인권을 존중하고, 강압적인 분위기를 조성하지 않으며, 객관적인 정보를 수집해야 합니다. 또한, 범인들의 인상착의, 범행 수법, 도주 경로 등에 대한 정보를 얻기 위해 노력해야 합니다.

9. 동일 수법 전과자, 성폭력 우범자 등을 대상으로 수사하는 이유는 무엇입니까?

답변: 동일 수법 전과자나 성폭력 우범자는 재범 가능성이 높기 때문에, 이들을 대상으로 수사하여 범인을 조기에 검거하고 추가 범행을 예방할 수 있습니다.

10. 성폭력 범죄 예방을 위해 경찰이 할 수 있는 일은 무엇입니까?

답변: 취약 지역 순찰 강화, CCTV 설치 확대, 여성 안심 귀가 서비스 제공, 성폭력 예방 교육 및 홍보, 성
폭력 우범자 관리 강화 등을 통해 성폭력 범죄 예방에 힘쓸 수 있습니다.

11. 성폭력 사건 수사 시 경찰관으로서 가장 중요하게 생각해야 할 가치는 무엇입니까?

답변: 피해자의 안전과 인권 보호, 정의 실현, 신속한 범인 검거, 2차 피해 방지 등이 중요합니다.

12. A씨에게 발생할 수 있는 2차 피해에는 어떤 것들이 있으며, 어떻게 예방할 수 있습니까?

답변: 수사 과정에서의 불필요한 질문이나 반복적인 진술 요구, 언론의 과도한 취재, 주변 사람들의 편견
이나 비난, 신상 정보 유출 등이 2차 피해로 발생할 수 있습니다. 이를 예방하기 위해 피해자 중심
의 수사, 비공개 수사, 언론 대응 가이드라인 준수, 피해자 지원 프로그램 연계 등이 필요합니다.

13. 만약 범인들이 범행을 부인하고, 증거가 불충분하다면 어떻게 해야 합니까?

답변: 추가적인 증거 확보를 위해 노력해야 합니다. 피해자의 진술을 보강할 수 있는 증거(목격자 진술,
통화 기록, 문자 메시지 등)를 확보하고, 필요하다면 거짓말탐지기 검사, 프로파일러 면담 등을 실
시할 수 있습니다.

14. 범인들이 A씨의 휴대폰을 빼앗아 간 이유는 무엇이라고 생각하십니까?

답변: 범행을 은폐하기 위해 A씨가 경찰에 신고하는 것을 막고, A씨의 휴대폰에 저장된 사진, 동영상, 연
락처 등 개인정보를 이용하여 추가 범행을 저지르거나 협박하기 위한 목적일 수 있습니다.

상황 자료: "클릭 한 번에 무너진 삶, 디지털 성범죄를 뿌리 뽑아라!"

20대 여성 A씨는 최근 자신의 은밀한 사진과 동영상이 온라인에 유포되고 있다는 사실을 알게 되었다. A씨는 과거 남자친구였던 B씨가 자신과의 성관계 장면을 몰래 촬영했고, 이별 후 앙심을 품고 이를 유포한 것으로 의심했다.

A씨는 극심한 수치심과 불안감에 시달리며 경찰에 신고했다. 경찰은 즉시 수사에 착수하여 A씨의 사진과 동영상이 유포된 웹사이트, SNS, P2P 사이트 등을 확인하고, 해당 영상물의 삭제 및 차단을 요청했다.

또한, 경찰은 B씨의 휴대폰, 컴퓨터, 클라우드 저장소 등을 압수수색하여 A씨의 사진과 동영상 원본 파일을 발견하고, B씨가 A씨의 동의 없이 촬영하고 유포한 사실을 확인했다. B씨는 처음에는 범행을 부인했지만, 경찰이 증거를 제시하자 결국 범행을 자백했다.

경찰은 B씨를 성폭력범죄의 처벌 등에 관한 특례법 위반(카메라등이용촬영, 유포) 혐의로 구속하고, A씨에게는 심리 상담, 법률 지원, 신변 보호 조치 등을 제공했다.

상황 파악, 문제점 분석 및 해결 방안 발표 메모

상황 파악

- 20대 여성 A, 은밀한 사진/영상 온라인 유포 인지
- A, 과거 남자친구 B 의심(몰래 촬영, 이별 후 앙심, 유포)
- A, 경찰 신고, 극심한 수치심/불안
- 경찰, A 사진/영상 유포 웹사이트/SNS/P2P 확인, 삭제/차단 요청
- 경찰, B 휴대폰/컴퓨터/클라우드 압수수색, A 사진/영상 원본 발견
- 경찰, B 불법 촬영/유포 확인, B 범행 자백(증거 제시 후)
- 경찰, B 성폭력처벌법 위반(카메라등이용촬영, 유포) 혐의 구속
- 경찰, A 심리 상담, 법률 지원, 신변 보호 조치

문제점 분석

- **불법 촬영/유포:** A 심각한 정신적 피해, 인격권/초상권/성적 자기 결정권 침해
- **디지털 성범죄:** 빠른 확산, 완전 삭제 어려움, 지속적 피해
- **B 범행:** 보복, 협박, 금전 요구 등 추가 범죄 가능성
- **A 2차 피해:** 신상 정보 유출, 사회적 낙인, 불이익
- **온라인 플랫폼 책임:** 불법 촬영물 유통 방지, 삭제/차단 의무

해결 방안

- **B 엄정 처벌:** 구속 수사, 신상 정보 공개, 전자발찌 부착 등
- **A 피해 회복:** 심리 치료, 법률 지원, 경제적 지원, 사회 복귀 지원
- **불법 촬영물 삭제/차단:** 방송통신심의위원회, 인터넷 사업자 협조, 기술적 조치
- **디지털 성범죄 예방:** 교육/홍보 강화, 인식 개선, 불법 촬영 기기 판매 규제
- **온라인 플랫폼 책임 강화:** 불법 촬영물 필터링, 모니터링 강화, 신고 시스템 구축
- **관련 법규 강화:** 불법 촬영/유포 처벌 강화, 피해자 보호 강화

발표문

상황 파악

본 상황은 20대 여성 A씨가 과거 남자친구였던 B씨에 의해 성관계 장면이 불법 촬영되고, 이별 후 온라인에 유포된 디지털 성범죄 사건입니다. A씨는 극심한 수치심과 불안감을 느껴 경찰에 신고했고, 경찰은 B씨의 휴대폰, 컴퓨터 등을 압수수색하여 불법 촬영 및 유포 사실을 확인했습니다. B씨는 처음에는 범행을 부인했지만, 경찰이 증거를 제시하자 결국 범행을 자백했고, 경찰은 B씨를 성폭력범죄의 처벌 등에 관한 특례법 위반 혐의로 구속했습니다.

문제점 분석 및 해결 방안

첫째, 불법 촬영 및 유포는 피해자에게 심각한 정신적 피해를 입히고, 인격권, 초상권, 성적 자기 결정권을 침해하는 중대한 범죄입니다.

해결 방안: B씨에 대한 구속 수사, 신상 정보 공개, 전자발찌 부착 등 엄정한 처벌이 필요합니다.

둘째, 디지털 성범죄는 특성상 빠른 확산과 완전 삭제가 어려워 피해자에게 지속적인 피해를 줍니다.

해결 방안: 피해자 A씨에게 심리 치료, 법률 지원, 경제적 지원, 사회 복귀 지원 등 다각적인 지원을 제공해야 합니다.

셋째, B씨의 범행은 보복, 협박, 금전 요구 등 추가적인 범죄로 이어질 가능성이 있습니다.

해결 방안: 방송통신심의위원회, 인터넷 사업자와 협조하여 불법 촬영물을 신속하게 삭제하고 차단하며, 기술적 조치를 통해 재유포를 방지해야 합니다.

넷째, A씨는 신상 정보 유출, 사회적 낙인 등 2차 피해를 겪을 수 있습니다.

해결 방안: 장기적으로는 디지털 성범죄 예방을 위한 교육 및 홍보를 강화하고, 사회적 인식 개선을 위해 노력해야 합니다. 또한, 불법 촬영 기기 판매 규제를 강화해야 합니다.

다섯째, 온라인 플랫폼은 불법 촬영물 유통 방지 및 삭제/차단 의무를 다하지 못했습니다.

해결 방안: 온라인 플랫폼 사업자에게 불법 촬영물 필터링 및 모니터링 강화를 요구하고, 신고 시스템을 구축하도록 해야 합니다. 또한, 관련 법규를 강화하여 불법 촬영 및 유포에 대한 처벌을 강화하고, 피해자 보호를 위한 조치를 강화해야 합니다.

질의응답

1. 성폭력범죄의 처벌 등에 관한 특례법(성폭력처벌법)상 카메라 등 이용촬영죄의 법정형은 어떻게 됩니까?

답변: 성폭력처벌법 제14조에 따라 7년 이하의 징역 또는 5천만원 이하의 벌금에 처해집니다. 영리 목적으로 정보통신망을 이용하여 유포한 경우에는 3년 이상의 유기징역에 처해집니다.

2. 불법 촬영물 유포죄의 법정형은 어떻게 됩니까?

답변: 성폭력처벌법 제14조에 따라 7년 이하의 징역 또는 5천만원 이하의 벌금에 처해집니다. 촬영 대상자의 의사에 반하여 촬영물을 반포, 판매, 임대, 제공 또는 공공연하게 전시, 상영한 경우에도 동일하게 처벌됩니다.

3. 디지털 성범죄의 특징은 무엇입니까?

답변: 빠른 속도로 광범위하게 유포되고, 완전 삭제가 어려워 피해가 지속되며, 익명성 뒤에 숨어 범행을 저지르기 쉽고, 피해자에게 심각한 정신적 고통과 사회적 낙인을 초래합니다.

4. 불법 촬영물 삭제 및 차단은 어떻게 이루어집니까?

답변: 피해자는 방송통신심의위원회, 디지털 성범죄 피해자 지원센터 등에 삭제 지원을 요청할 수 있습니다. 경찰은 불법 촬영물이 유포된 웹사이트, SNS, P2P 사이트 등을 확인하고, 해당 사이트 운영자에게 삭제 및 차단을 요청합니다. 또한, 기술적 조치(DNA 필터링, AI 기반 감시 시스템 등)를 통해 불법 촬영물의 유포를 방지합니다.

5. 디지털 성범죄 피해자 지원에는 어떤 것들이 있습니까?

답변: 심리 상담 지원, 법률 지원, 의료 지원, 경제적 지원, 불법 촬영물 삭제 지원, 신변 보호 조치, 사회 복귀 지원 등이 있습니다.

6. 디지털 성범죄 예방을 위해 경찰이 할 수 있는 일은 무엇입니까?

답변: 불법 촬영 및 유포 행위 단속 강화, 온라인 플랫폼 모니터링 강화, 디지털 성범죄 예방 교육 및 홍보, 불법 촬영 기기 판매 규제, 피해자 지원 강화 등을 통해 디지털 성범죄 예방에 힘쓸 수 있습니다.

7. 온라인 플랫폼 사업자의 책임은 무엇입니까?

답변: 온라인 플랫폼 사업자는 불법 촬영물 유통 방지 및 삭제/차단 의무, 불법 촬영물 필터링 기술 적용 의무, 불법 촬영물 신고 시스템 구축 의무, 이용자 보호 조치 의무 등을 가집니다.

8. B씨가 A씨에게 합의를 요구하면 어떻게 해야 합니까?

답변: 합의는 피해자의 의사가 가장 중요하며, 경찰은 피해자에게 합의 절차, 합의금 산정 기준, 합의 시 유의사항 등을 안내하고, 피해자가 합리적인 결정을 내릴 수 있도록 지원해야 합니다. 하지만, 성범죄는 친고죄가 아니므로 합의 여부와 관계없이 수사는 계속 진행됩니다.

9. B씨가 A씨를 협박하거나 보복할 가능성이 있다면, 어떤 조치를 취해야 합니까?

답변: A씨를 112 긴급신변보호 대상자로 등록하고, 스마트워치를 지급하며, A씨의 주거지 주변 순찰을 강화하고, 필요하다면 임시 숙소를 제공하는 등 신변 보호 조치를 취해야 합니다. 또한, B씨에게 접근 금지 명령을 신청할 수 있습니다.

10. 디지털 성범죄 수사 시 경찰관으로서 가장 중요하게 생각해야 할 가치는 무엇입니까?

답변: 피해자의 인권과 안전 보호, 정의 실현, 신속한 범인 검거, 2차 피해 방지, 디지털 증거 확보 및 보존 등이 중요합니다.

11. 불법 촬영 기기 판매 규제는 어떻게 이루어지고 있습니까?

답변: 변형 카메라(위장형 카메라) 판매 및 소지에 대한 규제가 강화되고 있습니다. 변형 카메라를 판매하려면 등록을 해야 하고, 구매자의 신원을 확인해야 하며, 불법 촬영 기기 유통을 단속하고 있습니다.

12. 디지털 성범죄 피해자에게 해 주고 싶은 말은 무엇입니까?

답변: "당신의 잘못이 아닙니다. 혼자 힘들어하지 말고, 경찰, 디지털 성범죄 피해자 지원센터 등 전문기관에 도움을 요청하세요. 우리는 당신의 곁에서 최선을 다해 돕겠습니다."

13. B씨의 휴대폰, 컴퓨터 등에서 추가적인 불법 촬영물이 발견된다면 어떻게 해야 합니까?

답변: 추가적인 불법 촬영물에 대한 피해자를 확인하고, B씨를 상대로 추가 범행 여부를 조사해야 합니다.

14. B씨가 불법 촬영물을 판매하여 수익을 얻었다면, 어떤 조치를 취할 수 있습니까?

답변: B씨의 범죄 수익을 몰수 또는 추징하고, 영리 목적으로 불법 촬영물을 유포한 혐의(성폭력처벌법 제14조 3항)를 적용하여 가중 처벌할 수 있습니다.

상황 자료: "상사의 지속적인 성희롱, 더 이상 참을 수 없어요!"

중소기업에 근무하는 여성 A씨는 최근 직장 상사 B씨로부터 지속적인 성희롱을 당해 왔다. B씨는 A씨에게 "몸매가 좋다", "남자친구와는 잘 지내냐" 등의 성적인 발언을 하고, 회식 자리에서는 A씨의 어깨를 주무르거나 허리를 감싸는 등 불쾌한 신체 접촉을 했다.

A씨는 B씨에게 불쾌감을 표현하고 거부 의사를 밝혔지만, B씨는 "왜 이렇게 예민하게 구냐", "친해서 그런 건데 기분 나빴다면 미안하다"는 식으로 넘어가며 성희롱을 멈추지 않았다. A씨는 극심한 스트레스와 수치심으로 회사 생활에 어려움을 겪었고, 결국 경찰에 신고했다.

경찰은 A씨의 진술을 확보하고, B씨를 소환하여 조사했다. B씨는 처음에는 성희롱 사실을 부인했지만, 경찰이 A씨의 진술, 동료 직원들의 진술, CCTV 영상, 녹음 파일 등 증거를 제시하자 일부 혐의를 인정했다.

경찰은 B씨를 성폭력범죄의 처벌 등에 관한 특례법 위반(업무상 위력 등에 의한 추행) 혐의로 입건하고, 추가적인 성희롱 또는 성폭력 피해자가 있는지 조사하고 있다.

상황 파악, 문제점 분석 및 해결 방안 발표 메모

상황 파악

- 중소기업, 여성 A, 직장 상사 B로부터 지속적 성희롱
- B, A에게 성적 발언, 불쾌한 신체 접촉(회식 자리 등)
- A, B에게 불쾌감 표현/거부, B 성희롱 지속("예민", "친해서")
- A, 극심한 스트레스/수치심, 경찰 신고
- 경찰, A 진술 확보, B 소환 조사
- B, 처음 부인, 증거 제시 후 일부 인정(A 진술, 동료 진술, CCTV, 녹음 파일)
- 경찰, B 성폭력처벌법 위반(업무상 위력 등에 의한 추행) 혐의 입건, 추가 피해자 조사

문제점 분석

- **직장 내 성희롱:** A 인격권/성적 자기 결정권 침해, 근무 환경 악화, 정신적 피해
- **B의 지위 이용:** 상사-부하 관계, A 거부/저항 어려움
- **B의 성희롱 지속:** A 피해 심화, 범죄 인식 부족
- **2차 피해 가능성:** 회사 내 소문, 불이익, A 심리적 위축
- **추가 피해자 가능성:** 다른 직원 대상 성희롱/성폭력

해결 방안

- **B 엄정 처벌:** 혐의 입증, 합당한 처벌(징역, 벌금 등)
- **A 피해 회복:** 심리 상담, 법률 지원, 직장 내 고충 처리 절차 안내
- **2차 피해 방지:** A 신상 정보 보호, 회사 내 비밀 유지, 불이익 금지
- **추가 피해자 확인:** 회사 내 성희롱/성폭력 실태 조사, 익명 신고 시스템 활용
- **직장 내 성희롱 예방:** 교육 강화, 사업주 책임 강화, 신고/상담 시스템 구축
- **관련 법규 적용:** 성폭력처벌법, 남녀고용평등법 등

발표문

상황 파악

본 상황은 중소기업에 근무하는 여성 A씨가 직장 상사 B씨로부터 지속적인 성희롱을 당해 경찰에 신고한 사건입니다. B씨는 A씨에게 성적인 발언을 하고, 불쾌한 신체 접촉을 하는 등 성희롱을 저질렀으며, A씨가 거부 의사를 밝혔음에도 불구하고 성희롱을 멈추지 않았습니다. A씨는 극심한 스트레스와 수치심으로 회사 생활에 어려움을 겪었고, 결국 경찰에 신고했습니다. 경찰은 B씨를 성폭력범죄의 처벌 등에 관한 특례법 위반(업무상 위력 등에 의한 추행) 혐의로 입건하고, 추가 피해자를 조사하고 있습니다.

문제점 분석 및 해결 방안

첫째, 직장 내 성희롱은 피해자의 인격권과 성적 자기 결정권을 침해하고, 근무 환경을 악화시키며, 심각한 정신적 피해를 야기하는 범죄입니다.

해결 방안: B씨의 혐의를 명확하게 입증하고, 합당한 처벌(징역, 벌금 등)을 받도록 해야 합니다.

둘째, B씨는 직장 상사라는 지위를 이용하여 A씨에게 성희롱을 저질렀고, A씨는 B씨에게 저항하거나 거부하기 어려웠을 것입니다.

해결 방안: 피해자 A씨에게 심리 상담, 법률 지원을 제공하고, 직장 내 고충 처리 절차를 안내해야 합니다.

셋째, B씨는 A씨의 거부 의사에도 불구하고 성희롱을 지속했고, 자신의 행동이 범죄라는 인식이 부족했을 수 있습니다.

해결 방안: A씨의 신상 정보를 보호하고, 회사 내 비밀을 유지하며, A씨에게 불이익이 가지 않도록 조치하여 2차 피해를 방지해야 합니다.

넷째, A씨 외에 다른 직원들도 B씨로부터 성희롱 또는 성폭력을 당했을 가능성이 있습니다.

해결 방안: 회사 내 성희롱/성폭력 실태를 조사하고, 익명 신고 시스템을 활용하여 추가 피해자를 확인해야 합니다.

다섯째, 재발 방지를 위한 노력이 필요합니다.

해결 방안: 장기적으로는 직장 내 성희롱 예방 교육을 강화하고, 사업주의 책임을 강화하며, 신고 및 상담 시스템을 구축해야 합니다. 또한, 성폭력처벌법, 남녀고용평등법 등 관련 법규를 적용하여 엄중하게 처벌해야 합니다.

질의응답

1. 성폭력범죄의 처벌 등에 관한 특례법(성폭력처벌법)상 업무상 위력 등에 의한 추행죄의 법정형은 어떻게 됩니까?

답변: 성폭력처벌법 제10조에 따라 3년 이하의 징역 또는 1천500만원 이하의 벌금에 처해집니다.

2. 업무상 위력 등에 의한 추행죄의 구성 요건은 무엇입니까?

답변: 업무, 고용이나 그 밖의 관계로 인하여 자기의 보호, 감독을 받는 사람에 대하여 위계 또는 위력으로써 추행하는 경우에 성립합니다.

3. 직장 내 성희롱의 판단 기준은 무엇입니까?

답변: 남녀고용평등법 제2조에 따르면, 직장 내 성희롱이란 사업주, 상급자 또는 근로자가 직장 내의 지위를 이용하거나 업무와 관련하여 다른 근로자에게 성적 언동 등으로 성적 굴욕감 또는 혐오감을 느끼게 하거나 성적 언동 또는 그 밖의 요구 등에 따르지 아니하였다는 이유로 고용에서 불이익을 주는 것을 말합니다.

4. 직장 내 성희롱 발생 시 사업주의 조치 의무는 무엇입니까?

답변: 남녀고용평등법 제14조에 따라 사업주는 직장 내 성희롱 발생 사실을 알게 된 경우, 지체 없이 사실 확인을 위한 조사를 해야 하고, 피해 근로자 보호 조치, 가해 근로자 징계 조치, 재발 방지 조치 등을 취해야 합니다.

5. 직장 내 성희롱 피해자 보호 및 지원에는 어떤 것들이 있습니까?

답변: 심리 상담 지원, 법률 지원, 의료 지원, 근무 장소 변경, 배치 전환, 유급 휴가 부여 등이 있습니다.

6. 직장 내 성희롱 예방을 위해 사업주가 해야 할 일은 무엇입니까?

답변: 성희롱 예방 교육 실시, 성희롱 고충 처리 기구 설치 및 운영, 성희롱 예방 지침 마련, 성희롱 발생 시 징계 절차 마련 등이 있습니다.

7. 직장 내 성희롱 신고는 어떻게 할 수 있습니까?

답변: 회사 내 고충 처리 기구, 고용노동부, 여성긴급전화 1366, 경찰(112) 등에 신고할 수 있습니다.

8. 직장 내 성희롱 사건 수사 시 유의해야 할 점은 무엇입니까?

답변: 피해자의 심리 상태를 고려하여 편안하고 안전한 환경에서 진술을 청취하고, 2차 피해가 발생하지 않도록 주의해야 합니다. 또한, 객관적인 증거(CCTV 영상, 녹음 파일, 목격자 진술 등)를 확보하고, 가해자의 지위, 범행의 정도, 피해자와의 관계 등을 종합적으로 고려하여 수사해야 합니다.

9. B씨가 성희롱 사실을 부인하면 어떻게 해야 합니까?

답변: A씨의 진술, 동료 직원들의 진술, CCTV 영상, 녹음 파일 등 객관적인 증거를 제시하고, B씨의 진술의 모순점을 지적하며, 필요하다면 거짓말탐지기 검사, 프로파일러 면담 등을 통해 혐의를 입증

해야 합니다.

10. A씨가 회사에서 불이익을 당할까 봐 걱정하면 어떻게 해야 합니까?

답변: 남녀고용평등법에 따라 사업주는 직장 내 성희롱 피해자에게 불이익을 줄 수 없으며, 불이익 조치 시 처벌받을 수 있음을 설명하고, A씨의 신상 정보를 보호하고 비밀을 유지하며, 필요하다면 회사 측에 불이익 금지를 요청해야 합니다.

11. 직장 내 성희롱 사건 수사 시 경찰관으로서 가장 중요하게 생각해야 할 가치는 무엇입니까?

답변: 피해자의 인권과 안전 보호, 정의 실현, 신속한 사건 해결, 2차 피해 방지 등이 중요합니다.

12. 직장 내 성희롱 예방을 위해 어떤 노력이 필요하다고 생각하십니까?

답변: 직장 내 성희롱 예방 교육 강화, 사업주의 책임 강화, 신고 및 상담 시스템 활성화, 사회적 인식 개선, 성 평등 문화 조성 등 다각적인 노력이 필요합니다.

13. B씨가 A씨에게 합의를 요구하면 어떻게 해야 합니까?

답변: 합의는 피해자의 의사가 가장 중요하며, 경찰은 피해자에게 합의 절차, 합의금 산정 기준, 합의 시 유의사항 등을 안내하고, 피해자가 합리적인 결정을 내릴 수 있도록 지원해야 합니다. 하지만, 성범죄는 친고죄가 아니므로 합의 여부와 관계없이 수사는 계속 진행됩니다.

14. 회사 동료들이 B씨의 편을 들어 A씨에게 불리한 진술을 하면 어떻게 해야 합니까?

답변: 동료들의 진술의 신빙성을 객관적으로 판단하고, A씨의 진술을 뒷받침할 수 있는 다른 증거(CCTV 영상, 녹음 파일 등)를 확보하기 위해 노력해야 합니다. 또한, 필요하다면 동료들을 상대로 거짓말 탐지기 검사를 실시할 수 있습니다.

상황 자료: "랜덤채팅 앱의 함정, 청소년을 노리는 검은 손길"

15세 여중생 A양은 최근 랜덤채팅 앱을 통해 알게 된 남성 B씨와 친분을 쌓았다. B씨는 A양에게 다정하게 대하며 고민 상담을 해 주는 등 A양의 환심을 샀다. B씨는 A양에게 "예쁘다", "몸매가 좋다" 등의 칭찬을 하며 A양의 사진을 요구했고, A양은 B씨를 믿고 자신의 얼굴 사진과 신체 일부 사진을 전송했다.

B씨는 A양이 보낸 사진을 빌미로 A양을 협박하기 시작했다. B씨는 "사진을 더 보내지 않으면 가족과 친구들에게 사진을 유포하겠다"고 협박하며 A양에게 노출 사진과 성관계 영상을 요구했다. A양은 두려움에 떨며 B씨의 요구에 따랐고, B씨는 A양의 사진과 영상을 온라인에 유포하고 판매했다.

A양의 부모는 A양의 행동 변화를 수상하게 여기고 A양과 상담한 끝에 B씨의 범행 사실을 알게 되었고, 즉시 경찰에 신고했다. 경찰은 B씨의 IP 주소, 채팅 기록, 계좌 정보 등을 추적하여 B씨를 검거하고, B씨의 컴퓨터와 휴대폰에서 A양의 사진과 영상, 그리고 다른 미성년자들의 성착취물까지 발견했다.

상황 파악, 문제점 분석 및 해결 방안 발표 메모

상황 파악

- 15세 여중생 A, 랜덤채팅 앱, 남성 B와 친분
- B, A에게 다정, 고민 상담, 환심, 칭찬, 사진 요구
- A, B 믿고 얼굴/신체 일부 사진 전송
- B, 사진 빌미 협박("가족/친구 유포"), 노출 사진/성관계 영상 요구
- A, 두려움, B 요구 따름, B, A 사진/영상 온라인 유포/판매(온라인 그루밍, 성착취)
- A 부모, A 행동 변화, 상담, B 범행 인지, 경찰 신고
- 경찰, B IP/채팅 기록/계좌 추적, B 검거
- 경찰, B 컴퓨터/휴대폰, A 사진/영상, 다른 미성년자 성착취물 발견

문제점 분석

- **온라인 그루밍:** A 심리적 지배, 성착취 유도, 아동·청소년 대상 범죄
- **성착취물 제작/유포:** A 심각한 정신적 피해, 인격권/초상권/성적 자기 결정권 침해
- **B 범행:** 협박, 강요, 금전적 이득 추구
- **랜덤채팅 앱 위험성:** 익명성, 불특정 다수 접촉, 범죄 노출 쉬움
- **추가 피해자 가능성:** B, 다른 미성년자 대상 범행

해결 방안

- **B 엄정 처벌:** 구속 수사, 신상 정보 공개, 전자발찌 부착 등
- **A 피해 회복:** 심리 치료, 법률 지원, 경제적 지원, 사회 복귀 지원
- **성착취물 삭제/차단:** 방송통신심의위원회, 인터넷 사업자 협조, 기술적 조치
- **랜덤채팅 앱 규제:** 본인 확인 절차 강화, 불법 행위 모니터링 강화, 신고 시스템 구축
- **온라인 그루밍 예방:** 교육/홍보 강화, 인식 개선, 청소년 보호
- **추가 피해자 확인:** B 컴퓨터/휴대폰 디지털 포렌식, 여죄 수사
- **관련 법규 적용:** 아동·청소년의 성보호에 관한 법률(성착취물 제작/유포 등)

발표문

상황 파악

본 상황은 15세 여중생 A양이 랜덤채팅 앱을 통해 알게 된 남성 B씨에게 온라인 그루밍을 당하고, 성착취물 제작 및 유포 피해를 입은 사건입니다. B씨는 A양에게 다정하게 접근하여 환심을 산 후, 사진을 요구하고 이를 빌미로 협박하여 노출 사진과 성관계 영상을 촬영하도록 강요했습니다. B씨는 A양의 사진과 영상을 온라인에 유포하고 판매했으며, A양의 부모는 A양의 행동 변화를 통해 범행 사실을 인지하고 경찰에 신고했습니다. 경찰은 B씨를 검거하고, B씨의 컴퓨터와 휴대폰에서 A양의 사진과 영상 외에 다른 미성년자들의 성착취물까지 발견했습니다.

문제점 분석 및 해결 방안

첫째, 온라인 그루밍은 아동·청소년을 심리적으로 지배하여 성착취를 유도하는 심각한 범죄입니다.

해결 방안: B씨에 대한 구속 수사, 신상 정보 공개, 전자발찌 부착 등 엄정한 처벌이 필요합니다.

둘째, 성착취물 제작 및 유포는 피해자에게 회복하기 어려운 정신적 피해를 입히고, 인격권, 초상권, 성적 자기 결정권을 침해합니다.

해결 방안: 피해자 A양에게 심리 치료, 법률 지원, 경제적 지원, 사회 복귀 지원 등 다각적인 지원을 제공해야 합니다.

셋째, B씨는 A양을 협박하고 강요하여 성착취물을 제작하고, 이를 유포하여 금전적 이득까지 취했습니다.

해결 방안: 방송통신심의위원회, 인터넷 사업자와 협조하여 성착취물을 신속하게 삭제하고 차단하며, 기술적 조치를 통해 재유포를 방지해야 합니다.

넷째, 랜덤채팅 앱은 익명성과 불특정 다수와의 접촉으로 인해 범죄에 취약합니다.

해결 방안: 랜덤채팅 앱에 대한 규제를 강화하고, 본인 확인 절차 강화, 불법 행위 모니터링 강화, 신고 시스템 구축 등 제도적 개선이 필요합니다.

다섯째, B씨의 컴퓨터와 휴대폰에서 다른 미성년자들의 성착취물이 발견되어 추가 피해자가 있을 가능성이 높습니다.

해결 방안: B씨의 컴퓨터와 휴대폰에 대한 디지털 포렌식을 실시하고, 여죄를 철저하게 수사하여 추가 피해자를 확인해야 합니다. 장기적으로는 온라인 그루밍 예방을 위한 교육 및 홍보를 강화하고, 청소년 보호를 위한 사회적 안전망을 구축해야 합니다. 또한, 아동·청소년의 성보호에 관한 법률(성착취물 제작/유포 등)을 적용하여 엄중하게 처벌해야 합니다.

1. 아동·청소년의 성보호에 관한 법률(아청법)상 온라인 그루밍 처벌 조항은 무엇입니까?

답변: 아청법 제15조의2에 따라 아동·청소년의 성착취를 목적으로 성적 욕망을 유발하거나 만족시킬 목적으로 대화를 지속하는 등 아동·청소년을 유인하거나 권유하는 행위는 3년 이하의 징역 또는 3천만원 이하의 벌금에 처해집니다.

2. 아청법상 성착취물 제작 및 유포죄의 법정형은 어떻게 됩니까?

답변: 아청법 제11조에 따라 아동·청소년성착취물을 제작·수입 또는 수출한 자는 무기징역 또는 5년 이상의 유기징역에 처해집니다. 영리를 목적으로 아동·청소년성착취물을 판매·대여·배포·제공하거나 이를 목적으로 소지·운반·광고·소개하거나 공연히 전시 또는 상영한 자는 5년 이상의 징역에 처해집니다.

3. 온라인 그루밍의 특징은 무엇입니까?

답변: 온라인 그루밍은 가해자가 피해 아동·청소년에게 친밀감을 형성하고, 신뢰를 얻은 후, 점차적으로 성적인 요구를 하며, 성착취를 목적으로 하는 범죄입니다. 주로 온라인 공간(채팅 앱, SNS, 게임 등)에서 발생하며, 피해자는 가해자에게 심리적으로 종속되어 피해 사실을 인지하지 못하거나 신고하지 못하는 경우가 많습니다.

4. 랜덤채팅 앱의 문제점은 무엇입니까?

답변: 익명성을 기반으로 운영되어 불특정 다수와 쉽게 연결될 수 있고, 본인 확인 절차가 미흡하여 가해자가 신분을 위장하기 쉬우며, 불법 행위에 대한 모니터링 및 신고 시스템이 부족하여 범죄에 취약합니다.

5. 디지털 성범죄 피해자 지원에는 어떤 것들이 있습니까?

답변: 심리 상담 지원, 법률 지원, 의료 지원, 경제적 지원, 불법 촬영물 삭제 지원, 신변 보호 조치, 사회 복귀 지원 등이 있습니다.

6. 디지털 성범죄 예방을 위해 경찰이 할 수 있는 일은 무엇입니까?

답변: 온라인 그루밍 및 성착취물 제작·유포 행위 단속 강화, 온라인 플랫폼 모니터링 강화, 디지털 성범죄 예방 교육 및 홍보, 불법 촬영 기기 판매 규제, 피해자 지원 강화 등을 통해 디지털 성범죄 예방에 힘쓸 수 있습니다.

7. 온라인 플랫폼 사업자의 책임은 무엇입니까?

답변: 온라인 플랫폼 사업자는 불법 촬영물 및 성착취물 유통 방지 및 삭제/차단 의무, 불법 촬영물 필터링 기술 적용 의무, 불법 촬영물 신고 시스템 구축 의무, 이용자 보호 조치 의무 등을 가집니다.

8. B씨가 A양에게 성적인 사진을 요구한 행위만으로도 처벌할 수 있습니까?

답변: 아청법 제15조의2(온라인 그루밍)에 따라 처벌할 수 있습니다.

9. B씨가 A양의 사진과 영상을 유포하지 않았더라도 처벌할 수 있습니까?

답변: A양의 동의 없이 사진과 영상을 촬영하고 소지한 행위만으로도 성폭력처벌법(카메라등이용촬영) 또는 아청법(성착취물 제작) 위반으로 처벌할 수 있습니다.

10. 디지털 성범죄 수사 시 경찰관으로서 가장 중요하게 생각해야 할 가치는 무엇입니까?

답변: 피해자의 인권과 안전 보호, 정의 실현, 신속한 범인 검거, 2차 피해 방지, 디지털 증거 확보 및 보존 등이 중요합니다.

11. 온라인 그루밍 예방을 위해 어떤 노력이 필요하다고 생각하십니까?

답변: 청소년 대상 온라인 안전 교육 강화, 부모 대상 교육 및 정보 제공, 랜덤채팅 앱 등 위험 플랫폼에 대한 규제 강화, 온라인 그루밍 신고 시스템 활성화, 가해자 처벌 강화 등 다각적인 노력이 필요합니다.

12. A양의 부모에게 어떤 조언을 해 줄 수 있습니까?

답변: A양의 심리적 안정을 위해 지지하고 격려하며, 전문가의 도움(심리 상담, 치료 등)을 받을 수 있도록 안내해야 합니다. 또한, A양의 잘못이 아니라는 점을 강조하고, 2차 피해를 예방하기 위해 A양의 신상 정보 보호에 유의해야 합니다.

13. B씨의 컴퓨터와 휴대폰에서 다른 미성년자들의 성착취물이 발견되었다면, 어떻게 해야 합니까?

답변: 추가 피해자를 확인하고, B씨를 상대로 여죄를 철저하게 수사해야 합니다.

14. B씨가 범행을 부인하고, 증거가 불충분하다면 어떻게 해야 합니까?

답변: 추가적인 증거 확보를 위해 노력해야 합니다. B씨의 통화 기록, 문자 메시지, 인터넷 접속 기록 등을 분석하고, A양의 진술을 보강할 수 있는 증거(목격자 진술, 주변 CCTV 영상 등)를 확보해야 합니다. 필요하다면 거짓말탐지기 검사, 프로파일러 면담 등을 실시할 수 있습니다.

상황 자료: "사랑과 폭력 사이, 엇갈린 진술"

20대 여성 A씨는 최근 데이트 상대였던 남성 B씨로부터 성폭행을 당했다며 경찰에 신고했다. A씨는 B씨와 몇 달 전 소개팅으로 만나 데이트를 해 왔고, 사건 당일 B씨의 집에서 함께 술을 마시다가 B씨가 강제로 성폭행했다고 주장했다.

B씨는 경찰 조사에서 A씨와의 성관계는 합의하에 이루어진 것이라며 혐의를 부인했다. B씨는 A씨와 연인 관계였고, 평소에도 자연스럽게 스킨십을 해 왔으며, 사건 당일에도 A씨가 먼저 적극적으로 스킨십을 유도했다고 주장했다.

경찰은 A씨와 B씨의 진술이 엇갈리는 상황에서, 객관적인 증거 확보를 위해 노력했다. A씨의 몸에서 B씨의 DNA를 채취하고, 사건 당일 A씨와 B씨가 함께 있었던 B씨의 집을 수색하여 침대 시트, 옷가지 등 증거물을 수집했다. 또한, A씨와 B씨의 휴대폰 통화 기록 및 문자 메시지, SNS 대화 내용을 분석하고, 사건 당일 A씨와 B씨를 목격한 사람이 있는지 확인하기 위해 주변 CCTV 영상 및 탐문 수사를 진행했다.

A씨는 사건 이후 심각한 정신적 고통을 호소하며 정신과 치료를 받고 있으며, B씨와의 관계를 완전히 정리하고 싶어한다.

상황 파악, 문제점 분석 및 해결 방안 발표 메모

상황 파악

- 20대 여성 A, 데이트 상대 남성 B에게 성폭행 당했다며 신고
- A, B와 몇 달 전 소개팅, 데이트, 사건 당일 B 집, 술, B 강제 성폭행 주장
- B, 경찰 조사, 합의된 성관계 주장, 혐의 부인, A와 연인 관계, 평소 스킨십, A가 먼저 유도 주장
- 경찰, A/B 진술 엇갈림, 객관적 증거 확보 노력
- 경찰, A 몸(B DNA 채취), B 집 수색(침대 시트, 옷가지 등 증거물 수집)
- 경찰, A/B 휴대폰(통화 기록, 문자, SNS) 분석, 주변 CCTV/탐문(목격자 확인)
- A, 사건 후 정신적 고통, 정신과 치료, B와 관계 정리 희망

문제점 분석

- **데이트 성폭력:** A 성적 자기 결정권 침해, 신체/정신적 피해
- **엇갈리는 진술:** A(강제 성폭행), B(합의된 성관계), 진실 규명 어려움
- **증거 확보 중요성:** DNA, CCTV, 휴대폰, 목격자 등
- **A 2차 피해:** 수사 과정, 주변 시선, 정신적 고통
- **B 무고 가능성:** 허위 신고,무고죄

해결 방안

- **A 보호/지원:** 신변 보호, 심리 상담, 의료 지원, 법률 지원
- **객관적 증거 확보:** DNA 감정, CCTV 분석, 휴대폰 포렌식, 목격자 확보
- **A/B 진술 분석:** 진술 일관성, 구체성, 신빙성 판단
- **거짓말탐지기 검사:** A/B 동의 하에, 진술 진위 확인(참고 자료)
- **프로파일링:** A/B 심리 상태, 관계 분석, 범행 동기 추정
- **추가 조사:** A/B 과거 성범죄 이력, 주변인 진술
- **법률 검토:** 강간죄, 준강간죄 등 적용 가능성 검토

발표문

상황 파악

본 상황은 20대 여성 A씨가 데이트 상대였던 남성 B씨로부터 성폭행을 당했다며 경찰에 신고한 사건입니다. A씨는 B씨의 집에서 함께 술을 마시다가 B씨로부터 강제로 성폭행을 당했다고 주장하는 반면, B씨는 합의하에 이루어진 성관계였다며 혐의를 부인하고 있습니다. 경찰은 A씨와 B씨의 엇갈리는 진술 속에서 객관적인 증거를 확보하기 위해 A씨의 몸에서 B씨의 DNA를 채취하고, B씨의 집을 수색하여 증거물을 수집했습니다. 또한, A씨와 B씨의 휴대폰 통화 기록 및 문자 메시지, SNS 대화 내용을 분석하고, 주변 CCTV 영상 및 탐문 수사를 진행하고 있습니다.

문제점 분석 및 해결 방안

첫째, 데이트 성폭력은 피해자의 성적 자기 결정권을 침해하고, 신체적, 정신적으로 심각한 피해를 야기하는 범죄입니다.

해결 방안: 피해자 A씨의 신변을 보호하고, 심리 상담, 의료 지원, 법률 지원 등 필요한 지원을 제공해야 합니다.

둘째, A씨와 B씨의 진술이 엇갈리고 있어 진실을 규명하기 어렵습니다.

해결 방안: A씨의 몸에서 채취한 B씨의 DNA, B씨의 집에서 수집한 증거물 등을 국립과학수사연구원에 감정 의뢰하고, CCTV 영상 분석, 휴대폰 포렌식, 목격자 확보 등 객관적인 증거를 최대한 확보해야 합니다.

셋째, 어느 한 쪽의 진술이 허위일 가능성을 배제할 수 없습니다.

해결 방안: A씨와 B씨의 진술의 일관성, 구체성, 신빙성을 면밀하게 분석하고, 필요하다면 거짓말탐지기 검사를 실시하여 진술의 진위를 확인해야 합니다.

넷째, 이들의 관계와 평소 성향을 파악해야 합니다.

해결 방안: 프로파일링을 통해 A씨와 B씨의 심리 상태, 관계를 분석하고, 범행 동기를 추정해야 합니다. 또한, A씨와 B씨의 과거 성범죄 이력을 확인하고, 주변인 진술을 확보하는 등 추가 조사를 진행해야 합니다.

다섯째, 2차 피해를 막아야 합니다.

해결 방안: 강간죄, 준강간죄 등 적용 가능한 법률을 검토하고, A씨의 피해 정도, B씨의 범행 동기, 증거 등을 종합적으로 고려하여 B씨에 대한 구속영장 신청 여부를 결정해야 합니다. 또한, A씨가 수사 과정에서 2차 피해를 입지 않도록 신중하게 수사를 진행해야 합니다.

질의응답

1. 강간죄와 준강간죄의 차이점은 무엇입니까?

답변: 강간죄는 폭행 또는 협박으로 사람을 강간한 경우에 성립하며, 3년 이상의 유기징역에 처해집니다. 준강간죄는 사람의 심신상실 또는 항거불능의 상태를 이용하여 간음한 경우에 성립하며, 강간죄와 동일하게 처벌됩니다.

2. 데이트 성폭력의 특징은 무엇입니까?

답변: 데이트 성폭력은 아는 사람에 의해 발생하는 경우가 많고, 가해자가 연인 관계를 주장하며 범행을 부인하는 경우가 많습니다. 또한, 피해자가 심리적인 충격으로 인해 적극적으로 신고하지 못하는 경우도 많습니다.

3. 데이트 성폭력 발생 시 피해자가 대처할 수 있는 방법은 무엇입니까?

답변: 즉시 112에 신고하고, 증거 보존을 위해 씻거나 옷을 갈아입지 않고, 병원(성폭력 피해자 지원센터)에 방문하여 진료를 받고 증거 채취를 해야 합니다. 또한, 상담 기관(여성긴급전화 1366, 성폭력 상담소 등)에 연락하여 심리 상담 및 법률 지원을 받을 수 있습니다.

4. 데이트 성폭력 수사 시 경찰관이 유의해야 할 점은 무엇입니까?

답변: 피해자의 심리 상태를 고려하여 신중하게 접근하고, 2차 피해가 발생하지 않도록 주의해야 합니다. 또한, 객관적인 증거를 확보하고, 가해자의 진술에만 의존하지 않고, 피해자의 진술을 경청하며, 사건의 진실을 밝히기 위해 노력해야 합니다.

5. 데이트 성폭력 예방을 위해 어떤 노력이 필요합니까?

답변: 성폭력 예방 교육 강화, 데이트 상대방에 대한 존중과 배려 교육, 성 평등 의식 함양, 건강한 데이트 문화 조성, 피해자 지원 시스템 강화 등이 필요합니다.

6. A씨와 B씨의 진술이 엇갈리는 상황에서, 진실을 밝히기 위해 어떤 수사 기법을 활용할 수 있습니까?

답변: 거짓말탐지기 검사, 프로파일링, 최면 수사, 주변인 탐문, 통신 수사, CCTV 영상 분석, 현장 재구성 등 다양한 수사 기법을 활용할 수 있습니다.

7. 거짓말탐지기 검사의 법적 증거 능력은 어떻게 됩니까?

답변: 거짓말탐지기 검사 결과는 직접적인 증거로 사용될 수 없고, 참고 자료로만 활용될 수 있습니다.

8. 프로파일러는 데이트 성폭력 수사에서 어떤 역할을 할 수 있습니까?

답변: 프로파일러는 가해자와 피해자의 심리 상태, 관계, 범행 동기 등을 분석하고, 가해자의 성격, 행동 패턴, 범행 수법 등을 파악하여 수사 방향을 제시하고, 신문 전략을 수립하는 데 도움을 줄 수 있습니다.

9. A씨가 B씨를 무고했을 가능성도 배제할 수 없는데, 이 경우 어떻게 수사해야 합니까?

답변: A씨의 무고 가능성도 염두에 두고, 객관적인 증거를 중심으로 수사를 진행해야 합니다. A씨의 진술의 신빙성을 면밀하게 검토하고, B씨의 알리바이, 주변인 진술 등을 확인하여 A씨의 무고 혐의를 입증할 수 있는 증거를 확보해야 합니다.

10. B씨가 A씨와 합의하에 성관계를 가졌다고 주장하며, A씨가 먼저 적극적으로 스킨십을 유도했다고 주장하는 상황에서, 어떤 점을 추가적으로 조사해야 합니까?

답변: A씨와 B씨의 평소 관계, 성격, 사건 당일 A씨의 옷차림, 술자리 분위기, A씨와 B씨의 카카오톡 대화 내용, 문자 메시지 내용, 주변 사람들의 진술 등을 추가적으로 조사하여 A씨의 주장의 진위 여부를 확인해야 합니다.

11. 데이트 성폭력 사건 수사 시 경찰관으로서 가장 중요하게 생각해야 할 가치는 무엇입니까?

답변: 피해자의 인권과 안전 보호, 정의 실현, 진실 규명, 2차 피해 방지, 객관적이고 공정한 수사 등이 중요합니다.

12. A씨가 사건 이후 외상 후 스트레스 장애(PTSD) 증상을 보인다면, 어떤 지원을 제공해야 합니까?

답변: 전문적인 심리 상담 및 치료를 받을 수 있도록 지원하고, 필요하다면 정신과 진료를 연계해야 합니다. 또한, A씨의 심리적 안정을 위해 가족, 친구 등 주변 사람들에게 지지와 격려를 부탁하고, A씨가 일상생활로 복귀할 수 있도록 지자체와 협력이 필요합니다.

13. B씨가 A씨에게 "사랑해서 그랬다"고 주장하면 어떻게 대응해야 합니까?

답변: "사랑"이라는 말로 성폭력을 정당화할 수 없다는 점을 B씨에게 명확하게 인지시키고, B씨의 행동이 A씨에게 심각한 피해를 입힌 범죄 행위임을 강조해야 합니다. B씨의 주장에 현혹되지 않고, 객관적인 증거를 바탕으로 수사를 진행해야 합니다.

14. 데이트 성폭력 예방을 위해 어떤 노력을 할 수 있을까요?

답변: 건강한 데이트 관계에 대한 교육, 성인지 감수성 향상 교육, 성폭력 예방 교육, 데이트 폭력 신고 절차 안내, 피해자 지원 시스템 홍보 등을 통해 데이트 성폭력을 예방할 수 있습니다. 또한, 사회 전반적으로 성 평등 문화를 확산하고, 성폭력에 대한 잘못된 인식을 개선하는 노력이 필요합니다.

상황 자료: "밤길 여성 안전, 골든타임을 사수하라!"

늦은 밤, 한 여성이 귀가 중 어두운 골목길에서 불안감을 느껴 112에 신고했다. 신고자는 "누군가 따라오는 것 같다"며 떨리는 목소리로 도움을 요청했다. 관할 지구대 순찰차 2대가 즉시 출동했으나, 신고자의 정확한 위치 파악에 어려움을 겪었다. 신고자는 극도의 공포감에 휩싸여 자신의 위치를 제대로 설명하지 못했고, 주변 건물이나 지형지물을 묻는 경찰관의 질문에도 횡설수설했다.

결국 경찰은 신고 접수 후 15분이 지나서야 현장에 도착했다. 그러나 이미 신고자는 성폭행 피해를 당한 후였다. 현장에 도착한 경찰관들은 피해자를 발견하고 즉시 병원으로 이송했지만, 피해자는 심각한 신체적, 정신적 상처를 입었다.

이 사건은 언론에 대대적으로 보도되면서 경찰의 초동 대응에 대한 비판 여론이 거세게 일었다.

언론 비판 1: "경찰, 15분 만에 현장 도착… 골든타임 놓쳤다"는 제목으로 경찰의 늑장 대응을 질타했다. 신고자의 위치 파악 시스템 부재와 경찰관의 미숙한 대처를 지적했다.

언론 비판 2: "CCTV 사각지대, 범죄 무방비… 예견된 참사였다"는 제목으로 범죄 취약 지역에 대한 경찰의 예방 순찰 부족과 CCTV 설치 미흡 문제를 비판했다.

시민 불만 1: 불안에 떨던 한 시민은 "신고해도 소용없다. 경찰은 범죄 발생 후에나 나타난다"며 경찰의 늑장 대응에 분노를 표현했다.

시민 불만 2: 다른 시민은 "세금이 아깝다. 경찰은 도대체 뭘 하고 있나? 범죄 예방은 뒷전이고 뒷북만 친다"며 경찰의 무능함을 비판했다.

이러한 상황에서 경찰은 신뢰 회복을 위한 특단의 대책 마련이 시급하다. 특히, 신고자의 정확한 위치 파악 시스템 구축, 범죄 취약 지역에 대한 순찰 강화 및 CCTV 설치 확대, 경찰관의 현장 대응 능력 향상 등이 요구된다. 또한, 피해자 보호 및 지원 체계 강화, 시민과의 소통 확대를 통한 신뢰 회복 노력도 필요하다.

상황 파악, 문제점 분석 및 해결 방안 발표 메모

상황 파악

- 늦은 밤 여성 112 신고(누군가 따라옴, 불안감 호소)
- 경찰 출동, 신고자 위치 파악 어려움(공포감에 횡설수설)
- 15분 후 현장 도착, 이미 성폭행 피해 발생
- 언론, 경찰 초동 대응 비판(늑장 대응, 시스템 부재, 예방 순찰 부족)
- 시민, 경찰 불신(늑장 대응, 무능함)

문제점 분석

- **신고자 위치 파악 시스템 미흡:** 신고자가 정확한 위치 설명 불가 시 위치 파악 어려움
- **현장 경찰관 대응 능력 부족:** 신고자 심리적 안정 유도, 주변 정보 활용 미숙
- **범죄 취약 지역 관리 부실:** CCTV 부족, 순찰 미흡
- **피해자 보호 및 지원 체계 미흡:** 사건 발생 후 2차 피해 예방 노력 부족
- **경찰-시민 간 소통 부재:** 경찰 대응에 대한 불신 심화

해결 방안

- **위치 파악 시스템 고도화:** 신고 즉시 위치 추적, 앱 개발, 건물/지형지물 데이터베이스 구축
- **현장 경찰관 교육 강화:** 위기 상황 대처, 심리 안정 유도, 주변 정보 활용 훈련
- **범죄 취약 지역 집중 관리:** CCTV 확충, 순찰 강화, 범죄 예방 환경 설계(CPTED)
- **피해자 보호 및 지원 강화:** 심리 상담, 법률 지원, 안전 가옥 제공, 2차 피해 방지
- **시민과의 소통 확대:** 경찰 활동 적극 홍보, 주민 간담회, 온라인 소통 채널 운영

발표문

상황 파악

본 상황은 늦은 밤 귀가하던 여성이 불안감을 느껴 112에 신고했으나, 경찰의 늦은 현장 도착으로 인해 성폭행 피해를 입은 사건입니다. 언론은 경찰의 늑장 대응, 위치 파악 시스템 부재, 범죄 취약 지역 관리 소홀 등을 비판하고 있으며, 시민들은 경찰의 늑장 대응과 무능함에 대해 강한 불만을 제기하고 있습니다.

문제점 분석 및 해결 방안

첫째, 신고자의 정확한 위치 파악 시스템이 미흡합니다. 신고자가 공포감에 휩싸여 위치를 제대로 설명하지 못할 경우, 신속한 출동이 어렵습니다.

해결 방안: 신고 즉시 위치 추적이 가능한 시스템을 고도화하고, 신고자가 쉽게 사용할 수 있는 안전 앱을 개발해야 합니다. 또한, 건물 및 지형지물 데이터베이스를 구축하여 경찰관이 현장 정보를 신속하게 파악할 수 있도록 지원해야 합니다.

둘째, 현장 경찰관의 위기 상황 대응 능력이 부족합니다. 신고자의 심리적 안정을 유도하고, 주변 정보를 적극적으로 활용하는 훈련이 미흡했습니다.

해결 방안: 위기 상황 대처, 심리 안정 유도, 주변 정보 활용 능력 향상을 위한 교육 및 훈련을 강화해야 합니다.

셋째, 범죄 취약 지역에 대한 관리가 부실합니다. CCTV 설치 부족, 순찰 미흡 등으로 인해 범죄 발생 위험이 높았습니다.

해결 방안: 범죄 취약 지역에 CCTV를 확충하고, 순찰을 강화해야 합니다. 또한, 범죄 예방 환경 설계(CPTED)를 통해 안전한 환경을 조성해야 합니다.

넷째, 피해자 보호 및 지원 체계가 미흡합니다.

해결 방안: 피해자에 대한 심리 상담, 법률 지원, 안전 가옥 제공 등 실질적인 지원을 강화하고, 2차 피해를 방지하기 위한 노력을 기울여야 합니다.

다섯째, 경찰과 시민 간의 소통이 부족하여 경찰에 대한 불신이 심화되고 있습니다.

해결 방안: 경찰 활동을 적극적으로 홍보하고, 주민 간담회, 온라인 소통 채널 운영 등을 통해 시민과의 소통을 확대해야 합니다.

질의응답

1. 상황 파악의 정확성을 위해 추가적으로 고려해야 할 점은 무엇이라고 생각하는가?

답변: 신고자의 연령, 성별, 신고 당시의 말투, 주변 소음 등을 종합적으로 고려하여 상황의 심각성을 판단해야 합니다. 또한, 신고자의 이전 신고 이력, 동일 지역 범죄 발생 빈도 등을 참고하여 위험도를 평가해야 합니다.

2. 상황을 포괄적으로 파악하기 위해 놓치지 말아야 할 부분은 무엇인가?

답변: 이번 사건이 단순한 개별 사건이 아니라, 사회 구조적 문제와 연관되어 있을 가능성을 염두에 두어야 합니다. 예를 들어, 늦은 시간 여성의 안전 귀가를 위한 사회적 지원 시스템 부족, 범죄 예방을 위한 지역 사회의 노력 부족 등을 함께 고려해야 합니다.

3. 신고자의 위치를 파악하기 위한 다른 방법은 무엇이 있을까?

답변: 통신사의 협조를 받아 기지국 위치를 추적하거나, 신고자의 스마트폰 GPS 정보를 활용할 수 있습니다. 또한, 신고자 주변의 와이파이 신호를 이용하여 위치를 파악하는 방법도 있습니다.

4. 현장 경찰관이 피해자를 돕기 위해 어떤 추가적인 조치를 할 수 있을까?

답변: 피해자의 심리적 안정을 위해 따뜻한 말과 격려를 건네고, 2차 피해 방지를 위해 안전한 장소로 이동시켜야 합니다. 또한, 여성 경찰관을 동행하여 피해자의 불안감을 줄이고, 필요한 경우 의료 지원을 즉시 제공해야 합니다.

5. 문제점 분석에서 가장 근본적인 원인은 무엇이라고 생각하는가?

답변: 범죄 예방 및 대응 시스템 전반의 문제라고 생각합니다. 신고 접수부터 출동, 현장 대응, 사후 관리까지 모든 단계에서 개선이 필요합니다.

6. 왜 이러한 문제점이 발생했다고 판단하는가?

답변: 인력 및 예산 부족, 시스템 미비, 교육 훈련 부족, 경찰과 시민 간의 소통 부재 등 복합적인 요인이 작용한 결과라고 생각합니다.

7. 문제라고 판단하는 이유는 무엇인가?

답변: 경찰의 존재 이유는 국민의 생명과 재산을 보호하는 것입니다. 그러나 이번 사건은 경찰이 그 역할을 제대로 수행하지 못했음을 보여 주기 때문입니다.

8. 위치 파악 시스템 고도화 외에 다른 해결 방안은 없는가?

답변: 경찰관의 현장 대응 능력 향상을 위한 교육 훈련 강화, 범죄 취약 지역 집중 관리, 피해자 보호 및 지원 체계 강화, 시민과의 소통 확대 등 다양한 해결 방안을 함께 추진해야 합니다.

9. 신고 즉시 위치 추적 시스템의 구체적인 작동 방식은 무엇인가?

답변: 신고자의 동의를 얻어 스마트폰 GPS, 와이파이, 기지국 정보 등을 복합적으로 활용하여 실시간 위

치를 추적하는 방식입니다.

10. 해결 방안 중 실현 가능성이 낮은 것은 무엇이며, 그 이유는 무엇인가?

답변: 단기적으로는 예산 확보의 어려움으로 인해 CCTV 확충, 순찰 인력 증원 등이 어려울 수 있습니다.

11. 시민들이 경찰의 해결 방안에 대해 어떤 반론을 제기할 수 있을까?

답변: "CCTV 설치는 사생활 침해의 우려가 있다", "경찰 인력 증원은 세금 낭비다", "경찰의 홍보 활동은 보여 주기식 행정이다" 등의 비판이 있을 수 있습니다.

12. CCTV 설치 확대에 따른 사생활 침해 우려에 대한 대응 방안은 무엇인가?

답변: CCTV 설치 시 반드시 주민 의견을 수렴하고, 설치 목적과 운영 방침을 투명하게 공개해야 합니다. 또한, 영상 정보 관리 및 감독을 강화하여 사생활 침해를 최소화해야 합니다.

13. 해결 방안 추진 시 예상되는 파급 효과는 무엇인가?

답변: 범죄율 감소, 시민 안전 체감도 향상, 경찰 신뢰 회복 등의 긍정적인 효과를 기대할 수 있습니다.

14. 예상되는 파급 효과에 대한 부정적 측면과 대응 방안은 무엇인가?

답변: CCTV 설치에 따른 사생활 침해 논란, 경찰력 집중으로 인한 다른 치안 서비스 약화 등의 문제가 발생할 수 있습니다. 이에 대한 충분한 사전 검토와 대비책 마련이 필요합니다.

 ## 가정폭력 사건 처리 – 사례 1: 자녀 동반 가정폭력 피해자 보호 시설 입소 지원

상황 자료: "아이들과 함께, 폭력의 굴레에서 벗어나…"

밤 10시경, 30대 여성 A씨가 5세, 7세 두 자녀와 함께 다급하게 파출소로 뛰어 들어왔다. A씨는 얼굴과 팔에 멍이 들어 있었고, 옷은 찢어져 있었으며, 아이들은 겁에 질려 울고 있었다. A씨는 "남편이 술에 취해 자신과 아이들을 때렸다. 너무 무서워서 집에서 도망쳐 나왔다"고 진술했다.

경찰관은 즉시 A씨와 아이들을 안정시키고, A씨의 남편 B씨에게 전화를 걸어 파출소로 출석할 것을 요구했다. 하지만 B씨는 전화를 받지 않았다. 경찰은 A씨의 진술을 토대로 B씨를 가정폭력 가해자로 특정하고, A씨에게 피해자 지원 제도(상담, 의료 지원, 법률 지원, 보호 시설 입소 등)를 안내했다.

A씨는 "집으로 돌아가면 남편에게 또 맞을까 봐 너무 무섭다. 아이들도 걱정된다"며 보호 시설 입소를 희망했다. 경찰은 A씨와 아이들의 안전을 위해 즉시 가정폭력 피해자 보호 시설에 연락하여 입소가 가능한지 확인했다. 다행히 입소가 가능하다는 답변을 받았고, 경찰은 A씨와 아이들을 순찰차에 태워 보호 시설로 안전하게 이동시켰다.

다음 날, 경찰은 B씨를 체포하여 조사하고, A씨의 진술, 현장 증거, B씨의 과거 가정폭력 전력 등을 토대로 B씨를 가정폭력처벌법 위반 혐의로 입건했다.

상황 파악, 문제점 분석 및 해결 방안 발표 메모

상황 파악

- 밤 10시, 30대 여성 A, 5세/7세 자녀와 파출소 방문
- A, 얼굴/팔 멍, 옷 찢어짐, 아이들 울음
- A, "남편(B) 술 취해 자신/아이들 폭행, 무서워서 도망"
- 경찰, A/아이들 안정, B에게 전화, B 불응
- 경찰, A 진술, B 가정폭력 가해자 특정, 피해자 지원 제도 안내
- A, "집 무섭다, 아이들 걱정", 보호 시설 입소 희망
- 경찰, 가정폭력 피해자 보호 시설 연락, 입소 가능 확인
- 경찰, A/아이들 순찰차, 보호 시설 안전 이동
- 다음 날, 경찰, B 체포/조사, A 진술/현장 증거/B 과거 전력, B 입건

문제점 분석

- **가정폭력:** A/아이들 신체/정신 피해, 안전 위협
- **B의 폭력성:** 술 문제, 상습적 폭력, 재발 위험
- **아동 학대:** 자녀 신체/정서적 학대, 성장 발달 저해
- **A의 두려움:** B 보복, 자녀 안전, 경제적 어려움
- **가정폭력 은폐:** A/아이들 장기간 피해, 외부 도움 요청 어려움

해결 방안

- **A/아이들 안전 확보:** 보호 시설 입소, B 접근 금지(최우선)
- **B 신속 검거/처벌:** 체포, 구속영장 신청, 엄정 수사
- **A 피해 회복:** 심리 상담, 의료 지원, 법률 지원, 경제적 지원
- **아이들 보호:** 심리 치료, 교육 지원, 안전한 환경 제공
- **가정폭력 재발 방지:** B 교정/치료, A/아이들 지속적 지원
- **유관기관 협력:** 가정폭력 상담소, 아동보호전문기관, 여성긴급전화 1366 등

상황 파악

　본 상황은 밤늦은 시간, 30대 여성 A씨가 5세, 7세 두 자녀와 함께 남편 B씨의 가정폭력을 피해 파출소로 피신한 사건입니다. A씨는 얼굴과 팔에 멍이 들고 옷이 찢어진 채로 아이들과 함께 파출소로 뛰어 들어왔고, "남편이 술에 취해 자신과 아이들을 때렸다"며 도움을 요청했습니다. 경찰은 A씨와 아이들을 안정시키고, A씨의 진술을 토대로 B씨를 가정폭력 가해자로 특정했습니다. A씨는 남편의 보복과 아이들의 안전을 걱정하며 보호 시설 입소를 희망했고, 경찰은 A씨와 아이들을 안전하게 보호 시설로 이동시켰습니다. 다음 날, 경찰은 B씨를 체포하여 조사하고, A씨의 진술, 현장 증거, B씨의 과거 가정폭력 전력 등을 토대로 B씨를 가정폭력처벌법 위반 혐의로 입건했습니다.

문제점 분석 및 해결 방안

　첫째, A씨와 아이들은 B씨의 가정폭력으로 인해 신체적, 정신적으로 심각한 피해를 입었으며, 안전이 위협받는 상황입니다.

　해결 방안: A씨와 아이들의 안전을 확보하기 위해 가정폭력 피해자 보호 시설에 즉시 입소하도록 조치했습니다.

　둘째, B씨는 술에 취해 상습적으로 폭력을 행사하는 것으로 보이며, 재범 위험성이 매우 높습니다.

　해결 방안: B씨를 신속하게 검거하고, 구속영장 신청을 검토하는 등 엄정한 수사를 통해 처벌해야 합니다.

　셋째, A씨는 남편의 폭력으로 인해 극심한 두려움을 느끼고 있으며, 경제적 어려움, 자녀 양육 문제 등 복합적인 어려움에 직면해 있습니다.

　해결 방안: A씨에게 심리 상담, 의료 지원, 법률 지원, 경제적 지원 등 필요한 지원을 제공하고, 피해 회복을 위해 노력해야 합니다.

　넷째, A씨의 자녀들은 가정폭력을 직접 목격하고, 신체적, 정서적 학대를 당했을 가능성이 높습니다. 이는 아이들의 성장 발달에 심각한 악영향을 미칠 수 있습니다.

　해결 방안: 아이들에게 심리 치료, 교육 지원 등 필요한 지원을 제공하고, 안전한 환경에서 성장할 수 있도록 보호해야 합니다.

　다섯째, 가정폭력은 재발 가능성이 높고, 가족 구성원 모두에게 심각한 상처를 남기는 범죄입니다.

　해결 방안: B씨에 대한 교정 및 치료 프로그램을 통해 재범을 방지하고, A씨와 아이들에게 지속적인 지원을 제공해야 합니다. 또한, 가정폭력 상담소, 아동보호전문기관, 여성긴급전화 1366 등 유관기관과의 협력을 강화해야 합니다.

질의응답

1. 가정폭력 피해자 보호 시설은 어떤 곳이며, 어떤 지원을 제공합니까?

답변: 가정폭력 피해자 보호 시설은 가정폭력 피해자와 그 가족에게 임시 보호, 숙식 제공, 심리 상담, 의료 지원, 법률 지원, 자립 지원 등을 제공하는 시설입니다.

2. 가정폭력 피해자 보호 시설 입소 절차는 어떻게 됩니까?

답변: 가정폭력 피해자는 경찰(112), 여성긴급전화 1366, 가정폭력 상담소 등에 연락하여 보호 시설 입소를 요청할 수 있습니다. 경찰은 피해자의 의사를 확인하고, 보호 시설에 연락하여 입소 가능 여부를 확인한 후, 피해자를 보호 시설로 안전하게 이동시킵니다.

3. 가정폭력 피해자 보호 시설 입소 기간은 얼마나 됩니까?

답변: 가정폭력 피해자 보호 시설의 입소 기간은 단기(최대 6개월), 중장기(최대 2년)로 구분됩니다. 피해자의 상황과 필요에 따라 입소 기간이 결정됩니다.

4. B씨에게 어떤 법적 조치를 취할 수 있습니까?

답변: 가정폭력처벌법에 따라 폭행, 상해, 협박, 주거침입 등 혐의를 적용하여 형사 입건하고, 구속영장 신청을 검토할 수 있습니다. 또한, 법원에 임시 조치(접근 금지, 퇴거 등)를 신청할 수 있습니다.

5. A씨의 자녀들에게 아동 학대 혐의를 적용할 수 있습니까?

답변: B씨가 A씨의 자녀들에게 직접적인 폭력을 행사했거나, A씨에 대한 폭력을 목격하게 하는 등 정서적 학대를 가했다면 아동 학대 혐의를 적용할 수 있습니다.

6. 아동 학대 신고 의무자는 누구입니까?

답변: 아동복지법에 따라 교사, 의사, 사회복지사, 경찰관 등은 직무상 아동 학대를 알게 된 경우 즉시 신고해야 할 의무가 있습니다.

7. 아동 학대 사건 처리 절차는 어떻게 됩니까?

답변: 신고 접수, 현장 출동, 피해 아동 보호, 가해자 조사, 아동보호전문기관 연계, 사후 관리 등의 절차로 진행됩니다.

8. 가정폭력 사건에서 자녀의 진술은 어떻게 확보하고, 신빙성은 어떻게 판단합니까?

답변: 자녀의 연령, 발달 수준, 심리 상태 등을 고려하여 편안하고 안전한 환경에서 진술을 청취하고, 진술 분석 전문가의 도움을 받을 수 있습니다. 자녀의 진술의 일관성, 구체성, 다른 증거와의 부합 여부 등을 종합적으로 고려하여 신빙성을 판단합니다.

9. A씨가 B씨와 이혼을 원할 경우, 어떤 도움을 줄 수 있습니까?

답변: 이혼 절차, 재산 분할, 위자료, 양육권 등 관련 법률 정보를 제공하고, 변호사나 법률구조공단 등 법률 전문가의 도움을 받을 수 있도록 안내할 수 있습니다.

10. 가정폭력 재발 방지를 위해 어떤 노력을 해야 합니까?

답변: 가해자 교정 프로그램, 상담 치료, 피해자 보호 및 지원, 가정폭력 예방 교육, 사회적 인식 개선 등 다각적인 노력이 필요합니다.

11. 가정폭력 사건 수사 시 경찰관으로서 가장 중요하게 생각해야 할 가치는 무엇입니까?

답변: 피해자와 그 가족의 안전과 인권 보호, 가정폭력 근절, 재범 방지, 법 집행의 공정성 등이 중요합니다.

12. A씨가 B씨의 보복을 두려워하면 어떻게 해야 합니까?

답변: A씨를 112 긴급신변보호 대상자로 등록하고, 스마트워치를 지급하며, A씨의 주거지 주변 순찰을 강화하고, 필요하다면 임시 숙소를 제공하는 등 신변 보호 조치를 취해야 합니다. 또한, B씨에게 접근 금지 명령을 신청할 수 있습니다.

13. B씨가 A씨와 아이들에게 접근하지 못하도록 하는 방법은 무엇입니까?

답변: 법원에 임시 조치(접근 금지, 퇴거 등) 또는 피해자 보호 명령을 신청하여 B씨가 A씨와 아이들에게 접근하지 못하도록 할 수 있습니다.

14. 가정폭력 예방을 위해 경찰이 할 수 있는 일은 무엇입니까?

답변: 가정폭력 예방 교육 및 홍보, 가정폭력 위험 가정 방문 상담, 가정폭력 신고 활성화, 유관기관 협력 강화 등을 통해 가정폭력 예방에 힘쓸 수 있습니다.

상황 자료: "멍투성이 아이, 침묵 속에 감춰진 진실"

오후 2시경, 초등학교 교사 A씨로부터 "학생 B(8세, 남)의 몸에 멍 자국이 여러 군데 발견되었고, 최근 학교에 자주 지각하고, 수업 시간에 집중하지 못하며, 급격히 말수가 줄었다"는 아동학대 의심 신고가 접수되었다.

경찰은 즉시 학교를 방문하여 B군을 상담하고, B군의 몸에 있는 멍 자국을 확인했다. B군은 처음에 멍 자국에 대해 "넘어져서 다쳤다"고 말했지만, 경찰관이 차분하게 질문하고 안심시키자, "아빠가 때렸다"고 조심스럽게 털어놓았다.

경찰은 B군의 부모를 소환하여 조사했다. B군의 아버지 C씨는 "훈육 차원에서 몇 대 때린 적은 있지만, 학대는 아니다"라고 주장했다. 하지만 B군의 어머니 D씨는 "남편이 술만 마시면 B를 심하게 때리고, 자신에게도 폭언과 폭행을 일삼는다"고 진술했다.

경찰은 B군을 아동보호전문기관에 인계하여 심리 치료와 상담을 받도록 조치하고, C씨를 아동학대범죄의 처벌 등에 관한 특례법 위반 혐의로 입건했다. 또한, B군과 D씨의 안전을 위해 C씨에게 임시 조치(접근 금지, 친권 제한 등)를 신청했다.

상황 파악, 문제점 분석 및 해결 방안 발표 메모

상황 파악

- 오후 2시, 초등학교 교사 A, 아동학대 의심 신고(학생 B, 8세, 남)
- B 몸에 멍 자국, 최근 지각, 수업 집중 못함, 말수 감소
- 경찰, 학교 방문, B 상담, 멍 자국 확인
- B, 처음 "넘어져서 다침", 경찰 설득 후 "아빠가 때림" 진술
- 경찰, B 부모 소환 조사
- B 아버지 C, "훈육 차원, 학대 아님" 주장
- B 어머니 D, "남편 술 마시면 B 심하게 때림, 자신도 폭언/폭행 피해" 진술
- 경찰, B 아동보호전문기관 인계(심리 치료/상담)
- 경찰, C 아동학대처벌법 위반 혐의 입건, C에게 임시 조치(접근 금지, 친권 제한)

문제점 분석

- **아동학대:** B 신체적/정서적 학대, 성장 발달 저해, 인권 침해
- **C의 폭력성:** 훈육 빙자, 상습적 폭행, 재범 위험
- **가정폭력:** D 폭언/폭행 피해, 부부 관계 파탄, 가정 해체
- **B의 심리적 불안:** 학대 후유증, 트라우마, 정서적 문제
- **아동학대 은폐/축소:** C 부인, B 초기 진술 회피

해결 방안

- **B 긴급 보호:** 아동보호전문기관 연계, 안전한 환경 제공(최우선)
- **C 엄정 수사/처벌:** 아동학대, 가정폭력 혐의, 구속영장 신청 검토
- **D 보호/지원:** 가정폭력 피해자 지원, 심리 상담, 법률 지원
- **B 심리 치료/상담:** 학대 후유증 치료, 정서적 안정 회복
- **가정 회복:** C 교정/치료, 부부 상담, 가족 관계 개선
- **유관기관 협력:** 아동보호전문기관, 학교, 상담센터 등
- **아동학대 예방:** 교육/홍보 강화, 신고 의무자 교육, 사회적 인식 개선

발표문

상황 파악

본 상황은 초등학교 교사가 학생 B군의 몸에 멍 자국이 여러 군데 발견되고, 최근 학교생활에 어려움을 겪는 등 아동학대가 의심되어 경찰에 신고한 사건입니다. 경찰은 B군과의 상담을 통해 B군의 아버지 C씨로부터 폭행을 당했다는 진술을 확보하고, B군의 부모를 소환하여 조사했습니다. C씨는 훈육 차원이었다며 학대 혐의를 부인했지만, B군의 어머니 D씨는 남편의 상습적인 폭행 사실을 진술했습니다. 경찰은 B군을 아동보호전문기관에 인계하여 심리 치료와 상담을 받도록 조치하고, C씨를 아동학대범죄의 처벌 등에 관한 특례법 위반 혐의로 입건했습니다. 또한, B군과 D씨의 안전을 위해 C씨에게 임시 조치(접근 금지, 친권 제한 등)를 신청했습니다.

문제점 분석 및 해결 방안

첫째, B군은 아버지 C씨로부터 신체적, 정서적 학대를 당해 왔으며, 이는 B군의 성장 발달에 심각한 악영향을 미칠 수 있습니다.

해결 방안: B군을 아동보호전문기관에 연계하여 안전한 환경을 제공하고, 심리 치료와 상담을 통해 학대 후유증을 치유하고 정서적 안정을 회복할 수 있도록 지원해야 합니다.

둘째, C씨는 훈육을 빙자하여 B군에게 상습적인 폭력을 행사해 왔으며, 재범 위험성이 높습니다.

해결 방안: C씨를 아동학대 및 가정폭력 혐의로 엄정하게 수사하고 처벌해야 하며, 구속영장 신청을 검토해야 합니다.

셋째, B군의 어머니 D씨 또한 남편 C씨로부터 폭언과 폭행을 당해온 가정폭력 피해자입니다.

해결 방안: D씨에게 가정폭력 피해자 지원 프로그램을 안내하고, 심리 상담, 법률 지원 등 필요한 지원을 제공해야 합니다.

넷째, B군은 학대 사실을 처음에는 숨기려 했고, C씨는 자신의 행동을 훈육이라고 주장하며 학대 사실을 부인하고 있습니다.

해결 방안: C씨에 대한 교정 및 치료 프로그램을 통해 폭력성을 개선하고, 부부 상담, 가족 관계 개선 프로그램 등을 통해 가정 회복을 위한 노력을 기울여야 합니다.

다섯째, 아동학대는 재발 가능성이 높고, 가정 내에서 은폐되기 쉬운 범죄입니다.

해결 방안: 아동보호전문기관, 학교, 상담센터 등 유관기관과의 협력을 강화해야 합니다. 장기적으로는 아동학대 예방을 위한 교육 및 홍보를 강화하고, 신고 의무자 교육을 통해 아동학대 조기 발견 시스템을 구축하며, 사회적 인식 개선을 위해 노력해야 합니다.

질의응답

1. 아동학대범죄의 처벌 등에 관한 특례법(아동학대처벌법)상 아동학대의 정의는 무엇입니까?

답변: 아동학대란 보호자를 포함한 성인이 아동의 건강 또는 복지를 해치거나 정상적 발달을 저해할 수 있는 신체적·정신적·성적 폭력이나 가혹행위를 하는 것과 아동의 보호자가 아동을 유기하거나 방임하는 것을 말합니다.

2. 아동학대 유형에는 어떤 것들이 있습니까?

답변: 신체 학대, 정서 학대, 성 학대, 방임 등 크게 4가지 유형으로 구분됩니다.

3. 아동학대 신고 의무자는 누구이며, 신고 의무 불이행 시 어떤 처벌을 받습니까?

답변: 아동복지법에 따라 교사, 의사, 사회복지사, 경찰관 등 직무상 아동학대를 인지할 가능성이 높은 직업군은 신고 의무자로 지정되어 있습니다. 신고 의무자가 정당한 사유 없이 아동학대를 신고하지 않으면 500만 원 이하의 과태료가 부과됩니다.

4. 아동학대 현장 조사 시 경찰관이 유의해야 할 점은 무엇입니까?

답변: 아동의 안전을 최우선으로 확보하고, 아동의 심리 상태를 고려하여 신중하게 접근해야 합니다. 또한, 2차 피해가 발생하지 않도록 주의하고, 객관적인 증거를 확보하며, 아동보호전문기관 등 유관 기관과 협력해야 합니다.

5. 아동학대 피해 아동에게 제공되는 지원에는 어떤 것들이 있습니까?

답변: 심리 상담 및 치료 지원, 의료 지원, 법률 지원, 임시 보호 시설 제공, 학업 지원, 가족 지원 등이 있습니다.

6. 아동학대 가해자에 대한 처벌은 어떻게 이루어집니까?

답변: 아동학대처벌법에 따라 처벌되며, 학대의 정도, 상습성, 피해 아동의 연령, 가해자와의 관계 등을 고려하여 형량이 결정됩니다.

7. 아동학대 가해자에 대한 친권 제한 또는 박탈은 어떻게 이루어집니까?

답변: 법원은 아동학대 행위자가 친권을 남용하거나 현저한 비행을 저지르는 등 친권을 행사할 수 없는 중대한 사유가 있다고 판단될 경우, 친권 제한 또는 박탈을 결정할 수 있습니다.

8. 아동보호전문기관의 역할은 무엇입니까?

답변: 아동보호전문기관은 아동학대 신고 접수, 현장 조사, 피해 아동 보호 및 지원, 가해자 상담 및 교육, 아동학대 예방 사업 등을 수행하는 기관입니다.

9. C씨가 B군을 훈육 목적으로 때렸다고 주장하는데, 훈육과 학대의 차이점은 무엇입니까?

답변: 훈육은 아동의 잘못된 행동을 교정하고 올바른 성장을 돕기 위한 교육적인 방법이지만, 학대는 아동에게 신체적, 정서적 고통을 주는 행위입니다. 훈육을 명목으로 아동에게 폭력을 행사하는 것은

어떠한 경우에도 정당화될 수 없습니다.

10. D씨가 B군과 함께 C씨로부터 벗어나고 싶어하면, 어떤 도움을 줄 수 있습니까?

답변: D씨와 B군을 안전한 곳으로 피신시키고, 가정폭력 피해자 보호 시설 또는 아동보호전문기관에 연계하여 숙식, 심리 상담, 의료 지원, 법률 지원 등을 제공할 수 있습니다.

11. 아동학대 사건 수사 시 경찰관으로서 가장 중요하게 생각해야 할 가치는 무엇입니까?

답변: 아동의 안전과 인권 보호, 정의 실현, 신속한 사건 해결, 2차 피해 방지, 객관적이고 공정한 수사 등이 중요합니다.

12. 아동학대 예방을 위해 어떤 노력이 필요하다고 생각하십니까?

답변: 아동학대 예방 교육 강화, 부모 교육 강화, 아동학대 신고 활성화, 아동학대 위험 가정 조기 발견 및 지원, 아동보호전문기관 확충, 관련 법규 강화 등 다각적인 노력이 필요합니다.

13. B군이 외상 후 스트레스 장애(PTSD) 증상을 보인다면, 어떤 지원을 제공해야 합니까?

답변: 전문적인 심리 상담 및 치료를 받을 수 있도록 지원하고, 필요하다면 정신과 진료를 연계해야 합니다. 또한, B군이 안정을 찾고 학교생활에 적응할 수 있도록 학교와 협력하여 지원해야 합니다.

14. C씨가 아동학대 사실을 계속 부인하면 어떻게 해야 합니까?

답변: B군의 진술, D씨의 진술, B군의 몸에 남은 멍 자국, 주변인 진술 등 객관적인 증거를 토대로 C씨의 혐의를 입증하기 위해 노력해야 합니다. 필요하다면 거짓말탐지기 검사, 프로파일러 면담 등을 실시할 수 있습니다.

상황 자료: "병든 노모를 향한 폭력, 끊어야 할 악순환"

저녁 7시경, 한 빌라 주민으로부터 "옆집에서 할머니 비명 소리와 함께 싸우는 소리가 들린다"는 112 신고가 접수되었다. 신고자는 "평소에도 고성이 오가는 등 자주 싸우는 소리가 들렸는데, 오늘은 유독 심한 것 같다"고 덧붙였다.

현장에 출동한 경찰관들은 문을 두드리고 인기척을 확인했으나, 집 안에서는 아무런 응답이 없었다. 경찰관들은 문틈으로 집 안 상황을 살피던 중, "살려달라"는 희미한 소리를 듣고 강제로 문을 개방하여 진입했다.

집 안에는 70대 노모 A씨가 거실 바닥에 쓰러져 있었고, 40대 아들 B씨는 술에 취한 채 A씨에게 욕설을 퍼붓고 있었다. A씨는 얼굴과 팔 등에 멍이 들어 있었고, 겁에 질린 표정으로 몸을 떨고 있었다.

경찰관들은 즉시 B씨를 제압하고 A씨를 부축하여 안전한 곳으로 이동시켰다. A씨는 경찰관에게 "아들이 술만 마시면 자신을 때리고 괴롭힌다"고 진술했다. A씨는 B씨의 처벌을 원치 않았지만, 경찰은 B씨의 폭행 정도와 상습성 등을 고려하여 B씨를 존속폭행 및 학대 혐의로 현행범 체포했다.

경찰은 A씨를 병원으로 후송하여 치료를 받게 하고, 임시 보호 시설에 연계하여 안전을 확보했다. 또한, B씨를 상대로 정확한 사건 경위와 범행 동기를 조사하고, A씨에 대한 접근 금지 등 임시 조치를 신청했다.

상황 파악, 문제점 분석 및 해결 방안 발표 메모

상황 파악

- 저녁 7시, 빌라 주민 112 신고(옆집 싸움, 할머니 비명, 평소 고성)
- 경찰 출동, 문 두드림/인기척 확인, 응답 없음, "살려달라" 소리, 강제 개방/진입
- 70대 노모 A, 거실 바닥 쓰러짐, 40대 아들 B, 술 취해 A에게 욕설
- A, 얼굴/팔 멍, 겁에 질린 표정
- 경찰, B 제압, A 안전 조치
- A, "아들 술 마시면 때리고 괴롭힘" 진술, B 처벌 불원
- 경찰, B 존속폭행/학대 혐의 현행범 체포
- 경찰, A 병원 후송/치료, 임시 보호 시설 연계, B 접근 금지 등 임시 조치 신청

문제점 분석

- **존속폭행/학대:** A 신체/정신 피해, 인권 침해, 패륜적 범죄
- **B의 상습적 폭력:** 술 문제, 폭력 습관, 재범 위험 높음
- **A의 처벌 불원:** B에 대한 두려움, 경제적 의존, 가족 관계 유지 희망
- **가정폭력 은폐:** A의 소극적 태도, 외부 도움 요청 어려움
- **A의 노령/취약성:** 신체/정신적 피해 심각, 자력 보호 어려움

해결 방안

- **A 안전 확보:** 임시 보호 시설 연계, B 접근 금지, 신변 보호(최우선)
- **B 엄정 수사/처벌:** 현행범 체포, 구속영장 신청 검토, 존속폭행/학대 혐의 적용
- **A 피해 회복:** 의료 지원, 심리 상담, 법률 지원, 경제적 지원
- **B 교정/치료:** 알코올 중독 치료, 폭력 교정 프로그램, 상담
- **가족 관계 회복:** 가족 상담, A/B 관계 개선(A 희망 시)
- **재발 방지:** 사후 모니터링, 지역 사회 연계(노인보호전문기관 등)

발표문

상황 파악

본 상황은 저녁 시간 빌라에서 발생한 존속폭행 및 학대 사건으로, 경찰이 현장에 출동하여 술에 취한 아들 B씨로부터 폭행과 학대를 당한 70대 노모 A씨를 발견하고 B씨를 현행범 체포한 사건입니다. A씨는 B씨의 처벌을 원치 않았지만, 경찰은 B씨의 폭행 정도와 상습성 등을 고려하여 B씨를 체포하고, A씨를 병원으로 후송하여 치료를 받게 한 후 임시 보호 시설에 연계했습니다.

문제점 분석 및 해결 방안

첫째, B씨는 자신의 어머니인 A씨를 폭행하고 학대하는 존속폭행 및 학대 행위를 저질렀습니다. 이는 패륜적인 범죄로, A씨의 신체적, 정신적 건강에 심각한 피해를 입혔습니다.

해결 방안: A씨의 안전을 확보하기 위해 임시 보호 시설에 연계하고, B씨의 접근을 금지하는 등 신변 보호 조치를 취해야 합니다.

둘째, B씨는 술에 취해 상습적으로 폭력을 행사하는 것으로 보이며, 재범 위험성이 매우 높습니다.

해결 방안: B씨를 현행범으로 체포하고, 구속영장 신청을 검토하는 등 엄정한 수사와 처벌을 통해 재범을 방지해야 합니다.

셋째, A씨는 B씨의 처벌을 원치 않고 있습니다. 이는 B씨에 대한 두려움, 경제적 의존, 가족 관계 유지 희망 등 복합적인 요인 때문일 수 있습니다.

해결 방안: A씨에게 의료 지원, 심리 상담, 법률 지원, 경제적 지원 등 필요한 지원을 제공하고, 피해 회복을 위해 노력해야 합니다.

넷째, A씨는 고령으로, 스스로를 보호하기 어려운 취약한 상태입니다.

해결 방안: B씨에 대한 알코올 중독 치료, 폭력 교정 프로그램, 상담 등을 통해 교정 및 치료를 진행해야 합니다.

다섯째, 가정폭력은 은폐되고 축소되는 경향이 있어, 외부의 적극적인 개입 없이는 해결이 어렵습니다.

해결 방안: A씨와 B씨의 관계 개선을 위해 가족 상담을 지원하고(A씨 희망 시), 재발 방지를 위해 사후 모니터링을 실시하며, 노인보호전문기관 등 지역 사회와 연계하여 지속적인 지원을 제공해야 합니다.

질의응답

1. 존속폭행죄의 법정형은 어떻게 됩니까?

답변: 형법 제260조 2항에 따라 자기 또는 배우자의 직계존속에 대해 폭행을 가한 경우 5년 이하의 징역 또는 700만 원 이하의 벌금에 처해집니다.

2. 노인학대방지법상 노인학대의 유형에는 어떤 것들이 있습니까?

답변: 신체적 학대, 정서적 학대, 성적 학대, 경제적 학대, 방임, 유기 등이 있습니다.

3. 노인학대 신고 의무자는 누구이며, 신고 의무 불이행 시 어떤 처벌을 받습니까?

답변: 노인복지법에 따라 의료인, 노인복지시설 종사자, 사회복지사, 경찰관 등은 직무상 노인학대를 알게 된 경우 즉시 신고해야 할 의무가 있습니다. 신고 의무자가 정당한 사유 없이 노인학대를 신고하지 않으면 500만 원 이하의 과태료가 부과됩니다.

4. 노인학대 현장 조사 시 경찰관이 유의해야 할 점은 무엇입니까?

답변: 노인의 안전을 최우선으로 확보하고, 노인의 심리 상태를 고려하여 신중하게 접근해야 합니다. 또한, 2차 피해가 발생하지 않도록 주의하고, 객관적인 증거를 확보하며, 노인보호전문기관 등 유관 기관과 협력해야 합니다.

5. 노인학대 피해자에게 제공되는 지원에는 어떤 것들이 있습니까?

답변: 심리 상담 지원, 의료 지원, 법률 지원, 임시 보호 시설 제공, 경제적 지원, 신변 보호 조치 등이 있습니다.

6. 노인학대 가해자에 대한 처벌은 어떻게 이루어집니까?

답변: 노인복지법 또는 형법에 따라 처벌되며, 학대의 정도, 상습성, 피해 노인의 연령, 가해자와의 관계 등을 고려하여 형량이 결정됩니다.

7. A씨가 B씨의 처벌을 원치 않는 경우에도 B씨를 처벌할 수 있습니까?

답변: 존속폭행 및 학대는 반의사불벌죄가 아니므로, 피해자의 처벌 불원 의사와 관계없이 수사하고 처벌할 수 있습니다.

8. B씨가 술에 취해 기억이 나지 않는다고 주장하면 어떻게 해야 합니까?

답변: B씨의 주장에 상관없이 A씨의 진술, 현장 증거, 주변인 진술 등 객관적인 증거를 토대로 사건을 조사해야 합니다.

9. A씨에게 제공할 수 있는 임시 보호 시설에는 어떤 것들이 있습니까?

답변: 노인보호전문기관, 가정폭력 피해자 보호 시설, 여성 쉼터 등에서 임시 보호를 제공합니다.

10. B씨에게 강제할 수 있는 치료 또는 상담에는 어떤 것들이 있습니까?

답변: 법원은 B씨에게 보호 처분으로 상담 위탁, 치료 위탁 등을 결정할 수 있습니다. 또한, 알코올 중독

치료, 폭력 교정 프로그램 등을 받도록 강제할 수 있습니다.

11. 노인학대 재발 방지를 위해 어떤 노력을 해야 합니까?

답변: 노인학대 예방 교육 및 홍보, 노인학대 위험 가정 조기 발견 및 지원, 노인보호전문기관 확충, 관련 법규 강화 등 다각적인 노력이 필요합니다.

12. 노인학대 사건 수사 시 경찰관으로서 가장 중요하게 생각해야 할 가치는 무엇입니까?

답변: 노인의 안전과 인권 보호, 정의 실현, 신속한 사건 해결, 2차 피해 방지, 객관적이고 공정한 수사 등이 중요합니다.

13. A씨가 B씨의 보복을 두려워하면 어떻게 해야 합니까?

답변: A씨를 112 긴급신변보호 대상자로 등록하고, 스마트워치를 지급하며, A씨의 주거지 주변 순찰을 강화하고, 필요하다면 임시 숙소를 제공하는 등 신변 보호 조치를 취해야 합니다. 또한, B씨에게 접근 금지 명령을 신청할 수 있습니다.

14. B씨가 A씨의 재산을 노리고 학대했을 가능성이 있다면, 어떤 점을 추가적으로 조사해야 합니까?

답변: B씨의 경제적 상황, A씨와의 재산 관계, A씨의 재산 관리 상태, B씨의 채무 관계 등을 조사하고, A씨의 재산을 보호하기 위한 조치를 취해야 합니다.

상황 자료: "쾅! 연쇄 추돌, 아수라장이 된 도로"

오전 8시경, 출근 시간대 도시고속도로에서 25중 연쇄 추돌사고가 발생했다. 짙은 안개로 인해 시야 확보가 어려운 상황에서, 선두 차량이 급정거하면서 뒤따르던 차량들이 연쇄적으로 추돌한 것이다.

사고 현장은 순식간에 아수라장으로 변했다. 차량들은 심하게 파손되고 뒤엉켜 있었고, 도로 곳곳에는 부상자들이 쓰러져 고통을 호소하고 있었다. 일부 차량에서는 화재가 발생하여 검은 연기가 치솟고, 폭발 위험까지 있는 긴박한 상황이었다.

112 신고를 접수한 경찰은 즉시 교통경찰, 형사, 지역경찰 등 가용 인력을 총동원하여 현장에 출동했다. 경찰은 가장 먼저 사고 현장 주변 도로를 통제하고, 추가 사고를 예방하기 위해 안전 조치를 취했다. 또한, 소방, 구급대와 협력하여 부상자 구조 및 병원 후송을 최우선으로 실시했다.

경찰은 사고 차량 운전자와 동승자, 목격자 등을 상대로 사고 경위를 조사하고, 사고 현장 증거물(CCTV 영상, 블랙박스 영상, 차량 파손 상태, 도로 노면 상태 등)을 확보했다. 또한, 사고 현장 주변 교통을 통제하고, 우회 도로를 안내하여 교통 혼잡을 최소화하기 위해 노력했다.

상황 파악, 문제점 분석 및 해결 방안 발표 메모

상황 파악

- 오전 8시, 출근 시간대, 도시고속도로, 25중 연쇄 추돌사고
- 짙은 안개, 시야 확보 어려움, 선두 차량 급정거, 연쇄 추돌
- 현장: 차량 파손/뒤엉킴, 부상자 다수, 일부 차량 화재/폭발 위험
- 경찰, 가용 인력 총동원(교통경찰, 형사, 지역경찰)
- 경찰, 현장 주변 도로 통제, 안전 조치, 추가 사고 예방
- 경찰/소방/구급, 부상자 구조/병원 후송 최우선
- 경찰, 사고 경위 조사(운전자/동승자/목격자), 증거물 확보(CCTV, 블랙박스, 차량 파손, 노면)
- 경찰, 교통 통제, 우회 도로 안내, 교통 혼잡 최소화

문제점 분석

- **대형 교통사고:** 다수 사상자 발생, 심각한 재산 피해, 교통 마비
- **짙은 안개:** 시야 미확보, 사고 원인, 추가 사고 위험
- **출근 시간대:** 교통량 많음, 신속한 구조/수습 어려움
- **차량 화재/폭발 위험:** 인명 피해 확대 가능성
- **현장 혼란:** 구조/수습 어려움, 2차 사고 위험

해결 방안

- **신속한 현장 통제:** 추가 사고 방지, 안전 확보(최우선)
- **인명 구조/구급:** 부상자 우선 구조, 응급 처치, 병원 후송(소방/구급 협력)
- **화재 진압:** 소방 협력, 폭발 위험 제거
- **교통 통제/우회:** 교통경찰 추가 배치, 실시간 교통 정보 제공
- **사고 조사:** 사고 원인 규명(CCTV, 블랙박스, 목격자 진술 등)
- **현장 증거 확보:** 차량 파손, 도로 노면, 기상 상태 등
- **유관기관 협력:** 소방, 구급, 도로관리청, 견인차 등
- **사고 수습:** 차량 견인, 도로 복구, 교통 소통 재개

발표문

상황 파악

본 상황은 출근 시간대 도시고속도로에서 짙은 안개로 인해 발생한 25중 연쇄 추돌사고입니다. 선두 차량이 급정거하면서 뒤따르던 차량들이 연쇄적으로 추돌했고, 이로 인해 다수의 사상자가 발생하고 차량이 심하게 파손되었으며, 일부 차량에서는 화재까지 발생했습니다. 경찰은 가용 인력을 총동원하여 현장에 출동, 현장 주변 도로 통제 및 안전 조치, 부상자 구조 및 병원 후송, 사고 경위 조사, 교통 통제 및 우회 도로 안내 등 신속하게 사고 수습에 임하고 있습니다.

문제점 분석 및 해결 방안

첫째, 짙은 안개로 인해 시야 확보가 어려운 상황에서 발생한 대형 교통사고로, 다수의 사상자가 발생하고 심각한 재산 피해와 교통 마비가 초래되었습니다.

해결 방안: 추가 사고 방지를 위해 신속하게 현장을 통제하고 안전을 확보하는 것이 최우선입니다.

둘째, 출근 시간대 발생한 사고로, 교통량이 많아 신속한 구조 및 수습에 어려움이 있습니다.

해결 방안: 소방 및 구급대와 협력하여 부상자를 우선적으로 구조하고, 응급 처치 후 신속하게 병원으로 후송해야 합니다.

셋째, 일부 차량에서 화재가 발생하여 폭발 위험까지 있는 긴박한 상황입니다.

해결 방안: 소방과 협력하여 화재를 신속하게 진압하고, 폭발 위험을 제거해야 합니다.

넷째, 사고 현장 주변의 극심한 교통 혼잡이 예상됩니다.

해결 방안: 교통경찰을 추가 배치하고, 사고 현장 주변 도로를 통제하며, 우회 도로를 안내하여 교통 혼잡을 최소화해야 합니다. 또한, 실시간 교통 정보를 제공하여 운전자들의 불편을 줄여야 합니다.

다섯째, 정확한 사고 원인 규명이 필요합니다.

해결 방안: 사고 차량 운전자, 동승자, 목격자 등을 상대로 사고 경위를 조사하고, CCTV 영상, 블랙박스 영상, 차량 파손 상태, 도로 노면 상태 등 현장 증거물을 확보해야 합니다. 이를 통해 정확한 사고 원인을 규명하고, 사고 수습 및 재발 방지 대책을 마련해야 합니다. 또한, 소방, 구급, 도로관리청, 견인차 등 유관기관과의 긴밀한 협력을 통해 신속하게 사고를 수습하고, 차량 견인, 도로 복구 등을 통해 조속히 교통 소통을 재개해야 합니다.

1. 대형 교통사고 발생 시 경찰의 초동 조치 사항은 무엇입니까?

답변: 현장 출동, 현장 보존 및 통제, 추가 사고 예방 조치, 사상자 구조 및 구급, 사고 경위 파악, 증거 확보, 교통 통제 및 우회 조치, 유관기관 협력 등이 있습니다.

2. 교통사고 현장 보존은 왜 중요하며, 어떻게 해야 합니까?

답변: 현장 보존은 사고 원인 규명과 책임 소재를 밝히는 데 중요한 증거를 확보하기 위해 필요합니다. 현장 보존을 위해 폴리스 라인 설치, 차량 및 사람 통제, 사진 및 동영상 촬영, 현장 스케치 등을 해야 합니다.

3. 교통사고 현장에서 수집할 수 있는 증거물에는 어떤 것들이 있습니까?

답변: CCTV 영상, 블랙박스 영상, 차량 파손 상태, 도로 노면 상태(스키드 마크, 타이어 자국 등), 혈흔, 유리 조각, 페인트 조각, 운전자 및 동승자의 진술, 목격자 진술 등이 있습니다.

4. 교통사고 조사 시 운전자에게 확인해야 할 사항은 무엇입니까?

답변: 운전 면허 소지 여부, 음주/약물 복용 여부, 사고 당시 상황(속도, 차선, 신호 등), 운전자의 건강 상태, 차량 결함 여부 등을 확인해야 합니다.

5. 교통사고 조사 시 목격자에게 확인해야 할 사항은 무엇입니까?

답변: 사고 당시 상황(차량 속도, 차선, 신호, 충돌 위치 등), 목격 위치, 운전자 및 동승자의 행동, 기타 특이 사항 등을 확인해야 합니다.

6. 교통사고 조사 시 CCTV 영상 및 블랙박스 영상 분석은 어떻게 이루어집니까?

답변: 영상의 위조 또는 변조 가능성을 염두에 두고, 원본 영상을 확보하고, 영상의 촬영 시간, 위치, 각도 등을 정확하게 확인해야 합니다. 또한, 사고 장면뿐만 아니라, 사고 전후 상황, 차량의 이동 경로, 신호등 상태 등을 면밀하게 분석해야 합니다.

7. 교통사고로 인한 화재 발생 시 경찰의 역할은 무엇입니까?

답변: 소방과 협력하여 화재를 진압하고, 추가 폭발 위험을 제거하며, 인명 구조 및 대피를 지원하고, 화재 원인을 조사해야 합니다.

8. 교통사고로 인한 부상자 발생 시 경찰의 역할은 무엇입니까?

답변: 부상자 상태를 확인하고, 응급 처치를 실시하며, 119에 신고하여 신속하게 병원으로 후송하고, 부상자 가족에게 연락해야 합니다.

9. 대형 교통사고 발생 시 유관기관과의 협력은 어떻게 이루어집니까?

답변: 소방(화재 진압, 인명 구조), 구급(부상자 응급 처치 및 이송), 도로관리청(도로 복구), 견인차(사고 차량 견인) 등 유관기관과 긴밀하게 협력하여 사고를 수습하고, 교통 소통을 재개해야 합니다.

10. 교통사고 재발 방지를 위해 경찰이 할 수 있는 일은 무엇입니까?

답변: 교통 안전 교육 및 홍보 강화, 교통 법규 위반 단속 강화, 위험 도로 개선, 교통 시설물 확충, 안전 운전 문화 정착 등을 통해 교통사고 재발 방지를 위해 노력해야 합니다.

11. 짙은 안개 등 기상 악화 시 교통사고 예방을 위해 어떤 조치를 취해야 합니까?

답변: 안개등, 전조등 켜기, 서행 운전, 안전 거리 확보, 차선 변경 자제, 급제동 금지 등 안전 운전을 해야 합니다. 경찰은 교통 통제, 우회 도로 안내, 시정 확보를 위한 조치 등을 취해야 합니다.

12. 대형 교통사고 현장 지휘 시 가장 중요하게 고려해야 할 점은 무엇입니까?

답변: 인명 구조 최우선, 현장 안전 확보, 신속하고 효율적인 사고 수습, 유관기관과의 협력, 시민 불편 최소화 등을 중요하게 고려해야 합니다.

13. 교통사고처리특례법 상 12대 중과실 사고에는 어떤 것들이 있습니까?

답변: 신호위반, 중앙선 침범, 제한속도보다 20km/h 이상 과속, 앞지르기 방법 위반, 철길건널목 통과방법 위반, 횡단보도 사고, 무면허 운전, 음주운전, 보도 침범, 승객 추락 방지의무 위반, 어린이보호구역 안전운전의무 위반, 화물고정조치 위반 등이 있습니다.

14. 이 상황에서 경찰관으로서 가장 중요하게 생각해야 할 가치는 무엇입니까?

답변: 국민의 생명과 안전 보호, 신속하고 효율적인 사고 수습, 공정한 사고 조사, 교통 질서 확립 등이 중요합니다.

상황 자료: "비틀거리는 음주 차량, 멈춰 세운 정의!"

밤 10시경, 한적한 도로에서 "음주운전 의심 차량이 있다"는 시민의 신고가 접수되었다. 신고자는 "승용차 한 대가 중앙선을 넘나들며 비틀거리고, 신호도 무시하는 등 위험하게 운전하고 있다"고 말했다.

경찰은 즉시 신고 내용을 인근 순찰차에 전파하고, 신고된 차량의 예상 이동 경로를 따라 추적했다. 얼마 후, 경찰은 신고된 차량이 도로변 가로수를 들이받고 멈춰 있는 것을 발견했다.

경찰은 차량 운전자 A씨에게 다가가 말을 걸었으나, A씨는 술에 취해 횡설수설하며 제대로 답변하지 못했다. A씨의 얼굴은 붉게 달아올라 있었고, 입에서는 심한 술 냄새가 났다. 경찰은 A씨에게 음주 측정을 요구했지만, A씨는 "나는 술을 마시지 않았다", "측정기를 못 믿겠다"며 측정을 거부했다.

경찰은 A씨에게 음주 측정 거부 시 불이익(면허 취소, 형사 처벌)을 고지하고, 재차 측정을 요구했지만, A씨는 계속해서 측정을 거부하며 경찰관에게 욕설을 하고 몸싸움을 시도하는 등 난동을 부렸다.

결국 경찰은 A씨를 음주 측정 거부 및 공무집행방해 혐의로 현행범 체포하고, A씨의 차량을 견인 조치했다.

상황 파악, 문제점 분석 및 해결 방안 발표 메모

상황 파악

- 밤 10시, 한적한 도로, "음주운전 의심 차량" 시민 신고
- 신고자: 승용차, 중앙선 침범, 비틀거림, 신호 위반, 위험 운전
- 경찰, 신고 내용 전파, 차량 추적, 차량 발견(도로변 가로수 충돌, 정지)
- 운전자 A, 술 취해 횡설수설, 얼굴 붉음, 심한 술 냄새
- 경찰, A 음주 측정 요구, A 거부("술 안 마심", "측정기 불신")
- 경찰, 음주 측정 거부 불이익 고지, 재차 요구, A 계속 거부, 욕설, 몸싸움, 난동
- 경찰, A 음주 측정 거부/공무집행방해 현행범 체포, 차량 견인

문제점 분석

- **음주운전:** A 교통사고 유발, 인명/재산 피해 가능성, 도로교통법 위반
- **음주 측정 거부:** 수사 방해, 증거 인멸 시도
- **공무집행방해:** 경찰관 폭행/협박, 정당한 공무 집행 방해
- **A의 안전 문제:** 음주 상태, 추가 사고 위험
- **시민 불안:** 음주운전, 사고 위험

해결 방안

- **A 현행범 체포:** 음주 측정 거부, 공무집행방해
- **A 음주 여부 확인:** 채혈, 위드마크 공식 적용
- **A 차량 견인:** 추가 사고 예방, 증거 확보
- **사고 조사:** 사고 경위, 피해 정도, A 음주운전 전력
- **증거 확보:** CCTV, 블랙박스, 목격자 진술, A 휴대폰
- **법적 조치:** 도로교통법 위반(음주 측정 거부), 공무집행방해죄, 교통사고처리특례법 위반
- **음주운전 예방:** 단속 강화, 홍보/교육 강화, 음주운전 위험성 인식 제고

발표문

상황 파악

　본 상황은 밤 10시경, 한적한 도로에서 발생한 음주운전 의심 신고 사건입니다. 시민의 신고를 받고 출동한 경찰은 음주운전으로 의심되는 차량이 도로변 가로수를 들이받고 멈춰 있는 것을 발견했습니다. 경찰은 운전자 A씨에게 음주 측정을 요구했지만, A씨는 술에 취한 상태로 횡설수설하며 측정을 거부하고, 경찰관에게 욕설을 하고 몸싸움을 시도하는 등 난동을 부렸습니다. 결국 경찰은 A씨를 음주 측정 거부 및 공무집행방해 혐의로 현행범 체포하고, A씨의 차량을 견인 조치했습니다.

문제점 분석 및 해결 방안

　첫째, A씨는 음주운전을 하다가 교통사고를 유발하여 인명 및 재산 피해를 야기할 수 있는 위험한 상황을 초래했고, 이는 도로교통법 위반에 해당합니다.

　해결 방안: A씨를 현행범으로 체포한 것은 적절한 조치였습니다.

　둘째, A씨는 경찰의 정당한 음주 측정 요구에 불응하고, 측정을 거부했습니다.

　해결 방안: A씨의 혈액을 채취하거나, 위드마크 공식을 적용하여 A씨의 음주 여부 및 혈중 알코올 농도를 확인해야 합니다.

　셋째, A씨는 경찰관에게 욕설을 하고 몸싸움을 시도하는 등 공무집행을 방해했습니다.

　해결 방안: A씨의 차량을 견인하여 추가 사고를 예방하고 증거를 확보해야 합니다.

　넷째, 음주운전은 재범률이 높고, 심각한 인명 피해를 초래할 수 있는 중대한 범죄입니다.

　해결 방안: CCTV 영상, 블랙박스 영상, 목격자 진술, A씨의 휴대폰 등을 확보하여 증거를 확보하고, 사고 경위, 피해 정도, A씨의 음주운전 전력 등을 철저하게 조사해야 합니다.

　다섯째, 이와 같은 상황의 재발을 막기 위한 노력이 필요합니다.

　해결 방안: 도로교통법 위반(음주 측정 거부), 공무집행방해죄, 교통사고처리특례법 위반 등 관련 법률에 따라 A씨를 엄정하게 처벌하고, 음주운전 예방을 위해 단속 강화, 홍보 및 교육 강화, 음주운전 위험성에 대한 인식 제고 등 다각적인 노력을 기울여야 합니다.

질의응답

1. 도로교통법 상 음주운전 처벌 기준은 어떻게 됩니까?

답변: 혈중 알코올 농도 0.03% 이상 0.08% 미만은 1년 이하의 징역이나 500만 원 이하의 벌금, 0.08% 이상 0.2% 미만은 1년 이상 2년 이하의 징역이나 500만 원 이상 1천만 원 이하의 벌금, 0.2% 이상은 2년 이상 5년 이하의 징역이나 1천만 원 이상 2천만 원 이하의 벌금에 처해집니다.

2. 음주 측정 거부 시 어떤 불이익이 있습니까?

답변: 도로교통법 제148조의2에 따라 1년 이상 5년 이하의 징역이나 500만 원 이상 2천만 원 이하의 벌금에 처해지며, 운전면허가 취소됩니다.

3. 위드마크 공식이란 무엇이며, 어떤 경우에 적용됩니까?

답변: 위드마크 공식은 음주 운전자가 사고 후 시간이 지나 술이 깬 상태에서 측정하거나, 측정이 불가능한 경우에 섭취한 술의 종류, 체중, 성별 등을 고려하여 사고 당시의 혈중 알코올 농도를 추정하는 방법입니다.

4. 공무집행방해죄의 성립 요건과 처벌 기준은 무엇입니까?

답변: 공무집행방해죄는 직무를 집행하는 공무원에 대하여 폭행 또는 협박을 가함으로써 성립하는 범죄로, 5년 이하의 징역 또는 1천만 원 이하의 벌금에 처해집니다.

5. 음주운전 교통사고 발생 시 경찰의 현장 조치 사항은 무엇입니까?

답변: 현장 출동, 현장 보존 및 통제, 추가 사고 예방 조치, 사상자 구조 및 구급, 운전자 음주 여부 확인, 사고 경위 조사, 증거 확보, 교통 통제 및 우회 조치, 유관기관 협력 등이 있습니다.

6. 음주운전 교통사고 조사 시 운전자에게 확인해야 할 사항은 무엇입니까?

답변: 운전 면허 소지 여부, 음주 여부 및 음주량, 사고 당시 상황(속도, 차선, 신호 등), 운전자의 건강 상태, 차량 결함 여부 등을 확인해야 합니다.

7. 음주운전 교통사고 조사 시 목격자에게 확인해야 할 사항은 무엇입니까?

답변: 사고 당시 상황(차량 속도, 차선, 신호, 충돌 위치 등), 목격 위치, 운전자의 행동, 기타 특이 사항 등을 확인해야 합니다.

8. 음주운전 교통사고 재발 방지를 위해 경찰이 할 수 있는 일은 무엇입니까?

답변: 음주운전 단속 강화, 음주운전 예방 교육 및 홍보, 음주운전 위험성 인식 제고, 유관기관 협력 강화 등을 통해 음주운전 교통사고 재발 방지를 위해 노력해야 합니다.

9. 음주운전 단속 시 경찰관이 유의해야 할 점은 무엇입니까?

답변: 운전자의 인권을 존중하고, 적법 절차를 준수하며, 안전을 확보하고, 오해의 소지가 없도록 명확하고 공정하게 단속해야 합니다.

10. A씨가 음주 측정을 거부하는 상황에서, 강제로 채혈을 할 수 있습니까?

답변: 법원으로부터 압수수색검증영장을 발부받아 강제로 채혈할 수 있습니다.

11. A씨의 차량 블랙박스 영상을 확보했는데, A씨가 영상 제공을 거부하면 어떻게 해야 합니까?

답변: 법원으로부터 압수수색영장을 발부받아 블랙박스 영상을 확보할 수 있습니다.

12. A씨가 과거에도 음주운전 전력이 있다면, 어떤 불이익이 있습니까?

답변: 음주운전 횟수에 따라 가중 처벌될 수 있으며, 운전면허 취소 또는 정지 기간이 길어질 수 있습니다.

13. 음주운전 교통사고 수사 시 경찰관으로서 가장 중요하게 생각해야 할 가치는 무엇입니까?

답변: 국민의 생명과 안전 보호, 정의 실현, 신속한 사고 처리, 공정한 수사 등이 중요합니다.

14. 음주운전 근절을 위해 어떤 노력이 필요하다고 생각하십니까?

답변: 음주운전 처벌 강화, 음주운전 예방 교육 및 홍보 강화, 음주운전 위험성에 대한 사회적 인식 개선,
음주운전 대체 수단(대리운전, 대중교통) 활성화, 음주 문화 개선 등 다각적인 노력이 필요합니다.

상황 자료: "어둠 속에 사라진 뺑소니범, 목격자를 찾아라!"

밤 11시 30분경, 왕복 2차선 도로에서 횡단보도를 건너던 보행자 A씨가 차량에 치여 쓰러졌다. 사고를 낸 차량은 멈추지 않고 그대로 도주했다. 지나가던 행인이 쓰러져 있는 A씨를 발견하고 112에 신고했다.

현장에 출동한 경찰은 A씨가 의식이 없고, 심각한 부상을 입은 것을 확인하고 즉시 119에 신고하여 A씨를 병원으로 후송했다. 경찰은 현장 주변을 통제하고, 사고 현장에 남아 있는 증거물(차량 파편, 혈흔, CCTV 영상 등)을 수집했다.

경찰은 목격자 탐문 결과, "검은색 승용차가 빠른 속도로 횡단보도를 지나갔고, '쿵' 소리가 난 후 쓰러진 사람을 봤다"는 진술을 확보했다. 하지만 목격자는 차량 번호판을 제대로 보지 못했다고 진술했다.

경찰은 사고 현장 주변 CCTV 영상을 확보하여 분석한 결과, 뺑소니 차량으로 추정되는 검은색 승용차를 발견했지만, 번호판 식별이 어려웠다. 경찰은 뺑소니 차량의 도주 경로를 추적하기 위해 주변 지역 CCTV 영상을 추가로 확보하고, 국립과학수사연구원에 차량 파편 분석을 의뢰하는 등 수사력을 집중하고 있다.

상황 파악, 문제점 분석 및 해결 방안 발표 메모

상황 파악

- 밤 11시 30분, 왕복 2차선 도로, 횡단보도 보행자 A, 차량 충격, 쓰러짐
- 가해 차량, 멈추지 않고 도주(뺑소니)
- 행인, A 발견, 112 신고
- 경찰 출동, A 의식 없음, 심각한 부상, 119 신고, 병원 후송
- 경찰, 현장 주변 통제, 증거물 수집(차량 파편, 혈흔, CCTV 영상)
- 경찰, 목격자 탐문("검은색 승용차, 빠른 속도, '쿵' 소리"), 차량 번호판 X
- 경찰, 현장 주변 CCTV 분석(뺑소니 추정 검은색 승용차, 번호판 식별 X)
- 경찰, 도주 경로 추적(주변 CCTV 추가 확보), 국과수 차량 파편 분석 의뢰

문제점 분석

- **뺑소니:** A 생명/안전 위협, 도주, 범인 검거/사고 처리 어려움
- **심야 시간:** 목격자/CCTV 확보 어려움
- **CCTV 번호판 식별 불가:** 용의 차량 특정 어려움
- **목격자 진술 제한적:** 차량 종류/색상, 사고 상황, 차량 번호판 X
- **A 중상:** 생명 위독, 신속한 응급 조치/병원 이송 필요

해결 방안

- **A 구조/치료:** 119 후송, 생명/안전 최우선
- **뺑소니 차량 특정:** CCTV 추가 확보/분석, 차량 파편 분석, 목격자 추가 확보
- **도주 경로 추적:** 예상 도주로 CCTV 분석, 수배 전단 배포, 공개 수사
- **수사 전담팀 구성:** 뺑소니 전담팀, 강력팀 등, 신속 수사
- **유관기관 협조:** 국과수, 도로관리청, 견인업체 등
- **언론/SNS 홍보:** 뺑소니 차량 정보, 목격자 제보 요청
- **뺑소니 예방:** 교통 안전 교육/홍보, 안전 시설 확충, 법규 위반 단속 강화

발표문

상황 파악

본 상황은 밤 11시 30분경, 왕복 2차선 도로에서 발생한 뺑소니 교통사고입니다. 횡단보도를 건너던 보행자 A씨가 차량에 치여 쓰러졌고, 가해 차량은 멈추지 않고 그대로 도주했습니다. 지나가던 행인이 쓰러져 있는 A씨를 발견하고 112에 신고했으며, 현장에 출동한 경찰은 A씨를 병원으로 후송하고, 현장 주변을 통제하며 증거물을 수집했습니다. 경찰은 목격자 진술과 CCTV 영상 분석을 통해 뺑소니 차량을 추적하고 있습니다.

문제점 분석 및 해결 방안

첫째, 뺑소니는 피해자의 생명과 안전을 위협하고, 도주로 인해 범인 검거와 사고 처리를 어렵게 만드는 중대한 범죄입니다.

해결 방안: 피해자 A씨의 생명과 안전을 최우선으로 확보하기 위해 119에 신고하여 병원으로 신속하게 후송했습니다.

둘째, 사고가 심야 시간에 발생하여 목격자 확보 및 CCTV 영상 확보에 어려움이 있습니다.

해결 방안: 뺑소니 차량을 특정하기 위해 추가적인 CCTV 영상을 확보하고 분석하며, 차량 파편 분석, 목격자를 추가로 확보해야 합니다.

셋째, 확보한 CCTV 영상에서 뺑소니 차량의 번호판 식별이 어렵습니다.

해결 방안: 예상 도주로에 대한 CCTV 영상을 분석하고, 수배 전단을 배포하며, 언론 및 SNS를 통해 공개 수사하여 시민들의 제보를 유도해야 합니다.

넷째, 목격자의 진술이 제한적이라 차량 특정에 어려움이 있습니다.

해결 방안: 뺑소니 전담팀, 강력팀 등 수사 전담팀을 구성하여 신속하고 효율적인 수사를 진행해야 합니다.

다섯째, 뺑소니 사고는 재발 가능성이 높습니다.

해결 방안: 국과수, 도로관리청, 견인업체 등 유관기관과의 협력을 통해 증거를 확보하고, 뺑소니 차량을 조속히 검거해야 합니다. 또한, 언론과 SNS를 통해 뺑소니 차량 정보를 공개하고, 목격자 제보를 요청하는 등 다각적인 수사 활동을 전개해야 합니다. 장기적으로는 교통 안전 교육 및 홍보를 강화하고, 안전 시설을 확충하며, 법규 위반 단속을 강화하는 등 뺑소니 예방을 위한 노력을 기울여야 합니다.

질의응답

1. 특정범죄가중처벌 등에 관한 법률(특가법)상 도주차량(뺑소니) 운전자에 대한 처벌 조항은 무엇입니까?

답변: 특가법 제5조의3에 따라, 피해자를 사망에 이르게 하고 도주하거나, 도주 후에 피해자가 사망한 경우에는 무기 또는 5년 이상의 징역에 처해집니다. 피해자를 상해에 이르게 한 경우에는 1년 이상의 유기징역 또는 500만 원 이상 3천만 원 이하의 벌금에 처해집니다.

2. 뺑소니 교통사고 현장 처리 시 경찰의 초동 조치 사항은 무엇입니까?

답변: 현장 출동, 현장 보존 및 통제, 추가 사고 예방 조치, 사상자 구조 및 구급, 목격자 확보, 증거 수집, 뺑소니 차량 추적, 유관기관 협력 등이 있습니다.

3. 뺑소니 교통사고 현장에서 수집할 수 있는 증거물에는 어떤 것들이 있습니까?

답변: CCTV 영상, 블랙박스 영상, 차량 파편(유리 조각, 페인트 조각, 플라스틱 조각 등), 혈흔, 타이어 자국, 목격자 진술 등이 있습니다.

4. 뺑소니 차량 추적은 어떻게 이루어집니까?

답변: 목격자 진술, CCTV 영상 분석, 차량 파편 분석, 탐문 수사, 통신 수사 등 다양한 수사 기법을 통해 뺑소니 차량을 추적합니다.

5. 뺑소니 차량 특정 시 어떤 조치를 취해야 합니까?

답변: 뺑소니 차량 소유주를 확인하고, 소환 조사 또는 체포하여 사고 경위를 조사해야 합니다.

6. 뺑소니 사고 피해자에게 어떤 지원을 제공할 수 있습니까?

답변: 의료 지원, 심리 상담 지원, 법률 지원, 경제적 지원(자동차손해배상 보장 사업 등) 등을 제공할 수 있습니다.

7. 자동차손해배상 보장 사업이란 무엇입니까?

답변: 뺑소니, 무보험, 도난 차량 사고 피해자를 위해 정부가 운영하는 보상 제도입니다.

8. 뺑소니 사고 예방을 위해 경찰이 할 수 있는 일은 무엇입니까?

답변: 교통 안전 교육 및 홍보 강화, 교통 법규 위반 단속 강화, 위험 도로 개선, 안전 시설물 확충, 뺑소니 처벌 강화 홍보 등을 통해 뺑소니 사고 예방에 힘쓸 수 있습니다.

9. 뺑소니 사고 수사 시 유관기관과의 협력은 어떻게 이루어집니까?

답변: 국립과학수사연구원(차량 파편 분석, DNA 감정 등), 도로관리청(CCTV 영상 제공), 견인업체(사고 차량 견인), 보험회사(사고 정보 공유) 등과 협력하여 수사를 진행합니다.

10. 목격자가 차량 번호판을 기억하지 못하는 경우, 어떻게 차량을 특정할 수 있습니까?

답변: 차량 종류, 색상, 특징(스티커, 흠집 등), 사고 시간, 도주 방향 등을 토대로 주변 CCTV 영상을 분석

하고, 탐문 수사를 통해 차량을 특정할 수 있습니다.

11. 뺑소니 사고 수사 시 경찰관으로서 가장 중요하게 생각해야 할 가치는 무엇입니까?

답변: 피해자의 생명과 안전 보호, 정의 실현, 신속한 범인 검거, 사회 질서 유지 등이 중요합니다.

12. 뺑소니 범죄 근절을 위해 어떤 노력이 필요하다고 생각하십니까?

답변: 뺑소니 처벌 강화, 뺑소니 신고 포상금 제도 활성화, 블랙박스 설치 의무화, 운전자 윤리 의식 함양, 교통 안전 교육 강화 등 다각적인 노력이 필요합니다.

13. A씨가 의식 불명 상태로, 가해 차량 운전자를 특정할 수 있는 단서가 전혀 없다면 어떻게 수사해야 합니까?

답변: 사고 현장 주변 CCTV 영상을 광범위하게 확보하여 분석하고, 차량 파편을 정밀 감정하여 차량 종류를 특정하며, 목격자를 찾기 위해 탐문 수사를 강화하고, 언론/SNS를 통해 공개 수사하는 등 모든 수사 기법을 총동원해야 합니다.

14. 뺑소니 사고 발생 시, 가해 차량 운전자가 자수하면 어떤 점이 유리하게 작용합니까?

답변: 자수할 경우, 형법 제52조에 따라 형을 감경 또는 면제받을 수 있습니다. 또한, 피해자와의 합의 가능성이 높아지고, 피해 회복에 도움이 될 수 있습니다.

상황 자료: "초록불 횡단보도, 갑자기 덮친 비극"

오후 5시경, 퇴근 시간대 도심 교차로에서 보행자 신호에 횡단보도를 건너던 A씨(50대, 여)가 B씨(30대, 남)가 운전하던 승용차에 치이는 사고가 발생했다. A씨는 머리를 심하게 다쳐 의식을 잃고 쓰러졌고, B씨는 당황하여 사고 현장에 멈춰 섰다.

사고를 목격한 시민들이 즉시 112와 119에 신고했고, 경찰과 구급대가 현장에 출동했다. 경찰은 A씨의 상태를 확인하고 응급 처치를 하는 한편, B씨를 상대로 사고 경위를 조사했다. B씨는 "보행자 신호를 미처 보지 못하고 횡단보도를 지나치려다가 사고를 냈다"고 진술했다.

경찰은 B씨의 음주 여부를 확인하기 위해 음주 측정을 실시한 결과, 음주 상태는 아닌 것으로 확인되었다. 경찰은 B씨를 교통사고처리특례법 위반(치상) 혐의로 입건하고, 정확한 사고 경위를 조사하기 위해 현장 주변 CCTV 영상, B씨 차량의 블랙박스 영상, 목격자 진술 등을 확보했다.

또한, 경찰은 사고 현장 주변 교통을 통제하고, 우회 도로를 안내하여 교통 혼잡을 최소화하기 위해 노력했다.

상황 파악, 문제점 분석 및 해결 방안 발표 메모

상황 파악

- 오후 5시, 퇴근 시간대, 도심 교차로, 횡단보도 보행자(A, 50대, 여) 교통사고
- A, 보행자 신호에 횡단보도 횡단 중, B(30대, 남) 운전 승용차에 치임
- A, 머리 심하게 다침, 의식 잃고 쓰러짐, B, 사고 현장 정지
- 시민들, 112/119 신고, 경찰/구급대 출동
- 경찰, A 상태 확인/응급 처치, B 상대로 사고 경위 조사
- B, "보행자 신호 못 보고 횡단보도 지나치려다 사고" 진술
- 경찰, B 음주 측정(음주 상태 X)
- 경찰, B 교통사고처리특례법 위반(치상) 혐의 입건, 사고 경위 조사(CCTV, 블랙박스, 목격자)
- 경찰, 현장 주변 교통 통제, 우회 도로 안내

문제점 분석

- **횡단보도 보행자 사고:** A 생명/안전 위협, B 과실, 교통사고처리특례법 위반
- **B의 신호 위반 가능성:** 보행자 신호 확인, 안전 운전 의무 위반
- **A 중상:** 의식 불명, 심각한 부상, 장기 치료/후유증 가능성
- **퇴근 시간대:** 교통 혼잡, 신속한 사고 처리/교통 소통 필요
- **목격자 확보 중요성:** 사고 경위, B 과실 입증

해결 방안

- **A 구조/치료:** 119 후송, 생명/안전 최우선
- **B 조사:** 사고 경위, 신호 위반 여부, 과실 정도 확인
- **증거 확보:** CCTV, 블랙박스, 목격자 진술, 현장 사진/측량
- **B 입건/처벌:** 교통사고처리특례법 위반(치상), 보험 처리
- **교통 통제/소통:** 사고 현장 주변, 우회 도로 안내, 혼잡 최소화
- **사고 예방:** 횡단보도 안전 시설 점검/개선, 운전자/보행자 안전 교육
- **피해자 지원:** A 가족 연락, 심리 상담, 법률 지원

발표문

상황 파악

본 상황은 퇴근 시간대 도심 교차로에서 발생한 횡단보도 보행자 교통사고입니다. 보행자 신호에 횡단보도를 건너던 A씨가 B씨가 운전하던 승용차에 치여 의식을 잃고 쓰러졌습니다. 경찰은 B씨를 상대로 사고 경위를 조사한 결과, B씨는 보행자 신호를 보지 못하고 횡단보도를 지나치려다가 사고를 낸 것으로 진술했습니다. 경찰은 B씨를 교통사고처리특례법 위반(치상) 혐의로 입건하고, CCTV 영상, 블랙박스 영상, 목격자 진술 등을 확보하여 정확한 사고 경위를 조사하고 있습니다.

문제점 분석 및 해결 방안

첫째, 횡단보도 보행자 사고는 보행자의 생명과 안전을 심각하게 위협하는 중대한 사고입니다.

해결 방안: 의식을 잃은 A씨를 119 구급대를 통해 병원으로 신속하게 후송하여 생명을 구하고, 적절한 치료를 받도록 조치했습니다.

둘째, B씨는 보행자 신호를 위반했을 가능성이 있으며, 이는 B씨의 명백한 과실입니다.

해결 방안: B씨를 상대로 사고 경위, 신호 위반 여부, 과실 정도 등을 정확하게 조사해야 합니다.

셋째, A씨는 머리를 심하게 다쳐 의식이 없는 상태로, 장기적인 치료와 후유증이 우려됩니다.

해결 방안: CCTV 영상, B씨 차량의 블랙박스 영상, 목격자 진술, 현장 사진 및 측량 등 객관적인 증거를 확보해야 합니다.

넷째, 사고가 퇴근 시간대에 발생하여 교통 혼잡이 예상됩니다.

해결 방안: B씨를 교통사고처리특례법 위반(치상) 혐의로 입건하고, 보험 처리 절차를 안내해야 합니다.

다섯째, 이러한 사고는 언제든지 재발할 수 있습니다.

해결 방안: 사고 현장 주변 교통을 통제하고, 우회 도로를 안내하여 교통 혼잡을 최소화해야 합니다. 또한, A씨의 가족에게 연락하고, 심리 상담, 법률 지원 등 필요한 지원을 제공해야 합니다. 장기적으로는 횡단보도 안전 시설을 점검하고 개선하며, 운전자와 보행자를 대상으로 안전 교육을 강화하여 사고를 예방해야 합니다.

질의응답

1. 교통사고처리특례법상 횡단보도 보행자 보호 의무 위반에 대한 처벌 조항은 무엇입니까?

답변: 교통사고처리특례법 제3조에 따라 5년 이하의 금고 또는 2천만원 이하의 벌금에 처해집니다. 횡단보도 보행자 보호 의무 위반은 12대 중과실 사고에 해당하여 보험 가입 여부와 관계없이 형사 처벌됩니다.

2. 교통사고처리특례법상 치상 혐의란 무엇입니까?

답변: 교통사고로 인해 사람을 다치게 한 경우(상해)를 의미하며, 교통사고처리특례법에 따라 처벌됩니다.

3. 횡단보도 보행자 교통사고 발생 시 경찰의 현장 조치 사항은 무엇입니까?

답변: 현장 출동, 현장 보존 및 통제, 추가 사고 예방 조치, 사상자 구조 및 구급, 운전자 및 보행자 상대 사고 경위 조사, 증거 확보, 교통 통제 및 우회 조치, 유관기관 협력 등이 있습니다.

4. 횡단보도 보행자 교통사고 조사 시 운전자에게 확인해야 할 사항은 무엇입니까?

답변: 운전 면허 소지 여부, 음주/약물 복용 여부, 사고 당시 상황(속도, 차선, 신호 등), 보행자 인지 여부, 운전자의 건강 상태, 차량 결함 여부 등을 확인해야 합니다.

5. 횡단보도 보행자 교통사고 조사 시 보행자에게 확인해야 할 사항은 무엇입니까?

답변: 사고 당시 상황(횡단보도 신호, 차량 진행 방향, 충격 부위 등), 보행자의 건강 상태, 음주 여부 등을 확인해야 합니다.

6. 횡단보도 보행자 교통사고 조사 시 목격자에게 확인해야 할 사항은 무엇입니까?

답변: 사고 당시 상황(차량 속도, 차선, 신호, 충돌 위치, 보행자 횡단 여부 등), 목격 위치, 운전자 및 보행자의 행동, 기타 특이 사항 등을 확인해야 합니다.

7. B씨가 보행자 신호를 보지 못했다고 주장하는데, 신호 위반 여부를 어떻게 확인할 수 있습니까?

답변: 사고 현장 주변 CCTV 영상, B씨 차량의 블랙박스 영상, 목격자 진술 등을 종합적으로 분석하여 신호 위반 여부를 확인해야 합니다.

8. A씨가 무단횡단을 했을 가능성도 배제할 수 없는데, 이 경우 어떻게 수사해야 합니까?

답변: A씨의 무단횡단 여부도 확인해야 합니다. CCTV 영상, 목격자 진술 등을 통해 A씨가 횡단보도를 건넜는지, 횡단보도 신호가 녹색이었는지 등을 확인해야 합니다.

9. 횡단보도 보행자 교통사고 예방을 위해 경찰이 할 수 있는 일은 무엇입니까?

답변: 횡단보도 안전 시설(조명, 반사경, 안전표지 등) 점검 및 개선, 횡단보도 주변 불법 주정차 단속 강화, 운전자 및 보행자 대상 교통 안전 교육 및 홍보, 교통 법규 위반 단속 강화 등을 통해 횡단보도 보행자 교통사고 예방에 힘쓸 수 있습니다.

10. 횡단보도 보행자 교통사고 발생 시, 가해 운전자에 대한 처벌은 어떻게 이루어집니까?

답변: 교통사고처리특례법에 따라 처벌되며, 피해자의 상해 정도, 운전자의 과실 정도, 합의 여부, 보험 가입 여부 등을 고려하여 형량이 결정됩니다.

11. 횡단보도 보행자 교통사고 수사 시 경찰관으로서 가장 중요하게 생각해야 할 가치는 무엇입니까?

답변: 보행자의 생명과 안전 보호, 정의 실현, 신속한 사고 처리, 공정한 수사, 2차 피해 방지 등이 중요합니다.

12. A씨의 가족에게 어떤 도움을 줄 수 있습니까?

답변: A씨의 상태와 치료 경과를 알려 주고, 심리 상담, 법률 지원, 경제적 지원 등 필요한 지원을 제공하며, A씨 가족의 심리적 안정을 위해 노력해야 합니다.

13. B씨가 사고 후 도주했다면, 어떤 법적 조치를 취할 수 있습니까?

답변: 특정범죄가중처벌 등에 관한 법률(도주치상) 위반 혐의를 적용하여 체포영장을 발부받아 B씨를 검거하고, 구속영장 신청을 검토해야 합니다.

14. 퇴근 시간대 교통사고로 인한 교통 혼잡을 최소화하기 위해 어떤 조치를 취해야 합니까?

답변: 교통경찰을 추가 배치하고, 사고 현장 주변 도로를 통제하며, 우회 도로를 안내하고, 실시간 교통 정보를 제공하여 교통 혼잡을 최소화해야 합니다. 또한, 신속하게 사고를 수습하고, 차량을 견인하여 조속히 교통 소통을 재개해야 합니다.

상황 자료: "인도로 돌진한 오토바이, 날벼락 맞은 보행자"

오후 3시경, 한적한 주택가 이면도로에서 오토바이 운전자 A씨(20대, 남)가 보행자 B씨(60대, 여)를 충격하는 사고가 발생했다. A씨는 배달 중이었으며, 빠른 속도로 인도에 진입하여 B씨를 미처 발견하지 못하고 사고를 낸 것으로 보인다.

B씨는 오토바이에 치여 넘어지면서 머리와 다리에 심한 상처를 입고 의식을 잃었다. A씨는 사고 직후 당황하여 오토바이를 버려두고 도주하려 했지만, 주변에 있던 시민들에게 붙잡혔다.

시민들의 신고를 받고 출동한 경찰은 B씨를 119 구급대에 인계하여 병원으로 후송하고, A씨를 현행범으로 체포했다. A씨는 경찰 조사에서 "배달 시간이 늦어 마음이 급해 인도에 진입했다"고 진술했다.

경찰은 A씨를 교통사고처리특례법 위반(치상) 및 도로교통법 위반(보도 침범) 혐의로 입건하고, A씨의 오토바이를 압수했다. 또한, 사고 현장 주변 CCTV 영상, A씨 오토바이 블랙박스 영상, 목격자 진술 등을 확보하여 정확한 사고 경위를 조사하고 있다.

상황 파악, 문제점 분석 및 해결 방안 발표 메모

상황 파악

- 오후 3시, 주택가 이면도로, 오토바이(A, 20대, 남) 보행자(B, 60대, 여) 충격
- A, 배달 중, 빠른 속도, 인도 진입, B 미처 발견 못함
- B, 머리/다리 심한 상처, 의식 잃음, A, 사고 직후 도주 시도, 시민들에게 붙잡힘
- 경찰 출동, B 119 인계/병원 후송, A 현행범 체포
- A, 경찰 조사, "배달 시간 늦어 마음 급해 인도 진입" 진술
- 경찰, A 교통사고처리특례법 위반(치상)/도로교통법 위반(보도 침범) 혐의 입건, 오토바이 압수
- 경찰, 사고 현장 CCTV, A 오토바이 블랙박스, 목격자 진술 확보, 사고 경위 조사

문제점 분석

- **오토바이 인도 주행:** 보행자 안전 위협, 도로교통법 위반
- **A 과속/안전운전 불이행:** B 중상, 교통사고처리특례법 위반
- **A 도주 시도:** 죄질 불량, 뺑소니 미수
- **B 중상:** 생명 위독, 장기 치료/후유증 가능성
- **배달 문화 문제:** 배달원 안전/보행자 안전 위협, 과속/신호 위반/인도 주행

해결 방안

- **B 구조/치료:** 119 후송, 생명/안전 최우선
- **A 엄정 수사/처벌:** 교통사고처리특례법(치상), 도로교통법(보도 침범), 도주 미수, 구속영장 신청 검토
- **증거 확보:** CCTV, 블랙박스, 목격자 진술, 현장 사진/측량
- **사고 원인 분석:** A 과속, 전방 주시 태만, 보도 침범 경위 등
- **피해자 지원:** B 가족 연락, 심리 상담, 법률 지원, 경제적 지원
- **배달 오토바이 안전 운행 지도/감독:** 안전 교육, 법규 위반 단속 강화, 배달 업체 책임 강화
- **보행 환경 개선:** 인도/차도 분리, 안전 시설 확충

발표문

상황 파악

본 상황은 오후 3시경 주택가 이면도로에서 발생한 오토바이 보행자 교통사고입니다. 배달 중이던 오토바이 운전자 A씨가 빠른 속도로 인도에 진입하여 보행자 B씨를 충격했고, B씨는 머리와 다리에 심한 상처를 입고 의식을 잃었습니다. A씨는 사고 직후 도주하려 했지만, 주변 시민들에게 붙잡혔고, 신고를 받고 출동한 경찰에 의해 현행범으로 체포되었습니다. 경찰은 A씨를 교통사고처리특례법 위반(치상) 및 도로교통법 위반(보도 침범) 혐의로 입건하고, 사고 현장 주변 CCTV 영상, A씨 오토바이 블랙박스 영상, 목격자 진술 등을 확보하여 정확한 사고 경위를 조사하고 있습니다.

문제점 분석 및 해결 방안

첫째, 오토바이의 인도 주행은 보행자의 안전을 심각하게 위협하는 불법 행위이며, 도로교통법 위반에 해당합니다.

해결 방안: 의식을 잃은 B씨를 119 구급대를 통해 병원으로 신속하게 후송하여 생명을 구하고, 적절한 치료를 받도록 조치했습니다.

둘째, A씨는 배달 시간이 늦었다는 이유로 과속하고, 안전운전 의무를 위반하여 B씨에게 중상을 입혔습니다.

해결 방안: A씨를 교통사고처리특례법 위반(치상) 및 도로교통법 위반(보도 침범) 혐의로 엄정하게 수사하고 처벌해야 하며, 구속영장 신청을 검토해야 합니다.

셋째, A씨는 사고 후 도주를 시도하여 죄질이 불량합니다.

해결 방안: CCTV 영상, 블랙박스 영상, 목격자 진술, 현장 사진 및 측량 등 객관적인 증거를 확보하여 사고 원인을 정확하게 분석해야 합니다. A씨의 과속, 전방 주시 태만, 보도 침범 경위 등을 면밀하게 조사해야 합니다.

넷째, B씨는 중상을 입어 장기적인 치료와 후유증이 우려됩니다.

해결 방안: B씨의 가족에게 연락하고, 심리 상담, 법률 지원, 경제적 지원 등 피해자 지원에 최선을 다해야 합니다.

다섯째, 배달 오토바이의 과속, 신호 위반, 인도 주행 등 난폭 운전은 사회적으로 심각한 문제입니다.

해결 방안: 배달 오토바이 운전자에 대한 안전 교육을 강화하고, 법규 위반 행위에 대한 단속을 강화하며, 배달 업체의 안전 관리 책임을 강화하는 등 제도 개선이 필요합니다. 또한, 인도와 차도를 분리하고, 안전 시설을 확충하는 등 보행 환경을 개선해야 합니다.

질의응답

1. 도로교통법상 오토바이 인도 주행에 대한 처벌 조항은 무엇입니까?

답변: 도로교통법 제13조에 따라 보도와 차도가 구분된 도로에서는 차도로 통행해야 합니다. 이를 위반할 경우 20만 원 이하의 벌금이나 구류 또는 과료에 처해집니다.

2. 교통사고처리특례법상 치상 혐의란 무엇이며, 처벌 기준은 어떻게 됩니까?

답변: 교통사고로 인해 사람을 다치게 한 경우(상해)를 의미하며, 5년 이하의 금고 또는 2천만원 이하의 벌금에 처해집니다.

3. 뺑소니 미수의 경우에도 처벌이 가능합니까?

답변: 네, 뺑소니를 시도했지만 미수에 그친 경우에도 특정범죄가중처벌 등에 관한 법률에 따라 가중 처벌될 수 있습니다.

4. 배달 오토바이 교통사고 예방을 위해 어떤 노력을 해야 합니까?

답변: 배달 오토바이 운전자 안전 교육 강화, 법규 위반 단속 강화, 배달 업체 안전 관리 책임 강화, 이륜차 안전 장비 착용 의무화, 안전 운전 문화 정착 등이 필요합니다.

5. 보행자 교통사고 예방을 위해 어떤 노력을 해야 합니까?

답변: 보행 환경 개선(인도/차도 분리, 안전 시설 확충), 보행자 안전 교육 강화, 운전자 안전 운전 의식 함양, 교통 법규 위반 단속 강화 등이 필요합니다.

6. 오토바이 교통사고 현장 처리 시 경찰관이 유의해야 할 점은 무엇입니까?

답변: 현장 보존, 증거 확보, 2차 사고 예방, 신속한 피해자 구조 및 구급, 가해자 음주/약물 복용 여부 확인, 사고 경위 조사 등이 중요합니다.

7. 오토바이 블랙박스 영상 분석 시 유의해야 할 점은 무엇입니까?

답변: 영상의 위조 또는 변조 가능성을 염두에 두고, 원본 영상을 확보하고, 영상의 촬영 시간, 위치, 각도 등을 정확하게 확인해야 합니다. 또한, 사고 장면뿐만 아니라, 사고 전후 상황, 오토바이의 주행 속도, 신호 위반 여부 등을 면밀하게 분석해야 합니다.

8. 목격자 진술 확보 시 유의해야 할 점은 무엇입니까?

답변: 목격자의 기억이 왜곡될 수 있으므로, 객관적인 질문을 통해 진술을 유도하고, 목격자의 진술과 다른 증거(CCTV 영상 등)를 대조하여 진술의 신빙성을 확인해야 합니다.

9. A씨가 배달 대행업체 소속이라면, 해당 업체에도 책임을 물을 수 있습니까?

답변: 배달 대행업체가 A씨의 안전 운행에 대한 관리 감독 의무를 소홀히 한 경우, 민사상 손해배상 책임을 물을 수 있습니다. 하지만, 형사 책임을 묻기는 어렵습니다.

10. A씨가 보험에 가입되어 있지 않다면, B씨는 어떻게 피해 보상을 받을 수 있습니까?

답변: 정부에서 운영하는 자동차손해배상 보장 사업을 통해 보상을 받을 수 있습니다.

11. 오토바이 교통사고 수사 시 경찰관으로서 가장 중요하게 생각해야 할 가치는 무엇입니까?

답변: 보행자의 생명과 안전 보호, 정의 실현, 신속한 사고 처리, 공정한 수사, 2차 피해 방지 등이 중요합
니다.

12. B씨가 고령의 노인이라는 점에서, 수사 과정에서 특별히 고려해야 할 점이 있습니까?

답변: B씨의 건강 상태와 심리 상태를 고려하여 신중하게 접근하고, 진술을 청취할 때에는 이해하기 쉬
운 용어를 사용하며, 필요하다면 가족이나 보호자의 동석을 허용해야 합니다. 또한, B씨가 고령으
로 인해 기억력이 저하되었을 가능성을 염두에 두고, 다른 증거를 통해 B씨의 진술을 보강해야 합
니다.

13. A씨가 배달 중 사고를 냈다는 점에서, 배달 플랫폼 업체에도 책임을 물을 수 있습니까?

답변: 현재까지는 배달 플랫폼 업체에 직접적인 법적 책임을 묻기는 어렵습니다. 하지만, 배달 플랫폼 업
체가 배달원의 안전 교육 및 관리 감독 의무를 소홀히 한 경우, 민사상 손해배상 책임을 물을 수 있
는 여지가 있습니다.

14. 이륜차 교통사고 예방을 위해 어떤 제도 개선이 필요하다고 생각하십니까?

답변: 이륜차 운전자 면허 제도 강화, 이륜차 안전 장비 착용 의무화, 이륜차 불법 개조 단속 강화, 배달
대행업체 관리 감독 강화, 이륜차 교통사고 다발 지역 안전 시설 확충 등 제도 개선이 필요합니다.

상황 자료: "언어 장벽, 문화 차이... 국제적인 교통사고!"

오후 2시경, 서울 시내 교차로에서 한국인 운전자 A씨(40대, 남)의 승용차와 외국인 운전자 B씨(30대, 여, 미국 국적)의 SUV 차량이 충돌하는 사고가 발생했다. A씨는 경미한 부상을 입었고, B씨는 다치지 않았지만, 사고 충격으로 당황한 기색이 역력했다.

현장에 출동한 경찰은 A씨와 B씨에게 사고 경위를 물었지만, B씨는 한국어가 서툴러 의사소통에 어려움을 겪었다. B씨는 영어로 "자신은 신호를 준수했고, A씨가 갑자기 끼어들었다"고 주장했지만, A씨는 "B씨가 신호를 위반하고 과속으로 달려와 사고가 났다"고 주장했다.

경찰은 B씨의 국제운전면허증과 여권을 확인하고, B씨에게 영어로 사고 처리 절차를 설명하려고 했지만, B씨는 영어를 잘 알아듣지 못하는 듯했다. 경찰은 통역 지원을 요청하고, 사고 현장 주변 CCTV 영상, A씨 차량의 블랙박스 영상 등을 확보하여 사고 경위를 조사했다. 또한, B씨의 보험 가입 여부 및 국내 체류 자격 등을 확인했다.

상황 파악, 문제점 분석 및 해결 방안 발표 메모

상황 파악

- 오후 2시, 서울 시내 교차로, A(한국인, 승용차) / B(외국인, 미국, SUV) 충돌
- A 경미한 부상, B 무상, 사고 충격, 당황
- 경찰 출동, A/B 사고 경위 질문, B 한국어 서툴러, 의사소통 어려움
- B, 영어 주장("신호 준수, A 갑자기 끼어듦"), A 주장("B 신호 위반/과속")
- 경찰, B 국제운전면허증/여권 확인, B에게 영어로 사고 처리 절차 설명, B 영어 이해 부족
- 경찰, 통역 지원 요청, 현장 주변 CCTV/A 차량 블랙박스 확보, 사고 경위 조사
- 경찰, B 보험 가입/국내 체류 자격 확인

문제점 분석

- **교통사고 발생:** A 부상, 차량 파손, 사고 처리/원인 규명 필요
- **외국인 운전자:** 언어 장벽, 문화 차이, 의사소통 어려움
- **B의 주장:** 신호 준수, A 과실, A와 진술 엇갈림, 객관적 증거 필요
- **B의 불안/당황:** 한국 교통 법규/사고 처리 절차 미숙
- **수사 지연 가능성:** 통역, 국제 협조 등

해결 방안

- **통역 지원:** 전문 통역사, 영어 가능 경찰관, 통역 앱 등 활용
- **B에게 사고 처리 절차 안내:** 영어 설명, 자료 제공, B 권리 고지
- **객관적 증거 확보:** CCTV, 블랙박스, 목격자 진술, 현장 조사
- **B 보험/체류 자격 확인:** 보험 처리, 불법 체류 여부 확인
- **A 진술 청취:** 사고 경위, B 과실 주장 근거 등
- **유관기관 협조:** 미국 대사관(B 신원 확인, 필요시 지원)
- **외국인 대상 교통 안전 교육/홍보:** 한국 교통 법규, 사고 처리 절차 등

발표문

상황 파악

본 상황은 서울 시내 교차로에서 발생한 한국인 운전자 A씨와 미국 국적의 외국인 운전자 B씨 간의 교통사고입니다. A씨는 경미한 부상을 입었고, B씨는 다치지 않았지만 사고 충격으로 당황한 상태입니다. 현장에 출동한 경찰은 B씨가 한국어가 서툴러 의사소통에 어려움을 겪고 있는 것을 확인하고, 통역 지원을 요청했습니다. B씨는 자신이 신호를 준수했고 A씨가 갑자기 끼어들었다고 주장하는 반면, A씨는 B씨가 신호를 위반하고 과속으로 달려와 사고가 났다고 주장하고 있습니다. 경찰은 현장 주변 CCTV 영상과 A씨 차량의 블랙박스 영상을 확보하여 사고 경위를 조사하고 있으며, B씨의 보험 가입 여부 및 국내 체류 자격 등을 확인하고 있습니다.

문제점 분석 및 해결 방안

첫째, 외국인 운전자 B씨와의 언어 장벽으로 인해 의사소통에 어려움이 있고, 사고 처리 절차 안내에 어려움이 있습니다.

해결 방안: 전문 통역사, 영어 가능 경찰관, 통역 앱 등을 활용하여 B씨와의 원활한 의사소통을 확보해야 합니다. B씨에게 영어로 사고 처리 절차를 상세히 안내하고, B씨의 권리(진술 거부권, 변호인 선임권 등)를 고지해야 합니다.

둘째, A씨와 B씨의 진술이 엇갈리고 있어, 객관적인 증거 확보가 중요합니다.

해결 방안: 사고 현장 주변 CCTV 영상, A씨 차량의 블랙박스 영상 등을 확보하고, 목격자를 탐문하여 객관적인 증거를 확보해야 합니다.

셋째, B씨가 한국의 교통 법규 및 사고 처리 절차에 대해 익숙하지 않아 불안하고 당황했을 수 있습니다.

해결 방안: B씨의 보험 가입 여부 및 국내 체류 자격을 확인하고, 필요하다면 보험 처리를 지원해야 합니다. 또한, 불법 체류 여부를 확인하고, 불법 체류자에 해당할 경우 관련 법규에 따라 조치해야 합니다.

넷째, B씨의 신원 확인과 필요시 지원을 위해 유관기관과의 협조가 필요합니다.

해결 방안: 미국 대사관에 B씨의 신원 확인을 요청하고, 필요하다면 B씨에게 영사 조력을 제공해야 합니다.

다섯째, 외국인 운전자 교통사고는 재발 가능성이 있습니다.

해결 방안: 장기적으로는 외국인 대상 교통 안전 교육 및 홍보를 강화하여 한국의 교통 법규 및 사고 처리 절차에 대한 이해를 높여야 합니다.

질의응답

1. 외국인 운전자의 교통사고 처리 절차는 내국인과 어떻게 다릅니까?

답변: 외국인 운전자의 교통사고 처리 절차는 내국인과 기본적으로 동일하지만, 언어 소통 문제, 국제운전면허증 확인, 국내 체류 자격 확인, 보험 가입 여부 확인, 필요시 대사관 또는 영사관 연락 등의 절차가 추가될 수 있습니다.

2. 국제운전면허증의 유효 기간과 인정 범위는 어떻게 됩니까?

답변: 국제운전면허증의 유효 기간은 발급일로부터 1년이며, 제네바 협약국 및 비엔나 협약국에서 운전할 수 있습니다. 하지만, 국가별로 인정 범위가 다를 수 있으므로, 해당 국가의 법규를 확인해야 합니다.

3. 외국인 운전자가 무면허 운전 또는 음주운전을 한 경우, 어떻게 처벌됩니까?

답변: 외국인 운전자도 내국인과 동일하게 도로교통법에 따라 처벌됩니다. 무면허 운전은 1년 이하의 징역이나 300만 원 이하의 벌금, 음주운전은 혈중 알코올 농도에 따라 징역 또는 벌금형에 처해지며, 운전면허 정지 또는 취소 처분을 받을 수 있습니다.

4. 외국인 운전자가 뺑소니 사고를 낸 경우, 어떻게 대처해야 합니까?

답변: 뺑소니는 특정범죄가중처벌 등에 관한 법률에 따라 가중 처벌되며, 외국인 운전자도 예외 없이 동일하게 적용됩니다. 경찰은 뺑소니 차량 추적, 주변 CCTV 영상 분석, 탐문 수사 등을 통해 신속하게 가해자를 검거하고, 구속영장 신청을 검토해야 합니다.

5. 외국인 운전자가 언어 소통이 어려운 경우, 어떻게 의사소통을 해야 합니까?

답변: 전문 통역사, 영어 가능 경찰관, 통역 앱 등을 활용하여 의사소통을 해야 합니다. 또한, 그림, 사진, 번역된 자료 등을 활용하여 사고 처리 절차를 쉽게 설명할 수 있습니다.

6. 외국인 운전자의 보험 가입 여부는 어떻게 확인합니까?

답변: 외국인 운전자에게 보험 증서를 제시하도록 요구하거나, 보험사에 연락하여 보험 가입 여부를 확인할 수 있습니다.

7. 외국인 운전자가 불법 체류자인 경우, 어떻게 조치해야 합니까?

답변: 출입국관리법에 따라 출입국관리사무소에 통보하고, 신병을 인계해야 합니다.

8. 외국인 운전자에게 고지해야 할 권리는 무엇입니까?

답변: 진술 거부권, 변호인 선임권, 통역인의 도움을 받을 권리, 영사 조력을 받을 권리 등을 고지해야 합니다.

9. 외국인 운전자 교통사고 예방을 위해 어떤 노력을 해야 합니까?

답변: 외국인 대상 교통 안전 교육 및 홍보 강화, 국제운전면허증 발급 요건 강화, 외국인 밀집 지역 교통

시설 개선, 다국어 교통 표지판 설치 등이 필요합니다.

10. 외국인 운전자 교통사고 수사 시 경찰관으로서 가장 중요하게 생각해야 할 가치는 무엇입니까?

답변: 피해자의 생명과 안전 보호, 정의 실현, 신속한 사고 처리, 공정한 수사, 언어 및 문화적 차이 존중 등이 중요합니다.

11. B씨가 외교관 면책특권 대상자라면 어떻게 해야 합니까?

답변: 외교관 면책특권 대상자는 국내법에 따른 형사 처벌을 받지 않습니다. 하지만, 외교관 면책특권은 개인적인 범죄 행위까지 면책하는 것은 아니므로, 사고 경위를 정확하게 조사하고, 외교부를 통해 해당 국가에 사고 사실을 통보하여 적절한 조치를 취하도록 요청해야 합니다.

12. B씨가 한국의 교통 법규를 잘 몰랐다고 주장하면 어떻게 해야 합니까?

답변: 한국에서 운전하기 위해서는 한국의 교통 법규를 준수해야 할 의무가 있음을 설명하고, B씨의 주장은 면책 사유가 될 수 없음을 알려야 합니다.

13. A씨가 B씨의 처벌을 원치 않으면 어떻게 해야 합니까?

답변: 교통사고처리특례법상 12대 중과실 사고 또는 뺑소니 사고가 아니라면, A씨의 의사에 따라 B씨를 처벌하지 않을 수 있습니다. 하지만, A씨에게 B씨의 과실로 인해 발생한 손해에 대해 민사상 손해배상을 청구할 수 있음을 안내해야 합니다.

14. 이 상황에서 통역 지원 외에 추가적으로 어떤 도움을 줄 수 있습니까?

답변: B씨에게 한국의 교통사고 처리 절차, 보험 처리 절차, 법률 상담 등에 대한 정보를 제공하고, 필요하다면 B씨의 가족이나 대사관에 연락하여 지원을 요청할 수 있습니다.

상황 자료: "진실과 양심 사이, 부당한 지시에 맞서다!"

A 순경은 최근 발생한 절도 사건을 수사하고 있다. A 순경은 CCTV 영상 분석, 탐문 수사 등을 통해 B씨를 유력한 용의자로 특정하고, 체포영장을 신청하기 위해 팀장 C 경감에게 보고했다.

그러나 C 경감은 A 순경의 보고를 듣고 "B씨는 지역 유지의 아들이니, 괜히 긁어 부스럼 만들지 말고, 다른 용의자를 찾아보라"며 체포영장 신청을 보류하라고 지시했다. C 경감은 "윗선에서도 이 사건에 대해 관심을 가지고 있으니, 괜히 일을 크게 만들지 말라"고 덧붙였다.

A 순경은 C 경감의 지시가 부당하다고 생각했다. B씨를 체포할 만한 충분한 증거가 있고, B씨를 체포하지 않으면 증거 인멸이나 도주의 우려가 있다고 판단했기 때문이다. A 순경은 C 경감에게 "팀장님, B씨를 체포하지 않으면 사건의 진실을 밝힐 수 없습니다. 저는 경찰관으로서 법과 원칙에 따라 수사해야 한다고 생각합니다"라고 말했다.

C 경감은 A 순경의 말에 화를 내며 "내가 팀장이야! 내 지시에 따르지 않으면 불이익을 받을 수 있다"고 경고했다.

상황 파악, 문제점 분석 및 해결 방안 발표 메모

상황 파악

- A 순경, 절도 사건 수사, B 용의자 특정, 체포영장 신청
- C 경감(팀장), B(지역 유지 아들) 이유, 체포영장 신청 보류 지시("윗선 관심")
- A, C 지시 부당 판단(B 체포 증거 충분, 증거 인멸/도주 우려)
- A, C에게 항의("법/원칙 따라 수사")
- C, A에게 화, 불이익 경고("내 지시 따라")

문제점 분석

- **C의 부당한 지시:** B 신분 이유, 수사 방해, 법/원칙 위배
- **A의 딜레마:** 상사 지시 불이행 vs. 정의/양심
- **경찰 조직 문제:** 상명하복, 윗선 개입, 수사 공정성 훼손
- **A의 불이익 가능성:** 인사, 징계 등
- **사건 은폐/축소 가능성:** 진실 규명 어려움, 국민 불신

해결 방안

- **C에게 재고 요청:** B 체포 필요성(증거 제시), 부당 지시 문제점 설명
- **상급자/감찰 부서 보고:** C 부당 지시, A 어려움, 도움 요청
- **청문감사관 상담:** 부당 지시, 대응 방안, A 보호 조치
- **동료 경찰관 조언:** 유사 사례 경험, 대처 방법
- **법률 전문가 자문:** 부당 지시 대응, A 권리 보호
- **내부 고발:** 필요시, 조직 내부 고발 시스템 활용
- **원칙/소신:** 법/원칙, 정의, 양심, 경찰 윤리

발표문

상황 파악

본 상황은 절도 사건 수사 과정에서 팀장 C 경감이 지역 유지의 아들인 용의자 B씨에 대한 체포영장 신청을 보류하라는 부당한 지시를 내린 상황입니다. A 순경은 B씨를 체포할 만한 충분한 증거가 있고, B씨를 체포하지 않으면 증거 인멸이나 도주의 우려가 있다고 판단하여 C 경감의 지시에 따를 수 없다는 입장을 밝혔지만, C 경감은 자신의 지시에 따르지 않으면 불이익을 받을 수 있다고 경고했습니다.

문제점 분석 및 해결 방안

첫째, C 경감은 B씨가 지역 유지의 아들이라는 이유로 체포영장 신청을 보류하라고 지시했는데, 이는 명백히 부당한 지시이며, 법과 원칙에 어긋나는 행위입니다.

해결 방안: 저는 우선 C 경감에게 B씨를 체포해야 하는 이유(확보된 증거, 증거 인멸 및 도주 우려)를 다시 한번 상세하게 설명하고, 부당한 지시의 문제점을 정중하게 말씀드리며 재고를 요청하겠습니다.

둘째, C경감의 지시 배경에는 '윗선'의 압력이 작용한 것으로 보입니다.

해결 방안: C 경감과의 면담으로 해결되지 않을 경우, 저는 상급자 또는 감찰 부서에 C 경감의 부당한 지시와 A 순경이 겪고 있는 어려움을 보고하고 도움을 요청하겠습니다.

셋째, C경감의 지시에 따르지 않을 경우, 인사상 불이익을 받을 수 있다는 A순경의 불안감이 있습니다.

해결 방안: 청문감사관에게 상담을 요청하여 부당한 지시에 대한 대응 방안과 A 순경을 보호할 수 있는 조치에 대해 문의하고, 필요하다면 동료 경찰관들에게 조언을 구하겠습니다.

넷째, C경감의 지시대로 따른다면, B씨에 대한 영장신청이 어렵게 됩니다.

해결 방안: 부당한 지시에 대한 대응 방안과 A 순경의 권리 보호에 대해 법률 전문가의 자문을 구하겠습니다.

다섯째, C경감의 지시에 굴복할 경우, 진실을 은폐하고 부당한 이익을 줄 수 있습니다.

해결 방안: 최후의 수단으로, 조직 내부 고발 시스템을 활용하는 것을 고려하겠습니다. 저는 경찰관으로서 법과 원칙, 정의, 양심, 경찰 윤리에 따라 행동하고, 부당한 지시에 굴복하지 않고 소신 있게 수사를 진행하겠습니다.

질의응답

1. 경찰관 직무 집행법상 '부당한 지시'의 판단 기준은 무엇입니까?

답변: 경찰관 직무 집행법 제6조에 따르면, 경찰관은 직무를 수행할 때 상관의 지시에 따라야 하지만, 그 지시가 위법하거나 부당하다고 판단될 때는 이의를 제기할 수 있습니다. 부당한 지시는 법령에 위반되거나, 권한을 남용하거나, 개인의 인권을 침해하는 지시 등을 의미합니다.

2. 상사의 부당한 지시에 불응할 경우, 어떤 불이익을 받을 수 있습니까?

답변: 징계, 인사상 불이익, 근무 평정 저하, 부당한 업무 지시 등 다양한 불이익을 받을 수 있습니다.

3. 상사의 부당한 지시에 대응하기 위한 현실적인 방법은 무엇입니까?

답변: 우선 상사에게 부당한 지시의 문제점을 정중하게 설명하고 재고를 요청하는 것이 좋습니다. 만약 상사와의 대화로 해결되지 않으면, 상급자, 동료, 감사 부서, 청문감사관 등에게 도움을 요청할 수 있습니다.

4. 청문감사관은 어떤 역할을 하며, 어떤 도움을 줄 수 있습니까?

답변: 청문감사관은 경찰 공무원의 위법, 부당한 행위에 대한 진정, 고충 민원을 처리하고, 경찰 공무원의 권익 보호를 위한 상담을 제공합니다. 부당한 지시에 대한 상담, 대응 방안 제시, 보호 조치 등을 요청할 수 있습니다.

5. 내부 고발은 어떤 경우에 고려할 수 있으며, 어떤 절차를 거쳐야 합니까?

답변: 내부 고발은 조직 내부의 비리나 부당 행위를 외부에 알리는 것으로, 신중하게 결정해야 합니다. 상사와의 대화, 상급자 보고, 감사 부서 신고 등 내부적인 해결 노력을 다했음에도 불구하고 문제가 해결되지 않을 경우, 최후의 수단으로 고려할 수 있습니다. 내부 고발은 경찰청 내부 고발 시스템, 국민권익위원회, 언론 등을 통해 할 수 있습니다.

6. 내부 고발 시 불이익을 받지 않도록 보호받을 수 있는 방법은 무엇입니까?

답변: 공익신고자 보호법에 따라 보호받을 수 있습니다. 공익신고자 보호법은 공익신고자의 비밀 보장, 신분 보장, 불이익 조치 금지 등을 규정하고 있습니다.

7. A 순경이 B씨를 체포하지 않으면, 어떤 문제가 발생할 수 있습니까?

답변: B씨가 증거를 인멸하거나 도주할 수 있고, 사건의 진실을 밝히기 어려워질 수 있습니다. 또한, 경찰 수사의 공정성에 대한 국민의 불신을 초래할 수 있습니다.

8. C 경감이 A 순경에게 B씨를 체포하지 말라고 지시한 이유는 무엇이라고 생각하십니까?

답변: B씨가 지역 유지의 아들이기 때문에, C 경감은 B씨를 체포할 경우 윗선으로부터 질책을 받거나, 자신의 경력에 불이익이 있을 것을 우려했을 수 있습니다. 또는 B씨 측으로부터 부정한 청탁을 받았을 가능성도 배제할 수 없습니다.

9. 이 상황에서 A 순경은 어떤 가치를 우선순위에 두고 행동해야 합니까?

답변: A 순경은 법과 원칙, 정의, 양심, 경찰 윤리, 국민의 신뢰 등 경찰관으로서 지켜야 할 가치를 우선순
위에 두고 행동해야 합니다.

10. 만약 당신이 A 순경이라면, 어떻게 행동하시겠습니까?

답변: 저는 우선 C 경감에게 B씨를 체포해야 하는 이유를 다시 한번 설명하고, 부당한 지시의 문제점을
지적하며 재고를 요청할 것입니다. 만약 C 경감이 계속해서 부당한 지시를 한다면, 상급자 또는 감
찰 부서에 보고하고, 청문감사관에게 상담을 요청할 것입니다. 그리고 저는 경찰관으로서 법과 원
칙에 따라 B씨를 체포하고, 증거를 확보하여 사건의 진실을 밝히기 위해 최선을 다할 것입니다.

11. 상사의 부당한 지시를 거부하는 것이 쉽지 않은데, 어떻게 용기를 낼 수 있을까요?

답변: 부당한 지시에 굴복하는 것은 경찰관으로서의 양심과 정의를 저버리는 것이며, 결국 국민의 신뢰
를 잃게 된다는 점을 명심해야 합니다. 또한, 동료 경찰관, 상급자, 청문감사관 등 도움을 줄 수 있
는 사람들이 있다는 것을 기억하고, 혼자 고민하지 말고 적극적으로 도움을 요청해야 합니다.

12. 경찰 조직 내에서 상명하복 문화의 긍정적인 측면과 부정적인 측면은 무엇이라고 생각하십니까?

답변: 상명하복 문화는 신속하고 효율적인 업무 처리를 가능하게 하고, 조직의 질서를 유지하는 데 기여
하는 긍정적인 측면이 있습니다. 하지만, 상사의 부당한 지시에 대한 이의 제기를 어렵게 하고, 조
직 내 비리를 은폐하며, 개인의 양심과 소신을 억압하는 부정적인 측면도 있습니다.

13. 경찰 조직 내에서 부당한 지시를 근절하기 위해 어떤 노력이 필요하다고 생각하십니까?

답변: 부당한 지시에 대한 신고 시스템 활성화, 신고자 보호 강화, 부당한 지시를 내린 상사에 대한 엄중
처벌, 경찰 윤리 교육 강화, 수평적인 조직 문화 조성 등 다각적인 노력이 필요합니다.

14. 경찰관으로서 가장 중요하게 생각하는 가치는 무엇입니까?

답변: 저는 경찰관으로서 국민의 생명과 안전을 보호하고, 사회 정의를 실현하며, 법과 원칙을 준수하고,
공정하고 청렴하게 직무를 수행하는 것을 가장 중요하게 생각합니다.

상황 자료: "엇갈리는 수사 방향, 갈등의 골을 메워라!"

A 경사는 최근 발생한 강도 사건의 주임 수사관이다. A 경사는 CCTV 영상 분석, 피해자 진술, 탐문 수사 등을 통해 B씨를 유력한 용의자로 특정했다. A 경사는 B씨의 범행을 입증할 만한 추가 증거를 확보하기 위해 B씨의 주거지에 대한 압수수색 영장을 신청할 계획이다.

하지만 팀장 C 경감은 A 경사의 의견에 동의하지 않는다. C 경감은 "B씨는 전과도 없고, 평판도 좋은 사람이다. CCTV 영상만으로는 B씨를 범인으로 단정하기 어렵다. 섣불리 압수수색을 했다가 B씨가 무혐의로 밝혀지면, 경찰 수사에 대한 불신만 커질 것이다"라고 주장하며 압수수색 영장 신청을 보류하라고 지시했다.

A 경사는 C 경감의 의견에 동의할 수 없다. B씨의 범행을 입증할 수 있는 결정적인 증거를 확보하기 위해서는 압수수색이 반드시 필요하다고 생각하기 때문이다. A 경사는 C 경감과 의견 차이를 좁히기 위해 노력하지만, C 경감은 자신의 주장을 굽히지 않는다.

상황 파악, 문제점 분석 및 해결 방안 발표 메모

상황 파악

- A 경사, 강도 사건 주임 수사관, B 용의자 특정, 압수수색 영장 신청 계획
- C 경감(팀장), A 의견 반대(B 전과/평판, CCTV 증거 부족, 무혐의 시 경찰 불신)
- C, 압수수색 영장 신청 보류 지시
- A, C 의견 불만(B 범행 입증, 압수수색 필요)
- A, C와 의견 차이 좁히려 노력, C 주장 굽히지 않음

문제점 분석

- **A, C 의견 대립:** 수사 방향, 압수수색 필요성
- **C의 신중론:** B 무혐의 가능성, 경찰 수사 불신 우려
- **A의 적극성:** B 범행 확신, 증거 확보 필요
- **의사 결정 지연:** 수사 차질, 증거 인멸/도주 우려
- **팀워크 저해:** 갈등 심화, 사기 저하

해결 방안

- **A, C 객관적 자료 공유:** CCTV 영상, 피해자 진술, 탐문 결과 등
- **A, 압수수색 필요성 재차 강조:** B 범행 입증 증거 확보 가능성, 증거 인멸/도주 우려
- **C, A 의견 경청:** A 수사 경험/판단 존중, 합리적 의심 근거 확인
- **상호 토론/논의:** 객관적 증거, 법률적 요건, 수사 경험 등, 합리적 결론 도출
- **제3자 의견 청취:** 동료 경찰관, 수사 전문가, 법률 전문가 등
- **상급자 보고:** 필요시, 객관적 상황 보고, 판단 요청
- **팀워크 유지:** 상호 존중, 감정적 대응 자제, 공동 목표(사건 해결)

발표문

상황 파악

본 상황은 강도 사건 수사 과정에서 주임 수사관 A 경사와 팀장 C 경감 사이에 용의자 B씨에 대한 압수수색 영장 신청 여부를 두고 의견 대립이 발생한 상황입니다. A 경사는 CCTV 영상, 피해자 진술, 탐문 수사 등을 통해 B씨를 유력한 용의자로 특정하고, B씨의 범행을 입증할 만한 추가 증거를 확보하기 위해 압수수색 영장을 신청해야 한다는 입장입니다. 반면, C 경감은 B씨가 전과도 없고 평판도 좋은 사람이며, CCTV 영상만으로는 B씨를 범인으로 단정하기 어렵다며 섣부른 압수수색은 경찰 수사에 대한 불신을 초래할 수 있다고 주장하며 압수수색 영장 신청을 보류하라고 지시했습니다.

문제점 분석 및 해결 방안

첫째, A 경사와 C 경감은 수사 방향과 압수수색 필요성에 대해 서로 다른 의견을 가지고 있어, 의사 결정이 지연되고 수사에 차질이 빚어질 수 있습니다.

해결 방안: A 경사는 C 경감에게 CCTV 영상, 피해자 진술, 탐문 결과 등 객관적인 자료를 공유하고, B씨의 범행을 입증할 수 있는 추가 증거 확보 가능성과 증거 인멸 및 도주 우려를 들어 압수수색의 필요성을 다시 한번 강조해야 합니다.

둘째, C경감은 B씨의 무혐의 가능성과, 그에 대한 경찰 수사 불신을 우려하고 있습니다.

해결 방안: C 경감은 A 경사의 수사 경험과 판단을 존중하고, A 경사가 제시하는 합리적인 의심 근거를 경청해야 합니다.

셋째, A경사와 C경감의 의견 대립이 팀워크를 저해하고, 사기를 저하시킬 수 있습니다.

해결 방안: A 경사와 C 경감은 객관적인 증거, 법률적 요건, 과거 수사 경험 등을 바탕으로 상호 토론하고 논의하여 합리적인 결론을 도출해야 합니다.

넷째, 제 3자의 객관적인 의견이 필요할 수 있습니다.

해결 방안: 동료 경찰관, 수사 전문가, 법률 전문가 등 제3자의 의견을 청취하여 의사 결정에 참고할 수 있습니다.

다섯째, 상급자의 부당한 지시일 가능성을 배제할 수 없습니다.

해결 방안: 필요하다면 상급자에게 객관적인 상황을 보고하고 판단을 요청할 수 있습니다. A 경사와 C 경감은 상호 존중하고 감정적인 대응을 자제하며, 공동 목표(사건 해결)를 위해 협력해야 합니다.

질의응답

1. 압수수색 영장 발부 요건은 무엇입니까?

답변: 범죄 혐의가 있고, 압수수색 대상이 범죄와 관련이 있다고 의심할 만한 상당한 이유가 있어야 하며, 압수수색이 필요한 경우에 발부됩니다.

2. 압수수색 영장 없이 압수수색을 할 수 있는 경우는 어떤 경우입니까?

답변: 현행범 체포 현장, 범죄 장소, 긴급 체포 시, 피의자 동의 시 등 예외적인 경우에는 영장 없이 압수수색을 할 수 있습니다.

3. CCTV 영상만으로 용의자를 특정할 수 있습니까?

답변: CCTV 영상 화질, 용의자 인상착의, 범행 시간, 장소 등을 종합적으로 고려하여 용의자를 특정할 수 있습니다. 하지만, CCTV 영상만으로는 용의자를 특정하기 어려운 경우도 있습니다.

4. 탐문 수사는 어떻게 진행하며, 어떤 점에 유의해야 합니까?

답변: 탐문 수사는 피해자, 목격자, 용의자 주변인 등을 대상으로 사건 관련 정보를 수집하는 수사 기법입니다. 탐문 대상자의 인권을 존중하고, 강압적인 분위기를 조성하지 않으며, 객관적인 정보를 수집해야 합니다.

5. A 경사가 C 경감의 지시를 따르지 않고 압수수색 영장을 신청하면, 어떤 불이익을 받을 수 있습니까?

답변: 징계, 인사상 불이익, 근무 평정 저하 등 불이익을 받을 수 있습니다. 하지만, 상사의 지시가 위법하거나 부당한 경우에는 따르지 않을 수 있습니다.

6. C 경감이 A 경사의 의견을 무시하고 압수수색 영장 신청을 계속 보류하면, A 경사는 어떻게 해야 합니까?

답변: A 경사는 상급자에게 상황을 보고하고, 도움을 요청할 수 있습니다. 또한, 청문감사관에게 상담을 요청하거나, 내부 고발 시스템을 활용하는 방법도 고려할 수 있습니다.

7. A 경사와 C 경감이 원만하게 합의점을 찾기 위해 어떤 노력을 할 수 있습니까?

답변: 서로의 의견을 경청하고, 객관적인 증거를 바탕으로 토론하며, 합리적인 대안을 모색해야 합니다. 또한, 동료 경찰관이나 수사 전문가의 조언을 구하는 것도 도움이 될 수 있습니다.

8. 경찰 조직 내에서 상사와 부하 직원 간의 갈등을 해결하기 위한 제도적인 장치는 무엇이 있습니까?

답변: 고충 처리 제도, 청문감사관 제도, 소통 간담회 등 다양한 제도적 장치가 있습니다.

9. 경찰관으로서 상사의 지시와 자신의 소신이 충돌할 때, 어떤 가치를 우선해야 합니까?

답변: 법과 원칙, 정의, 양심, 국민의 안전, 경찰 윤리 등 경찰관으로서 지켜야 할 가치를 우선해야 합니다.

10. 만약 당신이 A 경사라면, 어떻게 행동하시겠습니까?

답변: 저는 우선 C 경감에게 B씨에 대한 압수수색이 필요한 이유를 다시 한번 설명하고, 객관적인 증거

자료를 제시하며 설득할 것입니다. 만약 C 경감이 계속해서 압수수색 영장 신청을 보류한다면, 상
급자에게 보고하고 도움을 요청할 것입니다. 그리고 저는 경찰관으로서 법과 원칙에 따라 수사를
진행하고, 사건의 진실을 밝히기 위해 최선을 다할 것입니다.

11. 팀워크를 유지하면서 상사와의 갈등을 해결하기 위한 방법은 무엇입니까?

답변: 상호 존중, 경청, 솔직한 대화, 객관적인 근거 제시, 감정적인 대응 자제, 공동 목표(사건 해결)를 위
한 협력 등을 통해 팀워크를 유지하면서 상사와의 갈등을 해결할 수 있습니다.

12. 경찰 조직 내에서 건강한 의사소통 문화를 조성하기 위해 어떤 노력이 필요하다고 생각하십니까?

답변: 수평적인 조직 문화 조성, 상호 존중과 배려, 열린 토론 문화 활성화, 의사소통 교육 강화, 고충 처
리 시스템 개선 등 다각적인 노력이 필요합니다.

13. 이 사건에서 B씨가 무혐의로 밝혀질 경우, 경찰은 어떤 조치를 취해야 합니까?

답변: B씨에게 사과하고, B씨의 명예 회복을 위해 노력해야 합니다. 또한, 수사 과정에서 인권 침해나 절
차상 위법 행위는 없었는지 검토하고, 재발 방지 대책을 마련해야 합니다.

14. 경찰 수사에 대한 국민의 불신을 해소하기 위해 어떤 노력이 필요하다고 생각하십니까?

답변: 투명하고 공정한 수사, 객관적인 증거 확보, 수사 과정 공개, 피해자 중심 수사, 인권 보호 강화, 경
찰 윤리 교육 강화, 국민과의 소통 강화 등 다각적인 노력이 필요합니다.

상황 자료: "사적인 감정은 그만, 공과 사를 구분합시다!"

A 경장은 최근 팀장 B 경감으로부터 업무와 관련하여 지속적인 질책과 비난을 받고 있다. A 경장은 자신이 맡은 업무를 성실하게 처리하고 있다고 생각하지만, B 경감은 A 경장의 사소한 실수에도 크게 화를 내고, 다른 팀원들 앞에서 A 경장을 모욕하는 발언을 하기도 한다.

A 경장은 B 경감의 행동이 업무적인 지적을 넘어선 개인적인 감정에서 비롯된 것이라고 의심한다. A 경장은 과거 B 경감의 부탁(개인적인 심부름)을 거절한 적이 있는데, 그 이후로 B 경감의 태도가 냉랭해졌다고 생각한다.

A 경장은 B 경감과의 갈등으로 인해 심한 스트레스를 받고 있으며, 업무 의욕도 저하되고 있다. A 경장은 B 경감과의 관계를 개선하고 싶지만, 어떻게 해야 할지 막막하다.

상황 파악, 문제점 분석 및 해결 방안 발표 메모

상황 파악

- A 경장, 팀장 B 경감에게 지속적 질책/비난 받음
- A, 업무 성실 처리 생각, B, A 사소한 실수에도 크게 화, 다른 팀원 앞 모욕
- A, B 행동, 업무적 지적 넘어선 개인적 감정 의심
- A, 과거 B 부탁(개인 심부름) 거절, 이후 B 태도 냉랭
- A, B와 갈등, 심한 스트레스, 업무 의욕 저하, 관계 개선 희망

문제점 분석

- **B의 감정적 대응:** A 질책/비난, 공사 구분 못함, 리더십 부족
- **A의 심리적 피해:** 스트레스, 업무 의욕 저하, 자존감 하락, 팀워크 저해
- **갈등 장기화 가능성:** 관계 악화, 업무 효율성 저하, 조직 분위기 악화
- **B의 갑질 가능성:** 직장 내 괴롭힘, 인격 모독
- **A의 소극적 대처:** 문제 해결 노력 부족, 갈등 심화

해결 방안

- **A, B와 직접 대화:** 오해 해소, B 행동 변화 요청(어려울 수 있음)
- **A, 객관적 증거 수집:** B 질책/비난 내용 기록, 녹음, 동료 증언 확보
- **A, 동료/상급자 조언:** 유사 경험, 해결 방안, B 성향/대응 방법
- **A, 청문감사관 상담:** B 행동 문제점, A 보호 조치, 공식 조사 요청
- **B, 리더십 교육:** 감정 조절, 의사소통, 팀 관리, 코칭 등
- **조직 차원:** 직장 내 괴롭힘 예방 교육, 신고 시스템 활성화, 상호 존중 문화 조성
- **필요시:** A 부서 이동, B 징계

발표문

상황 파악

본 상황은 팀장 B 경감이 팀원 A 경장에게 업무와 관련하여 지속적인 질책과 비난을 하는 상황입니다. A 경장은 자신이 맡은 업무를 성실하게 처리하고 있다고 생각하지만, B 경감은 A 경장의 사소한 실수에도 크게 화를 내고, 다른 팀원들 앞에서 모욕하는 발언을 하는 등 감정적인 대응을 하고 있습니다. A 경장은 B 경감의 행동이 과거 자신의 개인적인 부탁을 거절한 것에 대한 보복이라고 의심하고 있으며, 이로 인해 심한 스트레스와 업무 의욕 저하를 겪고 있습니다.

문제점 분석 및 해결 방안

첫째, B 경감은 팀장으로서 공과 사를 구분하지 못하고, 감정적으로 A 경장을 대하고 있으며, 이는 바람직한 리더십이라고 볼 수 없습니다.

해결 방안: A 경장은 B 경감의 질책과 비난 내용을 기록하고, 가능하다면 녹음하거나 동료의 증언을 확보하는 등 객관적인 증거를 수집해야 합니다.

둘째, A경장은 심리적으로 위축되어 있습니다.

해결 방안: A 경장은 동료나 상급자에게 조언을 구하여 유사한 경험이나 해결 방안, B 경감의 성향과 대응 방법에 대한 정보를 얻을 수 있습니다.

셋째, A경장과 B경감의 관계가 단절될 수 있습니다.

해결 방안: 청문감사관에게 상담을 요청하여 B 경감의 행동에 대한 문제점을 지적하고, A 경장을 보호할 수 있는 조치를 요청하며, 필요하다면 공식적인 조사를 요청할 수 있습니다.

넷째, B경감의 행동은 팀 전체에 부정적인 영향을 미칠 수 있습니다.

해결 방안: B 경감에게는 리더십 교육(감정 조절, 의사소통, 팀 관리, 코칭 등)을 제공하여 행동 변화를 유도해야 합니다.

다섯째, A경장의 적극적인 대처가 필요합니다.

해결 방안: 조직 차원에서는 직장 내 괴롭힘 예방 교육을 실시하고, 신고 시스템을 활성화하며, 상호 존중하는 문화를 조성해야 합니다. 필요하다면 A 경장의 부서 이동을 고려하거나, B 경감에 대한 징계 절차를 진행할 수 있습니다.

질의응답

1. 직장 내 괴롭힘의 판단 기준은 무엇입니까?

답변: 직장 내 괴롭힘은 사용자 또는 근로자가 직장에서의 지위 또는 관계 등의 우위를 이용하여 업무상 적정 범위를 넘어 다른 근로자에게 신체적·정신적 고통을 주거나 근무 환경을 악화시키는 행위를 말합니다.

2. 직장 내 괴롭힘 발생 시, 피해자는 어떻게 대처해야 합니까?

답변: 피해자는 괴롭힘 행위 중단을 요구하고, 회사 내 고충 처리 절차를 통해 신고하거나, 고용노동부, 국가인권위원회 등에 진정할 수 있습니다. 또한, 필요하다면 법률 전문가의 도움을 받을 수 있습니다.

3. 직장 내 괴롭힘 신고를 받은 경우, 회사는 어떤 조치를 취해야 합니까?

답변: 회사는 지체 없이 사실 확인을 위한 조사를 실시하고, 피해자 보호 조치, 가해자 징계 조치, 재발 방지 조치 등을 취해야 합니다.

4. A 경장이 B 경감의 부탁(개인적인 심부름)을 거절한 것이 갈등의 원인이 될 수 있습니까?

답변: B 경감이 A 경장의 부탁 거절에 대해 앙심을 품고, 업무적으로 불이익을 주거나 괴롭힘을 가했다면, 이는 직장 내 괴롭힘에 해당될 수 있습니다.

5. A 경장이 B 경감과의 갈등을 해결하기 위해 먼저 시도할 수 있는 방법은 무엇입니까?

답변: A 경장은 B 경감과 직접 대화하여 오해를 풀고, B 경감의 행동 변화를 요청할 수 있습니다. 하지만, B 경감이 감정적으로 대응하거나 대화를 거부할 경우, 다른 방법을 고려해야 합니다.

6. A 경장이 B 경감의 행동에 대한 증거를 수집하는 방법은 무엇입니까?

답변: B 경감의 질책, 비난, 모욕적인 발언 등을 날짜, 시간, 장소, 내용 등 구체적으로 기록하고, 가능하다면 녹음하거나 동료의 증언을 확보할 수 있습니다.

7. 청문감사관은 어떤 역할을 하며, 어떤 도움을 줄 수 있습니까?

답변: 청문감사관은 경찰 공무원의 위법, 부당한 행위에 대한 진정, 고충 민원을 처리하고, 경찰 공무원의 권익 보호를 위한 상담을 제공합니다. B 경감의 행동에 대한 문제점을 지적하고, A 경장을 보호할 수 있는 조치를 요청하며, 필요하다면 공식적인 조사를 요청할 수 있습니다.

8. B 경감에게 리더십 교육이 필요한 이유는 무엇입니까?

답변: B 경감은 팀장으로서 팀원을 존중하고, 공정하게 대우하며, 팀워크를 향상시켜야 할 책임이 있습니다. 하지만, B 경감은 감정적으로 A 경장을 대하고, 사적인 감정을 업무에 개입시키는 등 리더십 부족을 보이고 있으므로, 리더십 교육을 통해 리더십 역량을 강화하고, 올바른 리더십을 발휘할 수 있도록 돕는 것이 필요합니다.

9. A 경장이 B 경감과의 갈등으로 인해 업무에 집중하지 못하고, 심리적으로 불안정한 상태라면, 어떤

도움을 줄 수 있습니까?

답변: A 경장에게 심리 상담을 지원하고, 필요하다면 병가나 휴직을 사용할 수 있도록 안내해야 합니다.
또한, A 경장의 업무 부담을 줄여 주고, 동료들의 지지와 격려를 받을 수 있도록 지원해야 합니다.

10. 경찰 조직 내에서 상사와의 갈등을 예방하기 위해 어떤 노력이 필요하다고 생각하십니까?

답변: 상호 존중과 배려 문화 조성, 수평적인 의사소통 활성화, 리더십 교육 강화, 고충 처리 시스템 개선,
직장 내 괴롭힘 예방 교육 실시 등 다각적인 노력이 필요합니다.

11. 만약 당신이 A 경장이라면, 어떻게 행동하시겠습니까?

답변: 저는 우선 B 경감과 직접 대화하여 오해를 풀고, B 경감의 행동 변화를 요청할 것입니다. 하지만,
B 경감이 대화를 거부하거나 변화의 의지를 보이지 않는다면, 청문감사관에게 상담을 요청하고, B
경감의 행동에 대한 객관적인 증거를 수집하여 공식적인 문제 제기를 할 것입니다. 또한, 저의 심
리적 안정을 위해 동료들에게 도움을 요청하고, 필요하다면 전문가의 상담을 받을 것입니다.

12. B 경감이 A 경장에게 사과하고 관계 개선을 위해 노력하겠다고 약속하면, 어떻게 해야 합니까?

답변: B 경감의 사과와 약속을 받아들이고, B 경감의 행동 변화를 지켜봐야 합니다. 하지만, B 경감의 행
동이 개선되지 않거나 다시 괴롭힘이 발생하면, 주저하지 않고 다시 문제 제기를 해야 합니다.

13. A 경장이 B 경감의 행동으로 인해 정신과 치료를 받게 되었다면, 어떤 지원을 받을 수 있습니까?

답변: 공무상 재해로 인정받을 경우, 치료비, 요양비, 간병비 등을 지원받을 수 있습니다. 또한, 경찰청에
서 운영하는 마음동행센터를 통해 전문적인 심리 상담을 받을 수 있습니다.

14. 경찰 조직 내에서 상호 존중 문화를 조성하기 위해 어떤 노력을 할 수 있습니까?

답변: 상호 존중 캠페인, 존댓말 사용 생활화, 직급/계급을 떠나 서로의 의견을 경청하고 존중하는 분위
기 조성, 리더의 솔선수범, 정기적인 소통 간담회 개최 등을 통해 상호 존중 문화를 조성할 수 있습
니다.

상황 자료: "내 일, 네 일? 엇갈리는 업무 분담, 갈등을 풀자!"

A 경장과 B 경장은 같은 팀에서 근무하는 동료이다. 최근 팀에 새로운 업무(민원 처리 시스템 개선)가 추가되었는데, 팀장은 A 경장과 B 경장에게 이 업무를 공동으로 담당하도록 지시했다.

A 경장은 새로운 업무에 대한 책임감을 가지고 적극적으로 업무를 추진하려고 하지만, B 경장은 "원래 내 업무가 아니다"라며 소극적인 태도를 보이고, 업무 분담에 대한 불만을 드러낸다.

A 경장은 B 경장에게 업무 협조를 요청했지만, B 경장은 "나는 다른 중요한 업무가 많다"며 A 경장의 요청을 거절하거나, 마지못해 협조하는 척하면서도 실제로는 제대로 된 도움을 주지 않는다.

A 경장은 B 경장의 비협조적인 태도로 인해 업무 처리에 어려움을 겪고 있으며, B 경장과의 관계도 불편해지고 있다. A 경장은 B 경장과 원만하게 업무를 분담하고, 갈등을 해결하고 싶지만, 어떻게 해야 할지 막막하다.

상황 파악, 문제점 분석 및 해결 방안 발표 메모

상황 파악

- A 경장, B 경장(동료), 팀에 새로운 업무 추가(민원 처리 시스템 개선)
- 팀장, A/B 공동 담당 지시
- A, 적극적 업무 추진, B, 소극적 태도, 업무 분담 불만("원래 내 업무 아님")
- A, B에게 업무 협조 요청, B 거절/마지못해 협조(실제 도움 X)
- A, B 비협조, 업무 처리 어려움, B와 관계 불편
- A, B와 원만한 업무 분담/갈등 해결 희망

문제점 분석

- **B의 업무 태도:** 소극적, 비협조적, 책임감 부족, 팀워크 저해
- **A, B 간 의사소통 부재:** 업무 분담 불만, 갈등 심화
- **업무 분담 불균형:** A 업무 과중, B 업무 회피
- **팀워크 저해:** 업무 효율성 저하, 팀 분위기 악화
- **팀장 역할 부족:** 업무 분담 명확성 부족, 갈등 중재 미흡

해결 방안

- **A, B와 개별 면담:** 각자 입장/불만 청취, 상황 객관적 파악
- **A, B 함께 대화:** 오해 해소, 상호 이해, 업무 분담 협의
- **팀장에게 상황 보고:** A/B 입장 전달, 업무 분담 조정 요청
- **팀 회의:** 업무 분담 명확화, 역할 분담, 협력 방안 논의
- **업무 분담 기준 설정:** 업무량, 난이도, 전문성, 개인 역량 등 고려
- **정기적인 업무 검토/조정:** 필요시, 업무 분담 재조정
- **팀워크 강화:** 팀 빌딩 활동, 소통 활성화, 상호 존중/배려

발표문

상황 파악

　본 상황은 같은 팀 A 경장과 B 경장이 팀에 새롭게 추가된 업무를 공동으로 담당하게 되면서 발생한 갈등 상황입니다. 팀장은 A 경장과 B 경장에게 업무를 공동으로 담당하도록 지시했지만, B 경장은 "원래 자신의 업무가 아니라"며 소극적인 태도를 보이고 업무 분담에 대한 불만을 드러내고 있습니다. A 경장이 B 경장에게 업무 협조를 요청했지만, B 경장은 다른 중요한 업무가 많다며 거절하거나, 마지못해 협조하는 척하면서도 실질적인 도움을 주지 않아 A 경장은 업무 처리에 어려움을 겪고 있습니다.

문제점 분석 및 해결 방안

　첫째, B 경장은 새로운 업무에 대해 소극적이고 비협조적인 태도를 보이며, 이는 팀워크를 저해하고 업무 효율성을 떨어뜨리는 요인이 됩니다.

　해결 방안: 우선 A 경장과 B 경장 각각 개별 면담을 통해 각자의 입장과 불만을 충분히 청취하고, 상황을 객관적으로 파악해야 합니다.

　둘째, A 경장과 B 경장 사이에 업무 분담에 대한 불만이 존재하고, 서로 간의 의사소통이 부족하여 갈등이 심화되고 있습니다.

　해결 방안: A 경장과 B 경장을 함께 만나 대화하며 오해를 해소하고, 상호 이해를 증진하며, 업무 분담에 대한 합의점을 찾도록 유도해야 합니다.

　셋째, 팀장은 A 경장과 B 경장에게 업무를 공동으로 담당하도록 지시했지만, 명확한 업무 분담 기준이 없어 A 경장에게 업무가 과중되고, B 경장은 업무를 회피하는 상황이 발생하고 있습니다.

　해결 방안: 팀장에게 상황을 보고하고, A 경장과 B 경장의 입장을 전달하여 업무 분담 조정을 요청해야 합니다.

　넷째, 팀 내의 업무 분담 및 협력 방식에 대한 논의가 충분하지 않습니다.

　해결 방안: 팀 회의를 통해 업무 분담을 명확하게 하고, 역할 분담 및 협력 방안을 논의해야 합니다.

　다섯째, 팀워크가 저하되어 있습니다.

　해결 방안: 업무량, 난이도, 전문성, 개인 역량 등을 고려하여 업무 분담 기준을 설정하고, 정기적인 업무 검토 및 조정을 통해 필요시 업무 분담을 재조정해야 합니다. 장기적으로는 팀 빌딩 활동, 소통 활성화, 상호 존중 및 배려 등을 통해 팀워크를 강화해야 합니다.

질의응답

1. 팀워크를 저해하는 요인에는 어떤 것들이 있습니까?

답변: 불공정한 업무 분담, 의사소통 부족, 상호 불신, 개인주의, 경쟁 심화, 리더십 부족 등이 팀워크를 저해하는 요인입니다.

2. 팀워크를 향상시키기 위한 방법에는 어떤 것들이 있습니까?

답변: 공동 목표 설정, 역할 분담 명확화, 상호 존중과 배려, 적극적인 의사소통, 팀 빌딩 활동, 리더십 강화, 성과 공유 및 보상 등이 있습니다.

3. A 경장이 B 경장에게 업무 협조를 요청했는데, B 경장이 계속 거부하면 어떻게 해야 합니까?

답변: 팀장에게 상황을 보고하고, 팀장의 중재를 요청하거나, 팀 회의를 통해 문제를 해결해야 합니다. 필요하다면, B 경장의 업무 태도에 대해 공식적으로 문제를 제기할 수 있습니다.

4. 팀장이 A 경장과 B 경장에게 업무를 공동으로 담당하도록 지시한 이유는 무엇이라고 생각하십니까?

답변: 팀장은 A 경장과 B 경장이 서로 협력하여 업무를 효율적으로 처리하고, 팀워크를 향상시키기를 기대했을 수 있습니다. 또한, A 경장과 B 경장의 역량을 균형 있게 발전시키기 위한 의도였을 수도 있습니다.

5. 팀장이 업무 분담을 할 때 고려해야 할 사항은 무엇입니까?

답변: 팀원의 업무량, 업무 능력, 전문성, 개인적인 상황, 팀워크 등을 고려하여 공정하고 합리적으로 업무를 분담해야 합니다.

6. A 경장이 B 경장의 비협조적인 태도로 인해 업무 스트레스를 받고 있다면, 어떻게 대처해야 합니까?

답변: 팀장이나 동료에게 도움을 요청하거나, 청문감사관에게 상담을 요청할 수 있습니다. 또한, 스트레스 해소를 위한 자신만의 방법을 찾고, 필요하다면 전문가의 도움을 받는 것도 고려해야 합니다.

7. B 경장이 "원래 내 업무가 아니다"라고 주장하는 것에 대해 어떻게 생각하십니까?

답변: B 경장의 주장은 팀워크를 저해하는 이기적인 태도라고 생각합니다. 경찰 조직은 팀워크가 중요하며, 팀원으로서 팀에 주어진 업무를 책임감 있게 수행해야 할 의무가 있습니다.

8. 만약 당신이 A 경장이라면, B 경장에게 어떻게 이야기하시겠습니까?

답변: 저는 B 경장에게 "새로운 업무를 함께 맡게 되어 부담이 될 수 있다는 것을 이해한다. 하지만, 팀원으로서 서로 협력하여 업무를 처리하는 것이 중요하다고 생각한다. B 경장의 도움이 필요하다. 서로 조금씩 양보하고 협력하여 업무를 잘 마무리할 수 있도록 도와달라"고 정중하게 이야기할 것입니다.

9. 만약 당신이 팀장이라면, A 경장과 B 경장의 갈등을 어떻게 해결하시겠습니까?

답변: 저는 A 경장과 B 경장을 개별적으로 만나 각자의 입장을 듣고, 상황을 객관적으로 파악할 것입니

다. 그리고 A 경장과 B 경장을 함께 만나 서로의 의견을 교환하고, 합리적인 업무 분담 방안을 찾도록 중재할 것입니다. 또한, 팀 회의를 통해 팀원 전체의 의견을 수렴하고, 업무 분담에 대한 공감대를 형성할 것입니다.

10. 경찰 조직에서 팀워크가 중요한 이유는 무엇입니까?

답변: 경찰 업무는 혼자서 수행하기 어려운 경우가 많고, 팀원 간의 협력이 필수적입니다. 팀워크가 좋으면 업무 효율성이 높아지고, 사건 해결 능력이 향상되며, 조직 전체의 성과를 높일 수 있습니다. 또한, 팀원 간의 유대감과 소속감을 높여 주고, 심리적 안정감을 제공하며, 직무 만족도를 높이는 데에도 기여합니다.

11. 동료와의 갈등을 예방하기 위해 어떤 노력을 할 수 있습니까?

답변: 서로의 업무를 존중하고, 적극적으로 소통하며, 오해를 풀기 위해 노력하고, 상대방의 입장에서 생각하며, 긍정적인 관계를 유지하기 위해 노력해야 합니다.

12. 갈등이 발생했을 때, 감정적으로 대응하지 않고 이성적으로 해결하기 위한 방법은 무엇입니까?

답변: 감정을 조절하고, 상대방의 의견을 경청하며, 객관적인 근거를 바탕으로 대화하고, 문제 해결에 집중하며, 필요하다면 제3자의 도움을 요청하는 것이 좋습니다.

13. 이 상황에서 B 경장의 행동에 대해 어떤 조치가 필요하다고 생각하십니까?

답변: B 경장의 행동은 팀워크를 저해하고 업무 효율성을 떨어뜨리는 행위이므로, 팀장의 경고 또는 주의 조치가 필요할 수 있습니다. 또한, B 경장에게 업무 협조의 중요성을 교육하고, 필요하다면 업무 분담을 재조정하는 방안도 고려해야 합니다.

14. 경찰관으로서 동료와의 협력 관계를 유지하기 위해 어떤 노력을 해야 합니까?

답변: 동료를 존중하고 배려하며, 적극적으로 소통하고, 서로의 업무를 돕고, 긍정적인 관계를 유지하기 위해 노력해야 합니다. 또한, 동료의 어려움을 공감하고, 필요한 도움을 제공하며, 함께 목표를 달성하기 위해 협력해야 합니다.

상황 자료: "혼자만 편하면 다? 팀워크를 해치는 동료!"

A 경사와 B 경사는 강력팀에서 함께 근무하는 동료이다. A 경사는 팀워크를 중요하게 생각하고, 동료들과 협력하여 사건을 해결하는 것을 선호한다. 하지만 B 경사는 개인주의적인 성향이 강하고, 자신의 업무만 처리하면 된다는 생각을 가지고 있다.

최근 강력팀에 살인 사건이 배당되었고, 팀원 모두가 밤낮없이 수사에 매달리고 있다. A 경사는 B 경사에게 피해자 주변인 탐문 수사를 함께 하자고 제안했지만, B 경사는 "나는 다른 사건 조사할 것이 있다"며 거절했다. A 경사는 어쩔 수 없이 혼자 탐문 수사를 진행했다.

며칠 후, 팀 회의에서 팀장은 A 경사에게 탐문 수사 결과를 보고하라고 지시했다. A 경사가 보고를 마치자, B 경사는 "A 경사가 탐문 수사를 제대로 하지 않아 중요한 단서를 놓쳤다"고 비난했다. A 경사는 B 경사의 비난에 당황했고, 억울한 마음이 들었다.

A 경사는 B 경사의 행동이 팀워크를 저해하고, 사건 해결에 도움이 되지 않는다고 생각한다. A 경사는 B 경사와의 갈등을 해결하고, 팀워크를 회복하고 싶지만, 어떻게 해야 할지 막막하다.

상황 파악, 문제점 분석 및 해결 방안 발표 메모

상황 파악

- A 경사, B 경사(강력팀 동료)
- A, 팀워크 중시, 협력 선호, B, 개인주의, 자기 업무 중심
- 강력팀, 살인 사건 배당, 팀원 모두 수사 매달림
- A, B에게 피해자 주변인 탐문 수사 제안, B, "다른 사건 조사" 거절, A 혼자 탐문
- 팀 회의, 팀장, A에게 탐문 결과 보고 지시, A 보고
- B, "A 탐문 수사 미흡, 중요 단서 누락" 비난, A 당황/억울
- A, B 행동, 팀워크 저해/사건 해결 도움 안됨 판단, 갈등 해결/팀워크 회복 희망

문제점 분석

- **B의 개인주의적 태도:** 팀워크 저해, 협력 부족, 사건 해결 지연
- **A, B 간 의사소통 부재:** 오해, 불신, 갈등 심화
- **B의 비협조적 태도:** A 업무 부담 가중, 사기 저하
- **B의 공개적 비난:** A 명예 훼손, 팀 분위기 악화
- **팀워크 붕괴 위험:** 팀 전체 사기 저하, 사건 해결 능력 저하

해결 방안

- **A, B 개별 면담:** 각자 입장/불만 청취, 상황 객관적 파악
- **A, B 함께 대화:** 오해 해소, 상호 이해, 협력 방안 모색
- **팀장에게 상황 보고:** A/B 입장 전달, 갈등 중재 요청
- **팀 회의:** 팀워크 중요성 강조, 역할 분담 재확인, 협력 방안 논의
- **B의 행동 변화 촉구:** 팀워크 중요성 인식, 협력적 태도 유도
- **A의 심리적 안정 지원:** 격려, 지지, 스트레스 해소 방안
- **팀워크 강화 프로그램:** 팀 빌딩, 워크숍, 멘토링 등

발표문

상황 파악

본 상황은 강력팀 동료 A 경사와 B 경사 간의 갈등 상황입니다. A 경사는 팀워크를 중요하게 생각하고 동료들과 협력하여 사건을 해결하는 것을 선호하지만, B 경사는 개인주의적인 성향으로 자신의 업무만 처리하면 된다는 생각을 가지고 있습니다. 최근 살인 사건 수사 과정에서 A 경사가 B 경사에게 피해자 주변인 탐문 수사를 함께 하자고 제안했지만, B 경사는 다른 사건 조사를 이유로 거절했습니다. 팀 회의에서 팀장이 A 경사에게 탐문 수사 결과를 보고하라고 지시했고, A 경사가 보고를 마치자 B 경사는 A 경사의 탐문 수사가 미흡하여 중요한 단서를 놓쳤다고 비난했습니다. A 경사는 B 경사의 행동이 팀워크를 저해하고 사건 해결에 도움이 되지 않는다고 생각하며 갈등을 겪고 있습니다.

문제점 분석 및 해결 방안

첫째, B 경사는 개인주의적인 태도로 인해 팀워크를 저해하고, 동료와의 협력에 소극적이며, 이는 사건 해결을 지연시킬 수 있습니다.

해결 방안: A 경사와 B 경사는 각자 개별 면담을 통해 자신의 입장과 불만을 솔직하게 이야기하고, 상대방의 입장을 이해하려는 노력을 통해 상황을 객관적으로 파악해야 합니다.

둘째, A경사와 B경사 간의 의사소통이 부족하여, 오해와 불신이 쌓이고 갈등이 심화되고 있습니다.

해결 방안: A 경사와 B 경사는 함께 대화하는 시간을 갖고, 오해를 해소하며, 상호 이해를 증진하고, 협력 방안을 모색해야 합니다.

셋째, B 경사는 A 경사의 업무 부담을 가중시키고, 사기를 저하시키고 있습니다.

해결 방안: 팀장에게 상황을 보고하고, A 경사와 B 경사의 입장을 전달하여 갈등 중재를 요청해야 합니다.

넷째, B 경사는 팀 회의에서 A 경사를 공개적으로 비난하여 A 경사의 명예를 훼손하고, 팀 분위기를 악화시켰습니다.

해결 방안: 팀 회의를 통해 팀워크의 중요성을 강조하고, 역할 분담을 재확인하며, 협력 방안을 논의해야 합니다.

다섯째, 이러한 상황은 팀 전체의 사기를 저하시키고, 사건 해결 능력에 부정적인 영향을 미칠 수 있습니다.

해결 방안: B 경사에게 팀워크의 중요성을 인식시키고, 협력적인 태도를 갖도록 유도해야 합니다. A 경사의 심리적 안정을 위해 격려하고 지지하며, 스트레스 해소 방안을 마련해야 합니다. 또한, 팀 빌딩, 워크숍, 멘토링 등 팀워크 강화 프로그램을 통해 팀워크를 회복하고, 팀원 간의 유대감을 강화해야 합니다.

질의응답

1. 팀워크를 저해하는 요인에는 어떤 것들이 더 있습니까?

답변: 불공정한 업무 분담, 의사소통 부족, 상호 불신, 개인주의, 경쟁 심화, 리더십 부족, 목표 불일치, 성과에 대한 불공정한 보상 등이 팀워크를 저해하는 요인입니다.

2. 팀워크를 향상시키기 위한 방법에는 어떤 것들이 더 있습니까?

답변: 공동 목표 설정 및 공유, 역할 분담 명확화, 상호 존중과 배려, 적극적인 의사소통, 정기적인 팀 회의, 팀 빌딩 활동, 리더십 강화, 성과 공유 및 공정한 보상, 신뢰 형성 등이 있습니다.

3. B 경사가 A 경사에게 사과해야 한다고 생각하십니까?

답변: B 경사는 팀 회의에서 A 경사를 공개적으로 비난하여 A 경사의 명예를 훼손하고 팀 분위기를 악화시켰으므로, A 경사에게 사과하는 것이 바람직하다고 생각합니다.

4. A 경사가 B 경사에게 직접 불만을 표현하는 것이 좋을까요?

답변: A 경사가 B 경사에게 직접 불만을 표현하는 것도 하나의 방법이 될 수 있습니다. 하지만, 감정적으로 대응하지 않고, 객관적인 사실을 바탕으로 차분하게 이야기하는 것이 중요합니다. 또한, B 경사가 A 경사의 말을 경청하고 이해하려는 태도를 보일 때 효과적일 수 있습니다.

5. 팀장이 A 경사와 B 경사의 갈등을 중재하기 위해 어떤 노력을 해야 합니까?

답변: 팀장은 A 경사와 B 경사를 개별적으로 만나 각자의 입장을 듣고, 상황을 객관적으로 파악해야 합니다. 그리고 A 경사와 B 경사를 함께 만나 서로의 의견을 교환하고, 합의점을 찾도록 중재해야 합니다. 또한, 팀 회의를 통해 팀원 전체의 의견을 수렴하고, 갈등 해결 방안을 모색해야 합니다.

6. 팀 회의에서 A 경사와 B 경사의 갈등을 해결하기 위해 어떤 안건을 논의해야 합니까?

답변: 팀워크의 중요성, 역할 분담, 협력 방안, 의사소통 방식, 갈등 해결 절차 등을 논의해야 합니다.

7. B 경사의 행동 변화를 유도하기 위해 어떤 방법을 사용할 수 있습니까?

답변: B 경사에게 팀워크의 중요성을 인식시키고, 협력적인 태도를 갖도록 설득해야 합니다. 또한, B 경사의 업무 성과에 대한 피드백을 제공하고, 긍정적인 행동을 강화하며, 필요하다면 징계 조치를 취할 수도 있습니다.

8. A 경사의 심리적 안정을 위해 어떤 지원을 제공해야 합니까?

답변: A 경사를 격려하고 지지하며, 스트레스 해소 방안을 마련하고, 필요하다면 심리 상담 전문가의 도움을 받을 수 있도록 지원해야 합니다.

9. 경찰 조직에서 팀워크가 특히 중요한 이유는 무엇입니까?

답변: 경찰 업무는 혼자서 수행하기 어려운 경우가 많고, 팀원 간의 협력이 필수적입니다. 특히, 강력 범죄, 조직 범죄, 재난 등 위험하고 긴급한 상황에서는 팀워크가 더욱 중요합니다. 팀워크가 좋으면

업무 효율성이 높아지고, 사건 해결 능력이 향상되며, 조직 전체의 성과를 높일 수 있습니다. 또한, 팀원 간의 유대감과 소속감을 높여 주고, 심리적 안정감을 제공하며, 직무 만족도를 높이는 데에도 기여합니다.

10. 동료와의 갈등을 예방하기 위해 어떤 노력을 할 수 있습니까?

답변: 서로의 업무를 존중하고, 적극적으로 소통하며, 오해를 풀기 위해 노력하고, 상대방의 입장에서 생각하며, 긍정적인 관계를 유지하기 위해 노력해야 합니다. 또한, 팀 내 규칙을 준수하고, 공동 목표 달성을 위해 협력해야 합니다.

11. 갈등이 발생했을 때, 감정적으로 대응하지 않고 이성적으로 해결하기 위한 방법은 무엇입니까?

답변: 감정을 조절하고, 상대방의 의견을 경청하며, 객관적인 근거를 바탕으로 대화하고, 문제 해결에 집중하며, 필요하다면 제3자의 도움을 요청하는 것이 좋습니다. 또한, 자신의 감정을 솔직하게 표현하되, 상대방을 비난하거나 공격하지 않도록 주의해야 합니다.

12. 만약 당신이 B 경사라면, A 경사에게 어떻게 사과하고 관계를 개선하겠습니까?

답변: 저는 A 경사에게 팀 회의에서 공개적으로 비난한 것에 대해 진심으로 사과하고, 앞으로는 팀워크를 위해 협력하고 존중하는 태도를 보이겠다고 약속할 것입니다. 또한, A 경사에게 개인적으로 찾아가 다시 한번 사과하고, 오해를 풀고 싶다고 이야기할 것입니다.

13. 이 사건에서 팀장이 간과한 점은 무엇이며, 앞으로 어떻게 해야 합니까?

답변: 팀장은 A 경사와 B 경사 간의 갈등을 조기에 인지하고 중재하지 못했으며, 팀원 간의 업무 분담 및 협력에 대한 명확한 지침을 제시하지 못했습니다. 앞으로 팀장은 팀원 간의 소통을 활성화하고, 갈등 발생 시 적극적으로 개입하여 중재하며, 공정하고 합리적인 업무 분담을 통해 팀워크를 강화해야 합니다.

14. 경찰관으로서 동료와의 협력 관계를 유지하기 위해 어떤 노력을 해야 합니까?

답변: 동료를 존중하고 배려하며, 적극적으로 소통하고, 서로의 업무를 돕고, 긍정적인 관계를 유지하기 위해 노력해야 합니다. 또한, 동료의 어려움을 공감하고, 필요한 도움을 제공하며, 함께 목표를 달성하기 위해 협력해야 합니다.